U0547273

北学研究

主　编　康振海
执行主编　梁世和

第一辑

中国社会科学出版社

图书在版编目（CIP）数据

北学研究. 第一辑／康振海主编 . —北京：中国社会科学出版社，2021.5
ISBN 978-7-5203-8476-6

Ⅰ.①北… Ⅱ.①康… Ⅲ.①哲学—研究—北方地区 Ⅳ.①B2

中国版本图书馆 CIP 数据核字（2021）第 094730 号

出 版 人	赵剑英
责任编辑	郝玉明
责任校对	张爱华
责任印制	王　超

出　　版	中国社会科学出版社
社　　址	北京鼓楼西大街甲 158 号
邮　　编	100720
网　　址	http://www.csspw.cn
发 行 部	010-84083685
门 市 部	010-84029450
经　　销	新华书店及其他书店

印　　刷	北京君升印刷有限公司
装　　订	廊坊市广阳区广增装订厂
版　　次	2021 年 5 月第 1 版
印　　次	2021 年 5 月第 1 次印刷

开　　本	710×1000　1/16
印　　张	18.5
字　　数	313 千字
定　　价	98.00 元

凡购买中国社会科学出版社图书，如有质量问题请与本社营销中心联系调换
电话：010-84083683
版权所有　侵权必究

《北学研究》编委会

学术委员(以姓氏笔画为序)

干春松　王　坚　冯金忠　孙继民　李存山
李洪卫　张京华　杜保瑞　张海晏　陈福滨
武占江　柳　理　唐文明　高士涛　梁　枢
梁　涛　梁　勇　黄兴涛　韩　星　喻　静
惠吉兴　程志华　彭永捷　董金裕　魏建震

主　　编：康振海
执行主编：梁世和
副 主 编：许　卉　倪　彬

目 录
CONTENTS

《北学研究》发刊词 / 1

【北学人物及思想】

北学的异军
　　——邹衍"五德终始说""大九州岛说"及其对吾人的启示 /
　　董金裕 / 5
董仲舒与大一统政治下的儒家思想的转变 / 干春松 / 18
刘因儒家隐逸主义解 / 杜维明 / 39
刘因《四书集义精要》之《大学·经章》解读 / 韩星 / 67
"性其情"与"性其心"
　　——评孙奇逢的兼采合会程朱与陆王 / 李存山 / 79
朱陆之会通与孔圣之道
　　——夏峰"理学"的学术理路 / 程志华 / 94

【北学学派与学术史】

学派还是道统
　　——从《理学宗传》到《北学编》 / 张京华 / 115
北学与先秦"燕赵"兵学刍议
　　——以《荀子》的兵学观为中心 / 黄朴民 / 135

"平庸"的思想者有思想史的价值吗?
　　——《乡里的圣人:颜元与明清思想转型及华北社会》
　　　导言　/　王东杰　/　148
地域与全国之间:论清代前中期中州夏峰北学流变　/　王　坚　/　165

【北学与南学】

南北平民儒学泰州学派与颜李学派比较　/　张海晏　/　191
南北朝士族的书学与家学
　　——以象山王氏、临淄崔氏墓志书体为例　/　沈睿文　/　214
北学与浙学的互动及比较研究　/　张宏敏　/　234

【北学资讯】

"北学·容城三贤学术研讨会"在雄安新区召开　/　许　卉　/　281
2020年董仲舒与儒家思想国际学术研讨会在河北衡水召开　/
　　魏彦红　/　285

《北学研究》征稿启事　/　291

《北学研究》发刊词

南北风尚之不同久矣，孔子有南方之强与北方之强的说法，孟子则有称赞南方学人陈良弃南而"北学于中国"的故事。对于南北学术旨趣之差异，《隋书·儒林传》曰："大抵南人约简，得其英华；北学深芜，穷其枝叶"；《清史稿·儒林传》称："北学守旧而疑新，南学喜新而得伪。"对于南学精神与北学精神的差异，梁启超在《论中国学术思想变迁之大势》中认为：南学崇虚想，北学主力行；南学主无为，北学贵人事；南学贵出世，北学明政法；南学重平，北学重阶级等；南学重创造，北学重经验；南学喜破坏，北学喜保守；南学明自然，北学主勉强；南学任天，北学畏天；南学言无我，北学言排外；南学贵谦弱，北学贵自强。今人劳思光亦认为，中国在春秋战国时期，有南北文化对峙：南方重神权，北方重人事；南方喜放浪生活，北方倡严肃生活；南方重艺术玄趣，北方重政治实效。清初顾炎武曾引孔子之语讥讽南北学者之病曰："'饱食终日，无所用心，难矣哉！'今日北方之学者是也。'群居终日，言不及义，好行小慧，难矣哉！'今日南方之学者是也。"（《日知录》卷十三"南北学者之病"条。）由上可见，南北之学风、学术旨趣、精神追求，乃至学者风貌均有不同表现，南北之学确乎各具特色、各有短长。

作为一个学术概念，"北学"既指一种学术流派，也指一种学术传统，历史上大约有四种含义：一是指南北朝时期的北朝经学；二是指由清初大儒孙奇逢所开创的夏峰北学学派；三是指燕赵之学，源自孙奇逢让其弟子编的《北学编》一书，其"北学"主要指自董仲舒开始的历代燕赵地域学人的学术思想；四是广义"北学"概念，泛指包括河北、河南、山西、山东和陕西等广义中原地区的学术思想。虽然"北学"概念有广、狭之分，但彼此并不冲突，其主体乃燕赵之学，是燕赵先贤的历史文化自觉，延展则为北方文化学术传统。所以，北学既是燕赵文化的精华，又是北方文化精神的象征，是中华优秀传统文化的重要代表。

一地之文化风俗孕育一地之学术思想，而一旦学统、学风形成，对当地的风俗又有极大的影响。曾国藩有言，风俗之厚薄视乎一二人之心之所向；顾炎武也说，以一人而易天下，其风流至于百余年之久；梁启超例之曰："有一陆子，而江右承其风者数百年，有一朱子，而皖南承其风者数百年，虽在风流歇绝之后，而其精爽之熏铸于社会意识中不可磨灭，遇机缘而辄复活。"北学巨子之影响亦复如是：荀、董出，丕振求实学风，奠定北学精神；夏峰、颜李出，扫荡颓靡士风，燕赵慷慨悲歌之古风再现于世；莲池书院鼎盛时，士子书生云集，为全国书院之冠，鸿儒硕学培养一代学风，转移全省习俗，晚清直隶学术之盛，甲于全国。后历经离乱，文化凋零，学统中卒，风气日颓。

清初北学宗师孙奇逢曰："余谓学术之废兴，系世运之升降。前有创而后有承，人杰地灵，相需甚殷，亦后学之大幸也。"正所谓有本者昌，无本者竭，学统之建立，涵养一地之学风，转移一地之风俗，传承一地之精神，令文明薪火相续，此倡北学之目的。承继先贤，重振北学，即燕赵之"为往圣继绝学"，乃学人义不容辞之责任。孟子曰："一乡之善士斯友一乡之善士，一国之善士斯友一国之善士，天下之善士斯友天下之善士。以友天下之善士为未足，又尚论古之人。颂其诗，读其书，不知其人，可乎？是以论其世也。"

晚清直隶学者王树枏曾慨叹，虽畿辅人才之众，几甲天下，但河北人朴实孤介、不务名声，往往几代之后，其人姓氏湮没不闻。徐世昌亦感于清初纂修明史者多为南方学者，对北学名彦遗漏颇多。北学为地域之学的重要组成部分，足以与浙学、蜀学、关学、湘学等地域学术思想相媲美，但学界至今对其仍缺乏足够的重视和研究，较之其他地域之学，北学研究明显落后，若不奋起直追，恐又空余王、徐之叹。

《北学研究》之创刊，愿以北学相号召，友乡贤，友天下之善士，乃至知人论世，力图为北学研究者、实践者提供学术交流与对话之平台，推进北学研究，弘扬北学精神，使传统北学焕发生机，以服务于当代文化建设，为振兴中华优秀传统文化略尽微薄之力。

（《北学研究》编辑部）

【北学人物及思想】

北学的异军

——邹衍"五德终始说""大九州岛说"及其对吾人的启示

董金裕[*]

摘要：先秦时代阴阳家的代表人物邹衍，其思想除根据实际生活经验发展而出之外，又能发挥其想象力，既具有北学的特点，也带有南学的色彩，可谓北学的异军。本文旨在依据有限的可靠资料，探讨邹衍思想的两大重点："五德终始说""大九州岛说"。除分别深究其内涵外，更论述其反响，尤其是分析其在今日所具有的启示意义。此对于培养我们的世界观，扩大我们的眼界、胸襟，具有极大的帮助。

关键词：阴阳家；邹衍；五德终始；大九州岛；启示

一 绪言

梁启超在其《中国学术思想变迁之大势》中，将先秦学派分为南北两派，并且归纳出十一点两派大体的差别，其第一点为"北派崇实际""南派崇虚想"。[①] 按阴阳家的代表人物邹衍为齐人，在地域上归属于北派，其思想当然有依照实际生活经验发展出来的成分；但因齐地靠海，海滨之人常有遐想，所以也有在现实之外又有发挥想象的部分，也就是说带有南派的色彩，因而可谓为北派中的异军。

---

[*] 董金裕，台湾政治大学中文系名誉教授，中华孔孟学会副理事长，国际儒学联合会荣誉顾问。主要研究经学、先秦儒学、宋明理学、"国文"教材教法。

① 梁启超：《中国学术思想变迁之大势·全盛时代》，《梁启超学术论丛通论类（二）》，台北：南岳出版社1978年版，第706页。

邹衍虽然是阴阳家的代表人物，可是在战国晚期的《荀子·非十二子》篇及《韩非子·显学》篇中都没有提到他，可见阴阳家在当时并非显学。然而到了秦朝的《吕氏春秋·有始览·应同》，其中虽未明言，但所叙即为邹衍"五德终始说"的大旨；及至西汉司马谈《论六家要旨》，更将阴阳家列于六家之首。从此以后，历经汉唐各朝至近代，其影响所及，层面越来越广泛，程度也越来越深入，故齐思和评论道：

> 吾国学术思想，受五行说之支配最深，大而政治、宗教、天文、舆地，细而堪舆、占卜，以至医药、战阵，莫不以五行说为之骨干。士大夫之所思维，常人之所信仰，莫能出乎五行说范围之外。①

屈万里也说：

> 二千多年以来，我国的政治、学术，乃至于民间习俗，几乎都受到了阴阳五行之说的影响。受影响最重的，虽然莫过于汉代；但到了二十世纪科学昌明的今天，我国民间的许多习俗，依然还受着它的支配。其势力之大，几乎可以和儒家的学说，分庭抗礼。②

邝芷人更说："阴阳五行的思想对中国学术传统所产生的影响，是没有其他思想体系能够匹敌的。"③从士大夫到常人，其思想或信仰，皆莫能出乎其外；从几乎可以和儒家分庭抗礼，到没有其他思想体系能相匹敌；由是可见其影响之深广。

或许是有鉴于一开始并非显学，但后来却逐渐产生巨大影响，所以司马迁撰《史记》时，对邹衍虽然不是特别看重，但也不敢轻忽，遂出现了一个极为特殊的现象。一方面是并不为邹衍单独立传，而仅附见于《孟子荀卿列传》中；另一方面则绍述邹衍的篇幅竟然超过孟子、荀子的总和。④

---

① 齐思和：《中国史探研·五行说之起源》，河北教育出版社2002年版，第366页。
② 李汉三：《先秦两汉之阴阳五行学说·屈（万里）序》，台北：钟鼎文化出版公司1967年版，第1页。
③ 邝芷人：《阴阳五行及其体系·绪论》，台北：文津出版社2003年版，第1页。
④ 计《史记·孟子荀卿列传》所载孟子事迹将近140字，荀子事迹将近200字，但邹衍事迹将近400字，超过前两者之总和。

所幸司马迁费了较多的篇幅介绍邹衍，我们今天才能有所依据，并参稽其他著作，掌握了邹衍思想的大略。

根据《史记》的记载，邹衍已将阴阳与五行合而论之，以形成自己的思想。其思想主要有两点：一为"五德终始说"；二为"大九州岛说"。此两说的内涵与反响究竟为何？对我们今天有何启示意义？凡此皆为本文探讨的重点。

二 "五德终始说"的内涵及反响

（一）"五德终始说"的内涵

《史记·孟子荀卿列传》在介绍邹衍的"五德终始说"时，只概略描述如下：

> （邹衍）乃深观阴阳消息，而作怪迂之变，《终始》《大圣》之篇十余万言。其语闳大不经，必先验小物，推而大之，至于无垠。先序今以上至黄帝，学者所共术，大并世盛衰，因载其禨祥度制，推而远之，至天地未生，窈冥不可考而原也。先列中国名山大川，通谷禽兽，水土所殖，物类所珍，因而推之及海外，人之所不能睹。称引天地剖判以来，五德转移，治各有宜，而符应若兹。①

所谓"阴阳消息"所指为何？"五德"究竟是什么？又如何"转移"？还有怎么"符应若兹"？可以说是语焉不详，很难令人理解。所幸司马迁撰作《史记》常运用"互见"②笔法以寄意，原来比较清楚的说法载于《史记·封禅书》：

---

① （汉）司马迁：《史记·孟子荀卿列传》，台北：艺文印书馆据清乾隆武英殿刊本 1958 年影印本，第 939 页。
② 《史记》常用手法之一，将某一人物的事迹分散于不同地方，而以其本传为主；或将某一事件分散于不同地方，而以较重要地方的叙述为主。如在《项羽本纪》中极力描述项羽的骁勇善战，但其性格的弱点及军事策略的错误，则散见于《高祖本纪》《陈丞相世家》《淮阴侯列传》等篇中。如此既可突出人物或事件，使其印象鲜明；又可节省篇幅，避免重复叙述的拖沓。

> 秦始皇既并天下而帝，或曰："黄帝得土德，黄龙、地螾见。夏得木德，青龙止于郊，草木畅茂。殷得金德，银自山溢。周得火德，有赤乌之符。今秦变周，水德之时。昔秦文公出猎，获黑龙，此其水德之瑞。"于是秦更命河曰"德水"，以冬十月为年首，色上黑，度以六为名，音上大吕，事统上法。①

"或曰"以下所述，其实出于《吕氏春秋·有始览·应同》，其文为：

> 凡帝王者之将兴也，天必先见祥乎下民。黄帝之时，天先见大螾、大蝼，黄帝曰："土气胜。"土气胜，故其色尚黄，其事则土。及禹之时，天先见草木秋冬不杀，禹曰："木气胜。"木气胜，故其色尚青，其事则木。及汤之时，天先见金刃生于水，汤曰："金气胜。"金气胜，故其色尚白，其事则金。及文王之时，天先见火，赤乌衔丹书集于周社，文王曰："火气胜。"火气胜，故其色尚赤，其事则火。代火者必将水，天且先见水气胜，水气胜，故其色尚黑，其事则水。水气至而不知数备，将徙于土。②

综合《吕氏春秋·有始览·应同》与《史记·封禅书》所述，共有两点颇值得我们注意。

第一点为所谓"五德"及其"转移"的情形为土德（黄帝）→木德（夏禹）→金德（商汤）→火德（周文王）→水德（秦）。可见前者消亡则后者生息，如阴阳二气之迭代。如此遂将五行之德的"转移"与阴阳的消亡生息结合为一，而后一朝代更替前一朝代，系以五行相克、终而复始的形式出现。所谓"阴阳消息""五德转移"者即指此而言。

第二点为"五德转移"时，亦即朝代更迭之际，必有祥瑞出现，如黄帝时"天先见大螾、大蝼"，"黄龙、地螾见"；禹之时"天先见草木秋冬不杀"，"青龙止于郊，草木畅茂"；汤之时"天先见金刃生于水"，"银自山溢"；文王之时"天先见火，赤乌衔丹书集于周社"，"有赤乌之符"；

---

① （汉）司马迁：《史记·封禅书》，第540页。
② （汉）高诱：《吕氏春秋·有始览·应同》，台北：世界书局1972年版，第7册，第126—127页。

及至秦变周之时"天且先见水气胜","秦文公出猎,获黑龙"。为配合此等祥瑞,所以服色、制度都必须相应调整。凡若此等,皆属《史记·孟子荀卿列传》所云"序今以上至黄帝,学者所共术,大并世盛衰,因载其禨祥度制","五德转移,治各有宜,而符应若兹"。所谓"符应若兹"者即指此而言。

不过必须注重的是:某德虽至,亦即气数已经具备,却不知采取相应措施,则将被克己之德取代,如《吕氏春秋·有始览·应同》所云"水气至而不知数备,将徙于土",即水德会被克己的土德取而代之。如此终而复始,五行之德不断循环,故其说被称为"五德终始"。

(二)"五德终始说"的反响

依前所述"五德终始说"值得注意的第一点,某一朝代的德会被足以胜过该朝代的德取而代之。这种说法很符合建立新朝代的需求,因而邹衍的"五德终始说"很快就被秦始皇接纳,故《史记·封禅书》云:"自齐威、宣之时,邹子之徒论著终始五德之运,及秦帝而齐人奏之,故始皇采用之。"①

其采纳运用的情况,《史记》之《秦始皇本纪》及《历书》,有较详细的记载。《秦始皇本纪》云:

> 始皇推终始五德之传,以为周得火德,秦代周德,从所不胜。方今水德之始,改年始,朝贺皆自十月朔。衣服旄旌节旗皆上黑。数以六为纪,符、法冠皆六寸,而舆六尺,六尺为步,乘六马。更名河曰"德水",以为水德之始。刚毅戾深,事皆决于法,刻削毋仁恩和义,然后合五德之数。于是急法,久者不赦。②

《历书》云:

> 战国并争,在于强国禽敌,救急解纷而已……是时独有邹衍,明于五德之传,而散消息之分,以显诸侯。而亦因秦灭六国,兵戎极

---

① (汉)司马迁:《史记·封禅书》,第541页。
② (汉)司马迁:《史记·秦始皇本纪》,第120页。

烦，又升至尊之日浅，未暇遑也。而亦颇推五胜，而自以为获水德之瑞，更名河曰"德水"，而正以十月，色上黑。然历度闰余，未能睹其真也。①

皆以为秦取代周之火德，水克火，故为水德。为配合水德，举凡历法之以十月为岁首、服色等皆尚黑、数字以六为纪，以至于治理的原则、取决于法等，皆有所规定。

"五德终始说"提供了建立新王朝的理论依据，因而在秦朝灭亡以后，代之而起的汉朝一开始也颇乐于实行，但是因为对于汉朝究竟合于哪一德，看法不同，有认为汉当水德者，有认为汉当土德者，也有认为汉当其他德者，争论不决，且叠加改定②，"五德终始说"的影响逐渐式微。

再依前述"五德终始说"值得注意的第二点而言，新王朝要取代已德所克的旧王朝之前，上天必先降生祥瑞。这种说法逐渐发展为有祥瑞，也有灾异的天人感应学说，以"治《公羊春秋》，始推阴阳为儒者宗"③的董仲舒即为其代表人物，他在其《天人三策》中的第一策中说：

《春秋》之中，视前世已行之事，以观天人相与之际，甚可畏也。国家将有失道之败，而天乃先出灾害以谴告之；不知自省，又出怪异以警惧之；尚不知变，而伤败乃至。以此见天心之仁爱人君，而欲止其乱也。自非大亡道之世者，天尽欲扶持而全安之，事在强勉而已矣。……故治乱废兴在于己，非天降命，不可得反。……天之所大奉使之王者，必有非人力所能致而自至者，此受命之符也。天下之人同心归之，若归父母，故天瑞应诚而至。《书》曰："白鱼入于王舟，有火复于王屋，流为乌。"此盖受命之符也。周公曰："复哉！复哉！"孔子曰："德不孤，必有邻"，皆积善累德之效也。及至后世，淫佚衰微，不能统理群生，诸侯背畔，残贼良民，以争壤土，废德教而任刑罚，刑罚不中则生邪气，邪气积于下，怨恶畜于上，上下不和，则阴

---

① （汉）司马迁：《史记·历书》，第498页。
② 其详可参考李汉三《先秦两汉之阴阳五行学说·第三编·阴阳五行对于两汉政治的影响·二、五德终始说与两汉政治》，第108—131页。
③ （汉）班固：《汉书·五行志》，台北：艺文印书馆影印光绪庚子春日长沙王氏1958年校刊本，第600页。

阳缪盭而妖孽生矣，此灾异所缘而起也。①

细审其内容，所重已由祥瑞转为灾异，意在警诫人君必须"积善累德"，而不能"淫佚衰微"，否则就会产生灾异而导致伤败。

此天人感应之说影响所及，如有灾异出现，始则皇帝下诏罪己，后来演变为皇帝将罪责归于大臣，故丞相常引咎自杀；而众臣僚也每每借此机会上书言得失，甚至以此挑起政争。类此之事，终两汉之世，可谓史不绝书。

三 "大九州岛说"的内涵及反响

(一) "大九州岛说"的内涵

相较于"五德终始说"，司马迁对"大九州岛说"的介绍显得直接而明白多了，其言曰：

> （邹衍）以为儒者所谓中国者，于天下乃八十一分居其一分耳。中国名曰赤县神州。赤县神州内自有九州岛，禹之序九州岛是也，不得为州数。中国外如赤县神州者九，乃所谓九州岛也。于是有裨海环之，人民禽兽莫能相通者，如一区中者，乃为一州。如此者九，乃有大瀛海环其外，天地之际焉。②

认为儒者所说的中国，名为赤县神州，赤县神州内的九州岛只是《禹贡》所称的九州岛，并不能算是九个州。中国以外像赤县神州的州总共有九个（所以中国只是其中的九分之一），周围有裨海环绕（相对于以下所述"瀛海"，裨海乃是小海，其实已经是大海，只是较瀛海小而已），像被裨海环绕的九州岛总共又有九个，再被瀛海环绕（所以中国乃九分之一中的九分之一，故说"于天下乃八十一分居其一分耳"），这才是天地的边际。

上述说法，《盐铁论·论邹》及《论衡·谈天》皆有所引述，所讲与

---

① （汉）班固：《汉书·董仲舒传》，第1164页。
② （汉）司马迁：《史记·孟子荀卿列传》，第939页。

《史记·孟子荀卿列传》极为接近。邹衍为齐人，齐国滨海，海上散布大小不等的岛屿，随着气候的变化、潮汐的涨落，这些岛屿远望过去，或浮或沉，忽大忽小，有时甚至还会出现海市蜃楼的现象，让人以为海外另有天地。在此情况之下，难免激发其想象，因而采用如《史记·孟子荀卿列传》所述"先验小物，推而大之，至于无垠"的推论方式，在事实的基础上，发挥其丰富的想象力，因而提出此"大九州岛"之说。

（二）"大九州岛说"的反响

由于中国基本上是一个内陆国家，民族性比较趋于务实，甚至有些保守，因而对邹衍的"大九州岛说"不仅难以接受，甚至于认为其十分怪异而加以排斥，即以曾游历各地名山大川，见识颇为广博的司马迁而言，也不免说"（邹衍）乃深观阴阳消息，而作怪迁之变……其语闳大不经……王公大人初见其术，惧然顾化"[1]。所谓"怪迁""闳大不经""惧然顾化"，可以说主要是针对"大九州岛"之说而言的。

桓宽所编《盐铁论·论邹》中，虽然引用了"大夫"之言，推测邹衍创立的"大九州岛"之说的动机是：

> 邹子疾晚世之儒、墨，不知天地之弘，昭旷之道，将一曲而欲道九折，守一隅而欲知万方，犹无准平而欲知高下，无规矩而欲知方圆也。于是推《大圣》《终始》之运，以喻王公列士。中国名山通谷，以至海外，所谓中国者，天下八十分之一，名曰赤县神州，而分为九州岛。绝陵陆不通，乃为一州，有大瀛海圜其外。此所谓八极，而天地际焉。《禹贡》亦著山川高下原隰，而不知大道之径。故秦欲达九州岛而方瀛海，牧胡而朝万国。诸生守畦亩之虑，闾巷之固，未知天下之义也。[2]

认为邹衍意欲以恢宏壮阔的"大九州岛说"，打破王公列士"将一曲"

---

[1] （汉）司马迁：《史记·孟子荀卿列传》，第939—940页。
[2] （汉）桓宽：《盐铁论·论邹》，载《新编诸子集成》，台北：世界书局1972年版，第2册，第54页。张敦仁在《盐铁论考证》中云："天下八十分之一，按'十'下脱'一'字"，第74页。

"守一隅"的孤陋保守心态。从表面来看,似乎颇能探知邹衍的苦心,其实却持两可的态度,并非完全赞同其见解,因为他紧接着又引用了"文学"之说,曰:

> 尧使禹为司空,平水土,随山刊木,定高下而序九州岛。邹衍非圣人,作怪误,惑六国之君以纳其说,此《春秋》所谓"匹夫荧惑诸侯"者也。孔子曰:"未能事人,焉能事鬼神?"近者不达,焉能知瀛海?故无补于用者,君子不为;无益于治者,君子不由。三王信经道,而德光于四海;战国信嘉言,破亡而泥山;秦始皇已吞天下,欲并万国,亡其三十六郡,欲达瀛海而失其州县。知大义如斯,不如守小计也。①

所采取的显然是不以为然的嘲讽态度。

到了以"疾虚妄"为其著述宗旨的王充,在《论衡·谈天篇》中,就很直截了当地批评了邹衍的"大九州岛说",其言曰:

> 邹衍之书,言"天下有九州岛,《禹贡》之土所谓九州岛也。《禹贡》九州岛,所谓一州也。若《禹贡》以上者九焉。《禹贡》九州岛,方今天下九州岛也,在东南隅,名曰赤县神州。复更有八州,每一州者四海环之,名曰裨海。九州岛之外,更有瀛海。"此言诡异,闻者惊骇,然亦不能实然否?相随观读讽述以谈,故虚实之事,并传世间,真伪不别也。世人惑焉,是以难论。案邹子之知不过禹,禹之治洪水,以益为佐。禹主治水,益之记物,极天之广,穷地之长,辨四海之外,竟四山之表,三十五国之地,鸟兽草木,金石水土,莫不毕载,不言复有九州岛。淮南王刘安召术士伍被、左吴之辈,充满宫殿,作道术之书,论天下之事。《地形》之篇,道异类之物,外国之怪,列三十五国之异,不言更有九州岛。邹子行地不若禹、益,闻见不过被、吴,才非圣人,事非天授,安得此言?案禹之《山经》,淮南之《地形》,以察邹子之书,虚妄之言也。②

---

① (汉)桓宽:《盐铁论·论邹》,第54页。张敦仁在《盐铁论考证》中云:"作怪误,按'误'当作'迂',《史记》所谓'作怪迂之变'者也",第74页。

② (汉)王充:《论衡·谈天篇》,载《新编诸子集成》,第7册,第106页。

对邹衍此说,分别以"此言诡异""虚妄之言也"评之。此外,又在《论衡·难岁篇》中评论其说为"此言殆虚",曰:邹衍论之,以为"九州岛之内五千里,竟合为一州在东,东位名曰赤县(神)州,自有九州岛者九焉,九九八十一,凡八十一州,此言殆虚"。①

"大九州岛说"既然迭遭质疑,当然也就不为人所相信。除了后来秦汉之际的燕齐方士可能受其启发,而有到海外求仙丹灵药之举,却无效验以外②,对当时以及后世并未能产生大的影响,此实为可惜之事。

四 邹衍思想对吾人的启示

我们如能了解邹衍"五德终始说""大九州岛说"的内涵,并掌握其产生的反响,对我们应有四点启示。

(一)就邹衍提出其思想的动机而言,《史记·孟子荀卿列传》曾有言:

> 邹衍睹有国者益淫侈,不能尚德,若大雅整之于身,施及黎庶矣。乃深观阴阳消息而作怪迂之变,《终始》《大圣》之篇十余万言。③

紧接着于介绍其"五德终始说"与"大九州岛说"以后,又归结道:"然要其归,必止乎仁义节俭,君臣上下六亲之施,始也滥耳。"④ 虽然指出邹衍之说乃"怪迂之变""始也滥耳",但仍肯定其说仍归本于"止乎仁义节俭,君臣上下六亲之施"等教化之事,期望有裨于伦理而施及平民百姓,故吕思勉说:"邹子之学,谓其骛心闳远可,谓其徒骛心于闳远,则

---

① (汉)王充:《论衡·难岁篇》,载《新编诸子集成》,第7册,第241页。
② (汉)司马迁:《史记·封禅书》:"邹衍以阴阳主运显于诸侯,而燕齐海上之方士传其术,不能通,然则怪迂阿谀苟合之徒自此兴,不可胜数也。"第541—542页。
③ (汉)司马迁:《史记·孟子荀卿列传》,第939页。
④ (汉)司马迁:《史记·孟子荀卿列传》,第939页。

【北学人物及思想】
北学的异军

不可也。"① 随即又说："邹子之学，非徒谇理，其意亦欲以致治也。"② 虽"骛心闳远"，但"欲以致治"，可谓深明邹衍创立其说的苦心曲为。

综合所论，可见对邹衍的理解及评价，最主要的应是立足于其立意之所在，此对于我们发言立论是否出于公心，亦即所抱持者是否为良善的动机，应有所启示。

（二）就"五德终始说"所指"五德"的"转移"，系以"五德"相克的形式出现的，亦即某一德之德衰微以后，足以克除其德的另一德将会取代该德，可见新起之德乃为解救前一德之衰敝而起，其中实寓有振衰起疲、补偏救敝的意蕴。按《史记·高祖本纪》之"太史公曰"，曾述及夏、商、周三代文质救济之道，说："夏之政忠，忠之敝小人以野，故殷人承之以敬；敬之敝小人以鬼，故周人承之以文；文之敝小人以僿，故救僿莫若以忠。三王之道若循环，终而复始。"③ 所谓"三王之道若循环，终而复始"，用以形容"五德终始说"可谓极为适切，是故《汉书·严安传》即引用邹衍之言而申论道："臣闻邹衍曰：'政教文质者，所以云救也，当时则用，过则舍之，有易则易也。'故守一而不变者，未睹治之至也。"④ 明言所引者乃邹衍之言，可见其说实寓有知所变通以推陈出新之意在，颇值得我们执行各种措施时所宜特别注重。

（三）就《史记·孟子荀卿列传》绍述邹衍思想时所说"载其禨祥度制""而符应若兹"等所涉及的祥瑞问题，据《吕氏春秋·有始览·应同》所载："凡帝王者之将兴也，天必先见祥乎下民。黄帝之时，天先见大螾、大蝼……及禹之时，天先见草木秋冬不杀。……及汤之时，天先见金刃生于水……及文王之时，天先见火，赤乌衔丹书集于周社。"⑤ 配合《史记·封禅书》所云："今秦变周，水德之时。昔秦文公出猎，获黑龙，此其水德之瑞。"⑥ 然则所谓"天先见大螾、大蝼"，"天先见草木秋冬不杀"，"天先见金刃生于水"，"天先见火，赤乌衔丹书集于周社"，"出猎，获黑龙"，凡若此等现象，是否即为祥瑞，实难断言。

---

① 吕思勉：《先秦学术概论·第九章阴阳数术》，东方出版中心2008年版，第101页。
② 吕思勉：《先秦学术概论·第九章阴阳数术》，第101页。
③ （汉）司马迁：《史记·高祖本纪》，第180页。
④ （汉）班固：《汉书·严朱吾丘主父徐严终王贾传》，第1283页。
⑤ （汉）高诱：《吕氏春秋·有始览·应同》，第126—127页。
⑥ （汉）司马迁：《史记·封禅书》，第540页。

再以后来受"五德终始说"影响至巨的董仲舒《天人三策》第一策所言:"《春秋》之中,视前世已行之事,以观天人相与之际,甚可畏也。国家将有失道之败,而天乃先出灾害以谴告之;不知自省,又出怪异以警惧之;尚不知变,而伤败乃至。"① 配合而观之,则不论"国家将有失道之败""不知自省",天所出的"灾害""怪异",或"帝王之将兴也",天必先见的祥瑞,皆已显现天道与人事之间必然有某种极为密切的联结,亦即已经有了天人实属一体的观念。

当然所谓祥瑞或灾异应如何认定,尤有待斟酌,但对我们而言,则可由此而注意到天道与人事的关系,亦即充分了解人的所作所为将深切影响大自然的运行。因而各种兴革造作都必须严格审慎为之,以免破坏生态,如此才能维持大自然的正常运行,以避免因失衡而危害到人类的生存及发展。

(四)就邹衍的"大九州岛"之说而言,固然有想象的成分,但也并非毫无事实的依据,其中有些说法,在今天看来,已获得证实,如中国只是天下的一小部分而已、所有陆地皆被海洋围绕、大片陆地之间的人民及禽兽本来并不能相通等。

诚如《盐铁论·论邹》所引"大夫"所说:"邹子疾晚世之儒、墨,不知天地之弘,昭旷之道,将一曲而欲道九折,守一隅而欲知万方,犹无准平而欲知高下,无规矩而欲知方圆也。"② 还有《史记·孟子荀卿列传》所载:"(邹衍)以为儒者所谓中国者,于天下乃八十一分居其一分耳。"③ 能有此认识,则能打破自古以来国人所抱持"中国即天下"的闭塞看法,也可以消除"唯我独尊",不知天外有天的保守心态。此对于全球各地区往来频繁、互动密切的现代,培养世界观,打破孤陋、狭隘的成见,扩大我们的胸襟、眼光,必有极大的帮助。

五 余论

根据《汉书·艺文志·诸子略》所载,邹衍著有《邹子》49 篇、《邹子

---

① (汉)班固:《汉书·董仲舒传》,第 1164 页。
② (汉)桓宽:《盐铁论·论邹》,第 54 页。
③ (汉)司马迁:《史记·孟子荀卿列传》,第 939 页。

终始》56 篇，可惜皆早已亡佚，清人马国翰所辑仅一卷 10 则而已①，无法考见其说的全貌。所幸《吕氏春秋》《史记》皆引述其说，但所引有限，仅知其"五德终始说""大九州岛说"的大略。此两说因尚有其依据，故本文论述之如上，其余虽有学者论说，但因缺乏可靠凭据，故为本文所不论。

前已言之，在邹衍提出其说时，阴阳家并非显学，其著作之亡佚应与此有关。及至秦汉之时，其"五德终始说"的第一点，即某一朝代德衰以后，将会被另一个足以克之的朝代汰除，仅短时期为秦朝采从，到西汉以后已渐失其影响。而由第二点发展而出的"祥瑞、灾异观"，虽然对两汉政局影响甚巨，但其后也逐渐趋于式微。

颇值得我们注意的是，依《吕氏春秋·有始览·应同》所载，所谓"土气胜，故其色尚黄""木气胜，故其色尚青""金气胜，故其色尚白""火气胜，故其色尚赤""水气胜，故其色尚黑"，五行已与五色相配应，其后逐渐发展为与五味、五脏、四季、四方……几乎与天地人事间的各种事物无所不配。其中固然有合理的成分，但也不免有勉强凑合之处。

如上所述，秦汉以后，阴阳五行已大受重视而产生深远的影响。据《汉书·艺文志·诸子略》所载，阴阳家共 21 家 369 篇，仅次于儒家 53 家 836 篇、道家 37 家 993 篇。但阴阳五行牵连所及，如纳入《兵书略》阴阳 16 家 249 篇，《数术略》五行 31 家 652 篇。合计共有 68 家 1270 篇，远远超过其他家，而这些只是先秦以迄西汉之著作，东汉以下以迄明清以降，其数当数千万倍于前。故本文前言所引屈万里谓"几乎可以和儒家的学说分庭抗礼"，邝芷人称"所产生的影响，是没有其他思想体系能够匹敌的"，绝非虚言。但其中绝大部分皆非邹衍思想的本来面目，不宜径视为其学说，此为我们探讨其"五德终始说""大九州岛说"的内容、反响，及对我们的启示时，所当注意的。

---

① 参见马国翰辑《玉函山房辑佚书（五）》，台北：文海出版社影印同治十年辛未济南皇华馆书局补刻本 1967 年版。

董仲舒与大一统政治下的儒家思想的转变

干春松[*]

摘要：汉承秦制，但国家合法性建构却要改弦更张，以董仲舒为代表的公羊家通过理论重构和太学体系的建设，让儒家逐渐与国家政治体制之间建立起合谋的关系，从而收敛了先秦儒家的批判性特性，力图通过天人关系的重构让现实秩序得到合法性的资源，儒家由此进入新的时代。

关键词：董仲舒；公羊学；盐铁；春秋繁露

进入汉代，儒家思想要适应新的国家格局和社会经济形势的转变，如果说郡县制开辟了家国一体的新形态，由此，儒家本身亦需要从先秦儒家的竞争性思想形态转变为建设性的国家意识形态体系。公羊学的改制思想以及董仲舒的天人三策，都展现出儒家积极应对新的国家体制的努力。

一 由封建制到郡县制转变的思想应对

在周朝确立的封建制度，使周王朝延续了八百多年的时间，然而这个制度，发展到战国末期已经面临十分严峻的挑战，这个时期，原来建立在血缘和宗法基础上的分封制度，逐渐向相对独立的诸侯国转变。在政治权力层面，则呈现为由相对独立的各级贵族政治向权威的分层系统转变，诸侯国的国君们逐渐削弱强宗巨室的政治权力，改为选派家宰去管理以前相对独立的封地。这样，官僚体制在中国获得了发展，新的国家形态开始出现，这其实就是郡县制的雏形。

---

[*] 干春松，北京大学儒学研究院副院长，北京大学哲学系教授，中华孔子学会常务副会长。

【北学人物及思想】
董仲舒与大一统政治下的儒家思想的转变

秦国利用商鞅变法而形成的比较现代的治理原则，废除由血缘来继承的权力和利益，改由军功和其他功绩而进行封赏；还废除了井田制，这样农民可以挣脱对于地主的义务，而自由迁移，激发他们去开垦荒地，从而极大地提升了国家的财政吸纳能力。这样的制度创新配以严厉的刑罚，极大地提高了秦国的战斗力，使之很快由一个文化落后的偏远小国成为战国时期最具战斗力的国家，并最终兼并六国建立起一个大的帝国。

然而，在这个国家建立之初，人们就为应该确立什么样的国家体制产生分歧。当时，有人主张采取分封制，即将秦始皇的各个孩子分封到新攻占的土地上，但是李斯却看到了建立在宗法制基础上的封建制的缺陷，即当亲属关系越发疏远之后，原先的兄弟就会互相攻击，导致内乱，所以，认为对亲属和军功集团不如重赏，这个建议被秦始皇接受，并最终建立起作为未来两千多年中国国家基本形态的郡县制。

（一）焚书坑儒和定于一

郡县制是一种中央集权的体制，各地的郡的首领由中央直接委派。这样的新体制要求有一种统一的制度来确保政令畅通，所以，秦朝建立之后，就统一了文字、度量衡，即所谓的"书同文、车同轨、行同伦"。这其中最为关键的是统一人们的观念，不过秦始皇所采用的办法比较粗暴，即焚书坑儒。

针对当时博士淳于越对于新的体制的批评和师法古人的建议，李斯的回答是：不同的时期有不同的治理方法，现在追慕三代之治没有实际的意义，拿以前的方式来否定今天，会使人思想混乱，不能统一。后果是皇帝的威势不能确立，而各地则会形成不同的势力范围，所以"臣请史官非秦记皆烧之。非博士官所职，天下敢有藏诗、书、百家语者，悉诣守、尉杂烧之。有敢偶语诗书者弃市。以古非今者族。吏见知不举者与同罪。令下三十日不烧，黥为城旦所不去者，医药卜筮种树之书。若欲有学法令，以吏为师"（《史记·秦始皇本纪》）。

李斯的办法很简单，就是只有那些技术性的书籍才能流传，如果要学法律，直接找那些办案的人员学就可以了。其他的典籍一概烧毁。这就是历史上著名的"挟书令"。第二年，因为卢生和侯生暗地里批评秦始皇统治残暴，导致秦始皇把相关的400多名儒生和方士坑杀，按照顾颉刚等先生的看法，虽然被坑的人中并不都是儒生，也有其他的方术之士和别的学派的学者,但是依然将此次事件描述成"坑儒"。

从焚书坑儒这样的事例来看,秦国的治理手段的确十分严酷。而且,一个刚统一的大秦帝国,因为需要大规模的基础建设,比如为了抵御北方少数民族的侵扰而修筑长城等,都会导致严峻的财政压力;还有一个原因就是秦始皇在统一后12年就去世,而新的政治领袖并没有形成。综合上述多种原因,秦国只维持了十几年的时间,就在陈胜、吴广和项羽、刘邦等一系列的起义和抗争中被推翻了。

(二) 从法家到黄老

刘邦之所以能够打败实力比自己强大的项羽,原因是多方面的,其中最为重要的是以秦国之地关中为基础,承袭秦国的组织方式和制度模式。《史记·高祖本纪》中记录刘邦攻入咸阳之后,召集当地的人士开会时的一段话:"父老苦秦苛法久矣,吾与诸侯约,先入关者王之,吾当王关中,与父老约法三章耳。杀人者死、伤人及盗抵罪。余悉除秦法。"刘邦废除了秦国苛刻的法律,减轻了刑罚的残酷,然萧何在治理关中这块汉帝国的根据地的时候,大多数的政策法令依旧是沿袭秦国时的旧章。

在思想层面,汉初是一个混杂的局面,一方面,以叔孙通等为代表的儒生帮助制定朝仪以及其他礼仪,刘邦也曾经去曲阜祭孔;另一方面,一种杂糅了道家和阴阳家等各种思想资源的黄老道学思想流行,以符合汉初的修养生息的政策。这样的策略一直延续到汉武帝的时代。《史记·儒林传》中说:

> 故汉兴,然后诸儒始得修其经艺,讲习大射乡饮之礼。叔孙通作汉礼仪,因为太常,诸生弟子共定者,咸为选首,于是喟然叹兴于学。然尚有干戈,平定四海,亦未暇遑庠序之事也。孝惠、吕后时,公卿皆武力有功之臣。孝文时颇征用,然孝文帝本好刑名之言。及至孝景,不任儒者,而窦太后又好黄老之术,故诸博士具官待问,未有进者。

史书上记载了曹参接受一个叫盖公的人的建议而采取"与民休息"的政策的故事,所以一般来说,曹参被视为黄老之学的推动者。这样的策略极大地纠正了秦国因为大规模的基础建设而导致的民生困境。黄老之学的最为关键的治理原则就是"立俗施事"。其中的道理司马谈有过论述,他说,道家主张无为,也说无不为,道理虽然复杂,但是实行起来很简单,"虚无为本、因循为用,无成执,无常形,故能究万物之情"。如此说来就是没有确定的方式,而是根据各地的不同的情况制定政策法令。"与时迁移、应物变化、立俗施事、无所不宜。"(《史记·太史公自序》)这种办法可以最大限度地防止对各地官员积极性的限制。所以,出现了许多典型。当时的汲黯就是倡导这样清静无为治理方法的典型。

> 黯学黄老之言,治官理民,好清静,择丞史而任之。其治,责大指而已,不苛小。黯多病,卧闺阁内不出。岁余,东海大治。称之。上闻,召以为主爵都尉,列于九卿。治务在无为而已,弘大体,不拘文法。(《史记·汲郑列传》)

经过文帝和景帝的时期,社会生产得以恢复,出现了"文景之治"的天下承平的局面。

(三)贾谊:儒家之治的提倡者

汉初的汉代统治集团采用黄老之学,推行无为而治,固然是一个明智的选择,同样也是一种无奈的选择。因为刘邦在与项羽的争斗中,必须团结更多的地方势力,所以他采取的是关中地区和其他地区分别对待的方式,即关中地区是郡县制,而其他地区则根据军功和血缘关系分封给各种地方势力。如此,在汉朝建立的时候,其实推行的是分封制和郡县制的混合政体。在东部地区的许多王国,不但在政治上有相对的独立性,甚至还拥有一定的立法权,所以,汉初统治者一个最大的担心就是中央集权和地方自治之间存在的矛盾。如何控制地方势力的膨胀乃至防止地方势力的叛乱是政治活动的重心。

因此,黄老道学虽然是十分有效的统治策略,但并不一定能提供一种稳定而长久的治理之道。所以从汉高祖刘邦到汉武帝刘彻可以看作一个儒家的影响不断强化的过程。最早对刘邦进行规劝的是陆贾。

> 陆生时时前说称诗书。高帝骂之曰:"乃公居马上而得之,安事诗书!"陆生曰:"居马上得之,宁可以马上治之乎?且汤武逆取而以

顺守之,文武并用,长久之术也。昔者吴王夫差、智伯极武而亡;秦任刑法不变,卒灭赵氏。乡使秦已并天下,行仁义,法先圣,陛下安得而有之?"高帝不怿而有惭色,乃谓陆生曰:"试为我著秦所以失天下,吾所以得之者何,及古成败之国。"(《史记·郦生陆贾列传》)

这段话中的"马上得之,宁可以马上治之"之语已成为夺取政权之后,如何维持政权长久的一个政治名言。不过陆贾的《新语》中亦是仁义之道和清静无为并举的。后来儒家与黄老之学之间就政治原则的争论一直存在,比如辕固生和黄生关于汤武革命的合法性的争论,辕固生甚至因为说老子书只是寻常言语而差点丢了性命。

系统地对秦朝的灭亡做出反思,并提出一系列以儒家之道来治理国家的是贾谊。贾谊在《过秦论》中认为秦朝的灭亡就是因为不能了解"攻守之势"的变化,他认为秦朝能够一统天下,但却因为"一夫作难"而天下灭亡,因而治理天下需要"仁心"。

> 然秦以区区之地,至万乘之势,序八州而朝同列,百有余年矣。然后以六合为家,殽函为宫。一夫作难而七庙堕,身死人手,为天下笑者,何也?仁义不施,攻守之势异也。①

为此,他提出了由秦转汉,需要移风易俗,改变夺天下时所采用的严刑峻法,提倡礼仪教化。

> 曩之为秦者,今转而为汉矣。然其遗风余俗,犹尚未改。今世以侈靡相竞,而上亡制度,弃礼谊,捐廉耻,日甚,可谓月异而岁不同矣。……至于俗流失,世坏败,因恬而不知怪,虑不动于耳目,以为是适然耳。夫移风易俗,使天下回心而乡道,类非俗吏之所能为也。俗吏之所务,在于刀笔筐箧,而不知大体。陛下又不自忧,窃为陛下惜之。(《汉书·贾谊传》)

贾谊认为,礼义的获得需要教化而成,并认为要采取仁义之法来削弱诸侯

---

① (汉)贾谊:《新书校注》,中华书局2000年版,第3页。

国的力量。具体的办法就是让诸侯国进一步分化，这样他们便没有力量来对抗中央的权威，最后达到中央集权和地方自治的协调，如此国家就像大脑控制四肢一样，顺畅无碍。不过贾谊的这套礼治之法并没有被汉文帝采用，因为汉初的政治局势并没有采用儒家治理之道的时机，因此到汉武帝才被真正落实。

二　董仲舒与大一统政治下的儒家思想的转变

文景之际一个最重要的工作是削藩，消除地方的势力，使得汉朝的法令制度得到统一，也改变了东西不同政治制度的问题，然而统一制度法令之后，如何从思想层面强化国家的统一，就不能简单采用无为而治的办法，需要一种价值体系来贯通就不可避免了。

（一）公羊学与汉代政治文化

在汉代思想统一的过程中，公羊学起到了十分特殊的作用。所谓公羊学就是根据"《春秋》三传"中《公羊传》的解释体例而形成的一种经学思想。公羊家认为孔子通过对《春秋》所记载的史事进行褒贬来体现他为汉制法甚至为万世制法的意图，因为孔子有德无位，所以只能通过口说和其他隐晦的方式来表达。举例来说，《春秋》"隐公元年"说："元年，春，王正月"，公羊传的解读是："元年者何？君之始年也。春者何？岁之始也。王者孰谓？谓文王也。曷为先言王，而后言正月？王正月也。何言乎王正月？大一统也。"[1] 这是典型的公羊义法，即从每一个字背后解读孔子的微言大义。这样的解读其实很符合汉代实现大一统的政治格局。

公羊义例很多，最为我们所熟悉的是"通三统""张三世""王鲁""故宋""以春秋当新王"，等等，这些是通过董仲舒和何休的不断丰富和完善而逐渐定型的。比如《公羊传》三次讲"所见异辞，所闻异辞，所传闻异辞"是公羊学"张三世"命题最早的雏形。其中包含着历史变易观点，即可以被理解为不同的历史阶段。对此，《公羊传》还有别的解释：

---

[1] 黄铭、曾亦译注：《春秋公羊传》，中华书局2016年版，第1—2页。

"定、哀、多微辞，主人习其读而问传，则未知己之有罪焉尔"，是说时代越近，孔子因惧祸而有忌讳，故多采用隐晦的说法，而距孔子比较远的时期则可以比较直接地说出。

汉武帝的时代，董仲舒希望汉武帝能大展宏图，所以进一步发挥公羊思想，强调公羊是孔子给汉代王者的政治设计，因此，他将《公羊传》中"所见异辞，所闻异辞，所传闻异辞"的朴素归纳推进为"张三世"的基本命题。《春秋繁露·楚庄王》有言："《春秋》分十二世以为三等，有见，有闻，有传闻。有见三世，有闻四世，有传闻五世。故哀、定、昭，君子之所见也。襄、成、文、宣，君子之所闻也。僖、闵、庄、桓、隐，君子之所传闻也。所见六十一年，所闻八十五年，所传闻九十六年。于所见微其辞，于所闻痛其祸，于传闻杀其恩，与情俱也。"①"张三世"是为了通三统，即不同的时期，要改正朔易服色，以不同的政策来对应不同时代的需要，而当下既然已处于大一统的时期，就需要汉武帝进行一系列符合时代需要的改革。其核心就是拨乱反正的改制。

公羊学到了东汉时期依然有所发展，最为杰出的代表是何休，他着力发挥的"三科九旨"将公羊学进一步系统化。《春秋公羊注疏·隐公卷第一》徐彦疏云：

> 问曰：《春秋说》云"《春秋》设三科九旨"，其义如何？答曰：何氏之意，以为三科九旨正是一物，若总言之，谓之三科，科者，段也；若析而言之，谓之九旨，旨者，意也。言三个科段之内，有此九种之意。故何氏作《文谥例》云"三科九旨者，新周故宋，以《春秋》当新王"，此一科三旨也；又云"所见异辞，所闻异辞，所传闻异辞"，二科六旨也；又"内其国而外诸夏，内诸夏而外夷狄"，是三科九旨也。②

第一阶段是说明孔子以鲁国的历史为蓝本而加以"王心"，即把他的设想透过鲁史而加以体现，"以《春秋》当新王"；第二阶段是说不同的时期

---

① 苏舆撰，钟哲点校：《春秋繁露义证》，中华书局1992年版，第9—10页。
② 十三经注疏整理委员会整理：《十三经注疏·春秋公羊传注疏》，北京大学出版社1999年版，第5页。

要采取不同的政治方略；第三个阶段是处理夷夏关系，即中国和周边的关系。一是自近者始，即从中心国家的教化开始。二是王者无外，即此教化理念是一种普世性的思想。董仲舒其实是基于春秋三世来展开他的天人三策的。

（二）《吕氏春秋》和《淮南子》：阴阳五行作为思想律

许多人都指出，离开了《吕氏春秋》和《淮南子》，则很难真正理解汉代经学。首先，因为诸如《吕氏春秋》和《淮南子》这样的著作，其思想是综合儒、道、墨、阴阳五行等各派思想而成，而这样的综合成为董仲舒综合性地阐发其经学思想的重要基础。这一点我们可以从《春秋繁露》中多次引述《淮南子》的内容得到明显的证明。其次，这些综合性的著作，将阴阳、五行和四时结合起来，提出了一种思考天、地、人关系的思想框架，将政治活动、农业活动和人的社会生活结合在一起，并赋予意义上的解释。

比如《吕氏春秋》起首就提出"十二纪"，即一年十二个月中应如何安排农业、政事和其他活动。其中"孟春纪"说治身之道，因为春为万物之始，而人之始在身。"仲春"和"季春"则讨论知人、任人之术。"孟夏季"说尊师取友教学之法，因为夏主生长。"仲夏"和"季夏"讨论的是音乐，音乐是天地之和，阴阳和顺，与这个季节配合。"孟秋"和"仲秋"讨论兵家军事，而"季秋"则谈论用兵之道和战术方针。"孟冬季"讨论丧葬之事，因为冬为藏物之时。"仲冬"和"季冬"论求知和知人，这是借用储备知识的意象。

《吕氏春秋》结合《周易》和《尚书·洪范》中的阴阳五行思想，与金木水火土的配置对应天下之事物，这样就将自然现象和社会现象之间建立起比附性的关系。比如以阴阳之说来说明天地、男女，并抽象出尊卑、动静、刚柔等抽象概念。而由五行则衍生出时令、方向、音律、服色、道德等方面的不同规律，体现了汉代人对世界的一种认识范型。

与《吕氏春秋》是由吕不韦组织编撰而成的一样，《淮南子》是由汉代的淮南王刘安组织人员编撰而成。《淮南子》共二十一篇，虽说历代将其归入杂家，但基本立场应该是道家。《原道》《俶真》《天文》《览冥》等篇道家色彩鲜明，就是一向被认为儒家色彩颇浓的《缪称》《修务》等篇，也都有一个道家的立场作为前提。《缪称》开篇则言："道至高无上，至深无下，平乎准，直乎绳，员乎规，方乎矩，包裹宇宙而无表里，洞同覆载而无所碍。是故体道者……"① 这是典型的道家立场。《修务》的开篇对无为进行批评，似乎持反对道家的立场，但是其全部论说都笼罩在道家的无为语境之下，最后的结论也是要在无为的定义之下容纳有为，肯定的仍然是无为，这明显是想在道家的话语系统下容纳儒家，协调儒、道思想的矛盾。《淮南子》的最后一篇《要略》，更是站在道家的立场上申明全书旨意，对各篇内容进行道家式的总结。

《淮南子》的宇宙理论可以概括为宇宙生成论。宇宙生成论的重点不在空间方位的分布，而在时间流变的过程。按照《淮南子》的理解，人生活其间的宇宙并非从来如此，而是由道的分化演变逐渐生成的，《淮南子》的宇宙生成论，就是对宇宙从无到有的这一过程的构想。

宇宙生成是一个过程，万物和人是在这个过程的最后阶段才出现的。与宇宙的生成过程相对应，人类社会也经历了一个过程，这个过程的"初"，是"至德之世"的"浑浑苍苍，纯朴未散，旁薄为一"，是"纯朴"；而这个过程的"今"，或者说现实状态，则是世道衰败之后的"杂道以伪，俭德以行，而巧故萌生"②，是"伪（人为）"，圣人制作的仁义礼乐可以发挥"救败"的规范作用，但却不是人的纯朴"真性"所需要的，相反，它们还有可能进一步败坏"真性"。换一句话说，仁义礼乐的"人为"属性，使它们越不出历史的时限，这就决定了它们不可能具有永恒的意义，不具备担当终极准则的资格。专就人类社会而言，什么是人类社会的最终价值准则？《淮南子》的回答是明确的：道。由此道而返回纯真的人心。

（三）《春秋繁露》：董仲舒的学说

董仲舒是儒家历史上十分重要的人物，其身处大一统中国逐渐形成而需要思想价值支持的时代，所以他综合当时的天人阴阳思想，阐发其公羊义理，并以通经致用的态度介入具体的制度建构，从而构筑起儒家思想史上的一座里程碑。董仲舒最主要的思想存于《春秋繁露》一书中，天人三策是理解其思想的门径。

---

① 陈广忠译注：《淮南子》，中华书局 2012 年版，第 505 页。
② 陈广忠译注：《淮南子》，第 85 页。

【北学人物及思想】
董仲舒与大一统政治下的儒家思想的转变

1. 天人三策

汉武帝即位之后，举贤良文学之士而问古今之治道，其中董仲舒之天人三策深得其心。汉武帝的第一问是关于政权更迭的原则和性情之差异，而董仲舒的回答核心在于要汉武帝任德不任刑，这样就是承天意之正。而汉代已得天下七十多年，应该更化改制，以仁义礼智信来治国，这样便可以使汉朝的统治稳固。

> 天道之大者在阴阳。阳为德，阴为刑；刑主杀而德主生。是故阳常居大夏，而以生育养长为事；阴常居大冬，而积于空虚不用之处。以此见天之任德不任刑也。天使阳出布施于上而主岁功，使阴入伏于下而时出佐阳；阳不得阴之助，亦不能独成岁。终阳以成岁为名，此天意也。王者承天意以从事，故任德教而不任刑。刑者不可任以治世，犹阴之不可任以成岁也。为政而任刑，不顺于天，故先王莫之肯为也。今废先王德教之官，而独任执法之吏治民，毋乃任刑之意与！
>
> 今临政而愿治七十余岁矣，不如退而更化；更化则可善治，善治则灾害日去，福禄日来。《诗》云："宜民宜人，受禄于天。"为政而宜于民者，固当受禄于天。夫仁谊礼知信五常之道，王者所当修饬也；五者修饬，故受天之祐，而享鬼神之灵，德施于方外，延及群生也。（《汉书·董仲舒传》）

董仲舒的第二策是关于如何培养人才的，他认为一个社会的稳定发展关键在榜样性的人才的培养，其中最重要的事情是培育管理人才，所以他建议设立太学，将当下所担任官员的酷吏进行更换，这样才可以让百姓体会到国家的恩泽。

> 故养士之大者，莫大（虐）[乎] 太学；太学者，贤士之所关也，教化之本原也。今以一郡一国之众，对亡应书者，是王道往往而绝也。臣愿陛下兴太学，置明师，以养天下之士，数考问以尽其材，则英俊宜可得矣。今之郡守、县令，民之师帅，所使承流而宣化也；故师帅不贤，则主德不宣，恩泽不流。今吏既亡教训于下，或不承用主上之法，暴虐百姓，与奸为市，贫穷孤弱，冤苦失职，甚不称陛下之意。是以阴阳错缪，氛气壅塞，群生寡遂，黎民未济，皆长吏不明，

使至于此也。(《汉书·董仲舒传》)

董仲舒所上的第三策核心是统一思想,他认为只有确立儒家的思想作为主导性的观念,才可以让百姓有一种稳定的可持续的信奉的价值,这样社会才能实现真正的稳定。他说:

> 《春秋》大一统者,天地之常经,古今之通谊也。今师异道,人异论,百家殊方,指意不同,是以上亡以持一统;法制数变,下不知所守。臣愚以为诸不在六艺之科孔子之术者,皆绝其道,勿使并进。邪辟之说灭息,然后统纪可一而法度可明,民知所从矣。(《汉书·董仲舒传》)

这一策也就是一般所说的"罢黜百家、独尊儒术"。汉武帝虽然高度肯定董仲舒的建议,有些也得到落实,比如太学制度和博士、博士弟子制度,然而儒学的独尊地位并没有很快地落实,因为即使在汉武帝去世之后,汉宣帝和太子之间依然存在着对"霸王道杂之"的汉代传统治理原则的肯定和对纯用德政的怀疑。不过通过选士制度和博士制度的设立,儒家逐渐占据思想的核心地位,这一趋势已不可逆转。而其中董仲舒对儒家思想体系的推进意义十分重要。

2. 天人论

董仲舒思想体系中,天人论是其骨架。徐复观先生在《两汉思想史》中认为,传统的天虽然有自然、主宰和道德等方面的意义,但只有到了董仲舒这里,天才构成一个贯通性的体系,即寻求天和人之间的有机联系。

首先,董仲舒统合当时的阴阳五行思想,试图将各类因素结合在一个完整的系统中,他在《官制象天》中说,天有十端:天、地、阴、阳、火、金、木、水、土、人。[1] 他解释说,这十端以天为始、以人为终,说明"人之超然万物之上,而最为天下贵也"(《春秋繁露·天地阴阳》)。天化生万物的过程,不会有终结,是一个终而复始的过程。因为人生于天,所以,人副天数,也就是说人的形体结构、血气性情、品格德行乃至伦理秩序,都存在着许多相同或类似的地方。"人之形体,化天数而成;

---

[1] 参见(汉)董仲舒《春秋繁露·官制象天》,中华书局1992年版。

人之血气，化天志而仁；人之德行，化天理而义；人之好恶，化天之暖清；人之喜怒，化天之寒暑；人之受命，化天之四时。人生有喜怒哀乐之答，春秋冬夏之类也。"（《春秋繁露·为人者天》）

本着同类相感的理念，董仲舒认为天人之间存在着感应关系，不仅人可以感受天的意志，而人的行为也可以为天所感知，如果行为不当，上天就会通过灾异行为来"谴告"，提醒人们注意自己的活动方式。

基于阴阳五行思想是汉人思考问题的基本原理，所以董仲舒亦将天人关系置于阴阳五行的体系之中，他说："天地之气，合而为一，分为阴阳，判为四时，列为五行。行者行也，其行不同，故谓之五行。五行者五官也，比相生而间相胜也。"（《春秋繁露·五行相生》）

在《春秋繁露》一书中，董仲舒对阴阳运行的轨迹阐述得非常详尽，这涉及当时人们对于时空的基本认知，并将之比附到政治活动中去。所以在董仲舒的视野中，阴阳二气在天人之道的运行中地位是不同的，阴是阳之助，阳是岁之主，所以天道任阳不任阴，体现在政治活动中，就是任德不任刑。但阴阳并不能独自发挥作用。

对于五行，董仲舒亦认为木火土金水这五行，有一定的运行规则，他提出木是五行之始，水是五行之终，而土则是五行之中央，虽然五行的引入在与四时相配时，会出现许多技术上的难题，而在处理伦理秩序的时候，有一个中央点是十分必要的。在《五行相生》中，董仲舒提出，五行之间是按照木火土金水的顺序渐次而生，而同时，木火土金水之间间隙相生，隔位相克。

综合五行的生克关系，董仲舒提出了他的三统三正的《春秋》历史观，认为不同的时期，天有不同的德，那么人间的秩序就需要有不同的治理原则，所以就需要改制，不过改制是治理之术的调整，而不是对治理之道的修正，因为天不变，道亦不变。对于儒家而言，这个不变的道就是儒家以德政为核心的王道理想。

3. 仁义论

董仲舒在《春秋繁露》中，亦最重仁，认为仁是天的意志，所以"明王道重仁而爱人"，认为仁是《春秋》之宗旨。

> 俞序得《春秋》之本，有数义焉，以仁为天心，孔子疾时世之不仁，故作《春秋》，明王道重仁而爱人，思患而豫防，反复于仁不仁

之间，此《春秋》全书之旨也。《春秋》体天之微，虽知难读，董子明其讬之行事，以明其空言，假其位号，以正人伦，因一国以容天下，而后知素王改制，一统天下，《春秋》乃可读。①

对于仁的解释，孔子本人就极为多样。孟子则往往将仁与其他德行或者政治措施结合起来，发展出仁义、仁政等观念，而董仲舒在《春秋繁露·必仁且智》篇对仁有其独特的解释：

何谓仁？仁者憯怛爱人，谨翕不争，好恶敦伦，无伤恶之心，无隐忌之志，无嫉妒之气，无感愁之欲，无险诐之事，无辟违之行。故其心舒，其志平，其气和，其欲节，其事易，其行道，故能平易和理而无事也。如此者谓之仁。（《春秋繁露·必仁且智》）

后世的学者康有为评论道，这篇对仁的解释最为"详博"。既点明了仁者爱人且又有伦序之大本，并涉及仁人之行为方式。（《春秋繁露·必仁且智》）

董仲舒从人我关系出发理解儒家的仁义观，他指出《春秋》的核心观点关于如何以仁义关系来理解自我和他人。他指出仁的指向是他人，而义则是对自我的要求。而许多人将义作为对他人的要求，是社会混乱的重要原因。

《春秋》之所治，人与我也。所以治人与我者，仁与义也。以仁安人，以义正我，故仁之为言人也，义之为言我也，言名以别矣。仁之于人，义之于我者，不可不察也。众人不察，乃反以仁自裕，而以义设人。诡其处而逆其理，鲜不乱矣。（《春秋繁露·仁义法》）

基于这样的理解，董仲舒认为儒家以仁道而推恩于天下百姓，而以礼仪来规范自身的行为。

是义与仁殊。仁谓往，义谓来，仁大远，义大近。爱在人，谓之

---

① 康有为：《春秋董氏学》，中华书局1990年版，第2—3页。

仁，义在我，谓之义；仁主人，义主我也。故曰仁者人也，义者我也，此之谓也。君子求仁义之别，以纪人我之间，然后辨乎内外之分，而著于顺逆之处也。是故内治反理以正身，据礼以劝福。外治推恩以广施，宽制以容众。(《春秋繁露·仁义法》)

董仲舒还讨论了推恩的范围，他说："仁而不知（智），则爱而不别也；知而不仁，则知而不为也。故仁者所以爱人类也，智者所以除其害也。"(《春秋繁露·必仁且智》) 这是董仲舒"仁义论"的要点，他并不如后世以天地万物一体为仁，而是认为人类之爱有一定的限度，如果不加区分的爱，则有可能产生不好的后果，因此，理想的状态是"必仁且智"，仁智统一，才能使人养成完美的人格。

4. 人性论

人性论是儒家思想十分重要的论域，此前关于人性的理解有相当大的差距，一般而言，孔子并没有对人性之善恶提出明确的结论，而孟子和荀子则围绕着人性善还是人性恶展开了争论，尽管这样的争论很大程度上源于他们对于何为人性这个概念在理解上的不一致。

董仲舒是从性情论的角度来讨论人性的，他认为人的心有性有情，这就像天有阴阳一样，性表现于外是仁，而情所表现的是贪欲。就这个意义上，孟子所说的性善相当于董仲舒的性，而荀子所说的性恶则相当于董仲舒的情。

> 天地之所生，谓之性情，性情相与为一瞑。情亦性也。谓性已善，奈其情何？故圣人莫谓性善，累其名也。身之有性情也，若天之有阴阳也。言人之质而无其情，犹言天之阳而无其阴也。穷论者，无时受也。名性不以上，不以下，以其中名之。性如茧如卵，卵待覆而成雏，茧待缲而为丝，性待教而为善，此之谓真天。天生民性有善质而未能善，于是为之立王以善之，此天意也。(《春秋繁露·深察名号》)

前文已述，董仲舒认为人受命与天，而天是阳占据主导而阴为辅助，所以善之倾向会超过恶的方面。但是善的优势并不能径直说人性是善的，所以他对于性这个概念做了新的辨识，即性是"生之自然之资"：

> 今世暗于性，言之者不同，胡不试反性之名。性之名非生与？如其生之自然之资谓之性。性者质也。诘性之质于善之名，能中之与？既不能中矣，而尚谓之质善，何哉？性之名不得离质，离质如毛，则非性已，不可不察也。（《春秋繁露·深察名号》）

他以禾苗为例说明，禾苗会产出粮食，但并不能将禾苗说成粮食本身，趋势不能等同于结果。

> 故性比于禾，善比于米。米出禾中，而禾未可全为米也。善出性中，而性未可全为善也。善与米，人之所继天而成于外，非在天所为之内也。天之所为，有所至而止，止之内谓之天性，止之外谓人事。事在性外，而性不得不成德。（《春秋繁露·深察名号》）

善的形成要通过人格的磨砺，不能将人所参与的这个过程说成人性本身。

> 或曰：性有善端，心有善质，尚安非善？应之曰：非也。茧有丝而茧非丝也，卵有雏而卵非雏也。比类率然，有何疑焉。天生民有六经，言性者不当异，然其或曰性也善，或曰性未善，则所谓善者，各异意也。性有善端，动之爱父母，善于禽兽，则谓之善，此孟子之善。循三纲五纪，通八端之理，忠信而博爱，敦厚而好礼，乃可谓善，此圣人之善也。（《春秋繁露·深察名号》）

他区分孟子之善和圣人之善，认为人与禽兽之别的善端是孟子所强调的，而圣人所强调的则是对于社会秩序的遵循和人伦价值的肯定。这就是说他更多地将人性的善和社会因素加以结合。

> 圣人以为无王之世，不教之民，莫能当善。善之难当如此，而谓万民之性皆能当之，过矣。质于禽兽之性，则万民之性善矣；质于人道之善，则民性弗及也。万民之性善于禽兽者许之，圣人之所谓善者弗许。吾质之命性者，异孟子。孟子下质于禽兽之所为，故曰性已善；吾上质于圣人之所为，故谓性未善。善过性，圣人过善。（《春秋繁露·深察名号》）

在此问题上，董仲舒可能更接近荀子，他要强调人性与后天的教化之间的关系。

> 今谓性已善，不几于无教而如其自然！又不顺于为政之道矣。且名者性之实，实者性之质。质无教之时，何遽能善？善如米，性如禾，禾虽出米，而禾未可谓米也。性虽出善，而性未可谓善也。米与善，人之继天而成于外也，非在天所为之内也。天所为，有所至而止。止之内谓之天，止之外谓之王教，王教在性外，而性不得不遂，故曰：性有善质，而未能为善也，岂敢美辞，其实然也。（《春秋繁露·实性》）

他说社会上的人可以分为三种，即圣人、中民和斗筲之民，前者和后者都不是普通的人，而他所要讨论的人性主要是那个中间层的大多数人。

> 圣人之性不可以名性，斗筲之性又不可以名性，名性者，中民之性。中民之性如茧如卵，卵待覆二十日而后能为雏，茧待缲以涫汤而后能为丝，性待渐于教训而后能为善。善，教训之所然也，非质朴之所能至也，故不谓性。性者宜知名矣，无所待而起，生而所自有也。善所自有，则教训已非性也。（《春秋繁露·实性》）

三　后董仲舒时代的汉代儒学与汉代政治

（一）五经博士和通经致用

如果说汉初之前的"六经"的传承是孔子后学一个自觉的行为的话，那么，在儒学获得独尊地位之后，经典的传承就有了一个制度性的设置，这个制度就是五经博士与博士弟子制度。

博士，最初只是对于王官失守之后，流散民间的学者的一种称呼，意为博学通达之士。最晚到战国末期，转而成为官职的名称。

在汉武帝之前，博士官可以说是"诸家并立"，博士的来历和背景十分多样化，主要的工作是"通古论今""议典礼政事"，是一些有级别但并不具职位的随时备用的士人。但是博士的主体应是儒家。秦朝博士多时约有70人，在史书中有明确姓名可考者为12人，其中，淳于越、伏生、叔孙通、羊子、李克、圈公明确属于儒家，而其他的则杂有名家和神仙家等。不过，儒生当为博士官构成的主体。

汉承秦制，博士制度也依然存在。不过，秦始皇时用以控制思想的"挟书律"和"妖言令"在汉初被废除，这意味着思想自由度的增加。到汉文帝时，博士官的人数增加到70余人。

汉初的博士官依然并非儒家所专有，史书所见就有五行家公孙臣被列为博士。有人猜测文景之世，崇尚黄老，应也会有法家、道家的博士。文帝时的一个重要的制度创设是设立了儒家的专经博士，即申公和韩婴被立为《诗》博士，这可以看作后世五经博士的雏形。这个时期博士的职能也发生了很大的变化，由以前的不治而议论的言官变成了综合议政、制礼、藏书、教授、试策、出使等具有多种功能的官员，说明其在政治活动领域的重要性大大增强。

仅以《汉书·儒林传》所载的以治《鲁诗》出身的儒生的情况为例。"（申公）弟子为博士十余人，孔安国至临淮太守，周霸胶西内史，夏宽城阳内史，砀鲁赐东海太守，兰陵缪生长沙内史，徐偃胶西中尉，邹人阙门庆忌胶东内史，其治官民皆有廉洁称。其学官弟子行虽不备，而至于大夫、郎、掌故以百数。"其他门派的情况也大同小异。

汉武帝建元五年（前136）置五经博士，是儒家制度化的一个重要措施。随后又接受公孙弘的建议，设立博士弟子。

在汉武帝"推明儒术"之后，儒生参与政治运作有了固定的渠道，博士和博士弟子自不必论，同时朝廷还要求诸侯王国及地方每年向中央推荐敬长孝亲的人才，跟博士学习。这使得博士和博士弟子的数量不断扩大，在汉武帝时，博士加上弟子大约只有几十人，汉昭帝的时候上升到百人，汉宣帝时又增加一倍。汉元帝时增加到千人，汉成帝时有3000人。

五经博士是一个总括性的名称，表明博士之职位已由儒家所专属，博士的人数也不是五经各有一位，而是一经有数位博士，也有居五经之列但没有博士的，也有博士通数经的。

五经博士的设置，表明经学与权力之间的直接关系的建立。而由经学通向权力不仅使经学流派之间的冲突正面化，而且也导致人们研习经学的权力动机的增强。随着儒家经典地位的不断稳固，越来越多的掌握这些经典的儒生逐步被提升为各级官员，完成了由秦代和汉初的"以吏为师"向

【北学人物及思想】
董仲舒与大一统政治下的儒家思想的转变

"以师为吏"的转变,即官吏阶层的儒家化。据有的学者统计,在汉武帝时,有史传的官员中,以儒生担任地方长官的约有12位,占总数的42%;而以军功、治功或其他途径担任官员的则有16位,占58%。而到元成之后,儒生在地方官员中已经占绝对优势,有史传的30余位郡县长官中,儒生约占80%以上。(《汉书·夏侯胜传》)

经学博士的设立,主要是为了解决现实中出现的问题,明经是为了致用,以经典的原则来解决问题,就可以接近圣人的想法。皮锡瑞说:"武、宣之间,经学大昌,家数未分,纯正不杂,故其学极精而有用。以《禹贡》治河,以《洪范》察变,以《春秋》决狱,以三百五篇当谏书,治一经得一经之益也。"① 因此,传统中国发展出引经决事的制度原则,其最典型的就是"《禹贡》治河""《洪范》察变"和"《春秋》决狱"。

《禹贡》是《尚书》中的一篇,讲的是大禹治水的事,书中有大量关于各地的物产和地理、风土人情方面的内容。《汉书·平当传》中说平当因为精通《禹贡》,所以被任命为治理黄河的官员。以《洪范》察变也言之凿凿。《汉书·夏侯胜传》说:"胜少孤,好学,从始昌受《尚书》及《洪范五行传》,说灾异……征为博士、光禄大夫。会昭帝崩,昌邑王嗣立,数出。胜当乘舆前谏曰:'天久阴而不雨,臣下有谋上者,陛下出欲何之?'王怒,谓胜为妖言,缚以属吏。"在谶纬和灾异说盛行的汉代,许多政治的谶语或许可以被视为"妖言"。但因为当时的摄政者霍光正与别人密谋废昌邑王,所以听了这样的"妖言"不免心虚,以为是谁走漏了他们的政治计谋,便去问夏侯胜。夏回答说:"在《洪范传》曰:皇之不极,厥罚常阴,时则有下人伐上。"② 这个事件可以证明,当时的人们相信通过《洪范》可以了解事物变化的线索。

在西汉儒生的理解中,所有经典都是面向未来的,因为经典本身就是圣人预先"为汉制法",而经师的主要任务是将圣人的预见展示给君主。如奉翼说:

> 圣人见道,然后知王治之象,故画州土,建君臣,立律历,陈成

---

① 皮锡瑞:《经学历史》,中华书局1989年版,第90页。
② 班固撰,颜师古注:《汉书》,中华书局1964年版,第1459页。

败,以视贤者,名之曰经。贤人见经,然后知人道之务,则《诗》《书》《易》《春秋》《礼》《乐》是也。《易》有阴阳,《诗》有五际,《春秋》有灾异,皆列终始。推得失,考天心,以言王道之安危。(《汉书·翼奉传》)

如果说以"《洪范》察变""《禹贡》治河"这类制度化设计仅仅是涉及社会上层的话,那么以"《春秋》决狱"则通过与人们生活密切相关的法律实践,直接将儒家的观念深入百姓的日常生活之中,最终影响中国人的具体生活习惯和道德风俗。

"《春秋》决狱",最初是指汉代董仲舒以《春秋》经义为基础而推演出的一系列判定罪责的原则。后来延伸到引用别的经义来决狱,因此也可以称为"引经决狱"。

"《春秋》决狱"最核心的原则是"原心定罪",也就是要考虑犯罪过程的主观动机。在这个原则下,还发展出一系列相关性的法律原则。如(1)"君亲无将,将而必诛"(《春秋公羊传·庄公三十二年》)意指凡是有意杀害父母和君上,不论其是否付诸实施,均应受诛。(2)"诛首恶"(《春秋公羊传·僖公二年》)。强调处罚共同犯罪中的首要分子。(3)"亲亲得相受匿"。《论语》中就有"父为子隐,子为父隐"的说法,《春秋公羊传·文公十五年》也提及:"父母之于子,虽有罪,犹苦其不欲服罪然。"这个原则后来发展成为容隐制度。其他还有"恶恶止其身"和"以功覆过"等。

在"引经决狱"的过程中,一系列儒家的经义原则逐渐通过推论而转变为符合儒家思想的法律观念,由此可见,儒家的经典不仅是传统的价值观念的源头,更是传统制度设计的原则。

(二)霸王道杂之:盐铁之议与儒法关系

不过,汉武帝独尊儒术的政策并没有真正在一切领域中得到贯彻,或者说,汉武帝时期的很多政策依然是王霸并用的。一方面是因为汉武帝作为一个有大抱负的君主,他不仅扩展了领土而且也推行了许多公共工程的建设,这些都需要大量的财政支持;另一方面,为了打击敌方势力,汉武帝采取了强化国家能力的办法,即国家介入经济活动。由此他推出了一系列经济制度,比如盐铁、均输、平准、买爵赎罪等。比如平准法,就是国

【北学人物及思想】
董仲舒与大一统政治下的儒家思想的转变

家在商品低价的时候买入，而在短缺的时候供应，这样就可以极大地遏制商人的逐利行为。但是国家介入经济活动并非只为了慈善，而是激发官员对于经济利益的关注，而最终是官僚体系商业化。因此，在汉武帝去世之后，儒生阶层希望借助新帝即位的时机，废除盐、铁、酒榷、均输等政策，使国家的政治回到重农抑末的王道政治上来。

在汉昭帝始元六年（前81）举行了一个讨论盐铁官营的会议，参与者主要是贤良文学和桑弘羊等人。汉宣帝时的桓宽根据这个辩论记载而成《盐铁论》一书。

以桑弘羊[①]为代表的御史大夫一边，他们对之所以要进行盐铁官营做了说明：首先，是匈奴的边患，导致因军费开支增加而引发的财政困难；其次，治理国家，农工商各有所用，不能偏废；最后，盐铁官营可以打击商人、遏制豪强，保护民众的利益。

对此，贤良文学所持的反对理由主要依据公羊学特别是董仲舒的理论。他们反对桑弘羊等人的核心理由是儒家崇本息末的德政。他们说：

> 窃闻治人之道，防淫佚之原，广道德之端，抑末利而开仁义，毋示以利，然后教化可兴，而风俗可移也。今郡国有盐、铁、酒榷、均输，与民争利。散敦厚之朴，成贪鄙之化。是以百姓就本者寡，趋末者众。夫文繁则质衰，末盛则本亏。末修则民淫，本修则民悫。民悫则财用足，民侈则饥寒生。愿罢盐、铁、酒榷、均输，所以进本退末，广利农业，便也。[②]

贤良文学的主张十分明确就是要废除国家与民争利的政策。这样的政策的后果是使百姓失去淳朴的本性而追逐利益。而御史大夫的担心其实也有自己的根据，他说如果国家不专营山海之产业，就会出现商人带领一批人在海里和山里聚集开采的现象，这样会对现有秩序产生巨大的冲击。御史大夫还认为官营盐铁打击了商人的投机行为。但是贤良文学的反击则是认为

[①] 王利器先生认为，董仲舒在给汉武帝的对策中所提出的"选郎、吏又以富訾，未必贤也"所批评的就是汉武帝选用桑弘羊，他提出正其谊不谋其利的主张，要针对的就是汉武帝时期的经济政策。参见王利器《盐铁论校注》，中华书局2017年版，前言。

[②] （汉）桓宽：《盐铁论·本议》，载王利器《盐铁论校注》，中华书局2017年版，第1页。

平准并不能打击商人，因为官营意味着国家成为最大的商人，当商人与官吏成为一体的时候，政府的获利行为则对百姓利益的损害会更加严重。同时贤良文学认为，财富的产生主要依靠生产过程，而不是流通过程，如果没有农业劳动，那么商人纵有能力也无所施其巧，因此，流通领域的获利行为反而会导致对生产热情的遏制。

在这次争论中，双方都没有真正说服彼此，而且国家的财政需求也不允许把所有的官营经济活动都废止，争论之后，盐铁官营依然坚持，但是类似酒类的官营则被废止。

对于这场争论的理解有很多个角度，有人认为这是汉代政治中的一次儒法斗争，也有人将之视为清流知识群体试图废除汉代政治中的霸道因素而转向王道的努力。然而，发生在汉武帝死后的这场争论起码给我们这样一个结论，即西汉的统治一直是一种霸王道杂之的混合政治。

史书中所记载的汉宣帝和汉元帝关于汉代治理之道的讨论，很典型地反映出西汉政治的真实轨迹。

> 孝元皇帝，宣帝太子也。母曰共哀许皇后，宣帝微时生民间。年二岁，宣帝即位。八岁，立为太子。壮大，柔仁好儒。见宣帝所用多文法吏，以刑名绳下，大臣杨恽、[盖]宽饶等坐刺讥辞语为罪而诛，尝侍燕从容言："陛下持刑太深，宜用儒生。"宣帝作色曰："汉家自有制度，本以霸王道杂之，奈何纯[任]德教，用周政乎！且俗儒不达时宜，好是古非今，使人眩于名实，不知所守，何足委任？"乃叹曰："乱我家者，太子也！"由是疏太子而爱淮阳王，曰："淮阳王明察好法，宜为吾子。"而王母张倢伃尤幸。上有意欲用淮阳王代太子，然以少依许氏，俱从微起，故终不背焉。(《汉书·元帝纪》)

这段话说明儒家在教育太子的过程中取得了很大的成功，即元帝"柔仁好儒"，并认为汉宣帝"持刑太深"，而汉宣帝对儒家的看法是好"是古非今"，不足以应对现实的复杂性，并一度想废除这个太子的继承权。因此，即使在汉武帝独尊儒术之后，儒家的王道政治并没有成为汉代治理秩序的最高准则，虽然经过贾谊、董仲舒等人对法家的激烈批评，但在实际的政治操作中，面对中央集权的需要，强调国家能力和刑法的压制依然是统治者最优先的选择。

刘因儒家隐逸主义解*

杜维明**

【编者说明】 刘因是儒家的重要学者,被誉为元代三大儒之一,是北学重要代表人物,但学界一直重视不够,研究著述不多。本文为杜维明先生旧作,但至今仍有重要意义,由于发表时间较早,不易见到,因此在征得杜先生同意后,重新刊发于此,以飨学人。

柏拉图在《共和国》里有一个令人愉快的设想,托马斯·莫尔在《乌托邦》中就此做了解释:"明智之士何以躲避政治?"——"他看见其他人冲到街上,在瓢泼大雨中淋得浑身湿透。他无法说服他们进屋避雨,知道自己若是也出去的话,只能同样被淋湿。因此,他就自己待在屋子里,而且,由于对他人的愚蠢束手无策,也就只能用这样的想法来安慰自己:'好吧,不管怎样,我自己还不错。'"[1]

表面上,至少根据一般历史记载,这似乎就是刘因(静修,1249—1293年)一再顶住压力,拒绝出仕元朝的主要原因。刘因很像面对16世

---

* 此文原为英文,载陈学霖、狄百瑞编《元代思想:蒙古人统治下的中国思想与宗教》,第233—277页。* ("Towards an Understanding of Liu Yin's Confucian Eremitism", in Hok-lam Chan and Wm. T. de Bary, eds., *Yuan Thought: Chinese Thought and Religion under the Mongols*, New York: Columbia University Press, 1982, pp. 233-277)中文收录于杜维明《道·学·政——论儒家知识分子》,钱文忠、盛勤译,上海人民出版社2000年版。又见于《杜维明文集》第3卷,武汉出版社2002年版。本文依据上海人民出版社2000年版译文,对部分文字、标点、注释格式稍作调整。——编者注

** 杜维明,北京大学高等人文研究院院长,美国人文社会科学院院士,国际哲学学会名誉院士,原哈佛大学、普林斯顿大学、加州大学教授。

[1] Thomas More, *Utopia*, translated by Paul Turner, Middelsex, England: Penguin Books, 1975, p. 65. 显然,正如Turner在注中所说,"莫尔的比喻乃是对《共和国》6:496d-e极其自由的解释",见Thomas More, *Utopia*, translated by Paul Turner, Middelsex, England: Penguin Books, 1975, p. 140页注41。

纪欧洲统治者的自负、愚蠢、顽固而拒绝成为枢密院成员的拉斐尔（Raphael）①，觉得所处时代的政治世界过于严酷、屈辱，不值得为之服务。刘因屡次公然拒绝元廷征召，或许与拉斐尔的哲学疏离主义大有不同，但是，两人似乎又都珍惜个人的廉正完整，决意以思想家、学者的身份保持他们的纯洁性。

然而，拉斐尔，这位试图让世人明了世间罪恶之因的哲学家，大体上只是莫尔在探讨乌托邦时创造出来的某种普遍类型而已。刘因则与此相反，他是忽必烈统治时期两位最受尊敬的儒学大师之一②，是生平、教育、职事都有所记载的历史人物。尽管我们对其一生的了解极其不够，但还是有他的十二卷著作及见于当时官方文献与各种来源的辅助资料。③我们知道，刘因生于今属河北保定容城的一个仕宦家庭，此家族几代都以儒学研究与显宦闻名。孙克宽在其资料丰富的研究元代儒学的专著中说，刘氏家族可称是金代（1115—1234年）"士族"。④刘因祖父秉善于贞祐（1213—1217年）年间举家南迁，原因显然是金朝迫于蒙古压力，于1215年将都城由燕京（今北京）迁汴（开封）。蒙古灭金前二年，即1232年，刘因之父刘述又设法举家迁回河北。⑤

精神的自我界定

刘因1249年出生时，其父已年逾四十。据《元史·刘因传》，刘氏家

---

① 参见 Thomas More, *Utopia*, translated by Paul Turner, Middelsex, England：Penguin Books, 1975。

② 另一位儒学大师许衡对元朝政治的影响远大于刘因。许衡著作见《鲁斋遗书》，有多种版本。近期有关许衡的研究，参见袁冀《元许鲁斋评述》，台北：台湾商务印书馆1972版。

③ 见《静修先生文集》（下略称《文集》，光绪五年畿辅丛书本）；《元史》卷171，中华书局1976年版，第4007—4010页；《新元史》卷170，庚午重订本，第13页a；《宋元学案》卷91，道光二十六年何绍基刻本，第1页a—第11页b；《丛书集成》卷2，商务印书馆1935年版，第37页。近期论刘因之学术者，见袁冀《元名儒刘静修行实编年》，《元史论丛》，台北：联经出版事业股份有限公司1978年版，第19—76页；又见同书第77—105、第107—127页对刘因的文学和性格的阐述，对《宋元学案·刘因传》所作之补充。

④ 孙克宽：《元儒刘静修学行述评》，《蒙古汉军与汉文化研究》，台北：文星出版社1958年版，第75页。

⑤ 《元史》卷171《刘因传》，第4007页。

【北学人物及思想】
刘因儒家隐逸主义解

族的长者确曾向天发誓，倘若老天赐了，一定会对此子善加教养。由于刘述本人据说就曾致力于"文学"，特别是"性理之说"，因此，他的誓言相当可以理解。有关刘因早慧的记载或有夸张之嫌，从上述背景看来，倒应该是可信的：三岁识字，幼年时即每天识记数百字，六岁写诗，七岁撰文，二十岁年方"弱冠"就已声名远播，被公认为有前途的学者。不久，他就被视作南方名师砚弥坚（1212—1289年）门下最出色的弟子。① 随着经典研究日深，他开始对当时刚开始流行的训诂和注疏方法提出严厉质疑。他强烈怀疑，圣人之"精义"是否已完全包容在通行注疏之中了。这种出于自修学者的极度关注，驱策他寻求解释儒学的其他方法。②

我们可以忖度，刘因抨击的那种学术应包括诸如《五经正义》之类汉唐注疏，对训诂和注疏问题特别关注。他不太可能在成长阶段就已接触到宋代理学大师的著作，尤其是朱熹（1130—1200年）的哲学文章与语录。通常认为，宋学之北传肇始于蒙古军队强迫将名学者赵復（约1206—约1299年）从湖北德安掳至蒙古都城，其时为1235年。至于热心于文化的姚枢（1203—1280年）固然大有功于这次非同寻常的壮举，但要在赵復到达以后数年，才成功地说服赵復主管太极院——新创立的学术中心，而最早供北方学子研习宋学的机构，则要等到13世纪40年代方始成立。不过，刘因在获知宋学大师之前必定已博通经典了。③

有篇题为"希圣解"的文章，用戏剧化、诗化的笔调写成，为我们提供了罕见的机会，探视在刘因精神的自我界定中，宋学大儒是如何指导他追求圣道的。历史地观之，此文也可被看成刘因进入儒学世界的"入门

---

① 砚弥坚传见苏天爵《滋溪文稿》卷7，台北："国立"中央图书馆1970年版，第287—293页，及《宋元学案》卷90，第14页b—第15页a。他被视作"江汉学派"的"同调"，因此，其哲学观点当可与诸如赵復等南方儒学名宿相通。
② 《元史》卷171《刘因传》，第4008页。
③ 有关赵復的生平与思想，及其据说由他创立"江汉学派"的发展，见《宋元学案》卷90，第1页a—第23页b。不过，应该注意到，虽然刘因得益于赵復传播宋学，但严格说来，刘因并非赵復的门徒。孙克宽反对《宋元学案》将刘因归为"江汉学派"的说法。然而，细读《宋元学案》的阐述，似乎可以看出，编纂者是意识到这一点的。他们注意到许衡是赵復的门生，实际上就将刘因归入别类了。许衡归"江汉所传"，而刘因入"江汉别传"，其间的微妙差别在此大有关系。见《宋元学案》卷90，第1页a，第3页a。孙克宽的意见，参见其孙克宽《元初儒学》，《元代汉文化之活动》，台北：中华书局1968版，第185页。

礼"。由于牟复礼已令人钦佩地将此文的主要部分译成英文①，我在此就可以只引用最为相关的段落了。文章以对秋天月圆之夜的生动描写起首。"望"表示阴历十五，也有希望企盼之意，即刻就将一种期待之情传达给了读者。刘因告诉我们，他坐在庭院之中，忧郁哀伤之情油然而生。美酒乏味，琵琶无调。他现在既对周敦颐（1017—1073 年）《通书》②里的崇高思想感到困惑，但又被其吸引，于是就取出《通书》，月夜展读。当他读到"至士希贤，贤希圣，圣希天"时，只能叹息，觉得这段出奇地难解。他问道，人怎么能真的希望变成天呢？这类荒唐话也许会不公平地欺骗他这样欠缺思辨能力的学生。他左思右想。突然，在一种完全放松的精神状态下，他"于是乎吟清风，弄明月，扣大块，饮太和，诵太古沧浪之词"。这种出神的体验，令他不由自主地写下了一首《楚辞》风格的歌辞，使人联想起屈原（前 338—前 277 年）无望地向上天追问意义与方向。就在此时，他说，三位神仙老人出现了。

　　自由自在的一位宛如"光风霁月"③，自称拙翁，其他两位则自我介绍，一是无名公，一是诚明中子。刘因喜惧兼杂，问他们不期而访的原因，他对自己何以有幸得蒙三位大驾光临倍感疑惑。一位克己沉思之人的谦抑，肯定并非他们带着宇宙精神自由漫步的广庭。无名公首先答道，他是前来回应"太虚之歌"和"沧浪之词"的。刘因的私欲是否可能遮蔽了天理，以至于已然忘记了这正是他刚才呼求的东西？诚明中子也加入其中，说他不忍看见下属子民中的小兄弟刘因认识不到自己的"英才"，掉进毫无价值的道德陷阱之中。"吾欲子育而成之"，大师接着说，"子何弃我而忘之耶？"

---

① 参见 Frederick W. Mote, "Confucian Eremitism in the Yüan Period"（《元代儒家隐逸主义》），in A. F. Wright, ed., *The Confucian Persuation*, Stanford University Press（赖特编《儒家的追求》），1960。牟复礼在差不多三十年前得出的有关元代儒家隐逸主义显著特征的结论，为本文提供了极好的基础。

② 这份重要的儒家经典的英译本见陈荣捷《中国哲学资料》（Wingtsit Chan, trans, and comp, *A Source Book in Chinese Philosophy*, Princeton：Princeton University Press, 1969），第 465—480 页。我要感谢赵自强教授，他建议我将《易经》英译成"Book of Change"，而非"Book of Changes"。

③ 这四个字原先是由著名的北宋诗人黄庭坚用于形容周敦颐的高尚人格的。朱熹之师李侗尤为喜欢。似乎到朱熹之时，此四字业已被儒者公认为特指周敦颐大师的诗化语言了。对此的简要讨论见钱穆《朱子新学案》，台北：三民书局 1971 年版，第 49 页。亦见（宋）朱熹《书濂溪光风霁月亭》，《朱文公文集》（《朱子大全》）卷 84，四部备要本，第 29 页 b—第 30 页 a。

【北学人物及思想】
刘因儒家隐逸主义解

不过,最有关系的长篇教诲还是出自拙翁之口。他在长时间沉默之后,加入了与刘因的对话:

"士希贤,贤希圣,圣希天,小子疑吾言乎?"吾应之曰:"圣可希乎?"曰:"可。""有要乎?"曰:"有。""请闻焉。"曰:"一为要。""一者何?"曰:"无欲。""孰无欲?"曰:"天下之人,皆可无欲。""然则天下之人皆可为圣人?"曰:"然。""若是,则弟子之惑滋甚而不可解矣。"先生曰:"子坐,吾与尔言。"①

刘因用这种修辞手法介绍了拙翁对宇宙圣人所做的形而上学的论证。宇宙间只有一个天理,尽管理将自身显现在万物之中,但它是万物最后终将趋归的终极源头。所以,从理的角度看,天地即人,人即天地。同样,圣人和伟人即我,我即圣人和伟人。然而,人得之于理的是完整而无所不在的,万物所得的却是零碎而滞碍的。零碎而滞碍者,当然不可能转化。但是,只要是完整和普遍的,一旦相互联通起来,就可以无远弗届、无处不在。圣人之目标是成为天,如果他能,就会成为天;如果不能,他仍然是一个伟大的圣人。伟人之目标是成为圣人,如果他可以更上一步,就会成为天;如果不能,仍然是一个伟人。同样,学者的目标是成为伟人,如果他可以更上一步,就会成为圣人,否则也可以成为一个伟人;如果不能,他仍然保有作为一名学者的美誉。拙翁先以这种普遍的意见为基础,然后就关注刘因本人:

子受天地之中,禀健顺五常之气。子之性,圣之质;子之学,圣之功。子犹圣也,圣犹子也。子其自攻,而反以为我迂。子迂乎?先生迂乎?苟子修而静之,勉而安之,践其形,尽其性,由思入睿,自明而诚,子希圣乎?圣希子乎?子其自弃,而反以我为欺,子欺先生乎?先生欺子乎?

该文结束的一行展现了刘因的自我形象。他充分承认自己思想褊狭,完全

———————
① 这段话绝大部分引自周敦颐《通书》。一见"志学"章第十,另一见"圣学"章第二十,见陈荣捷《中国哲学资料》,第470、473页。

接受拙翁的教诲。无名公和诚明中子即刻对刘因表示赞赏,鼓励他勿负期待:"吾子勉之,他日闻天地间有一清才者,必子也夫!"

这篇虚构的短文有几个地方值得进一步讨论。文中的论旨从哲学角度看主要取自周敦颐的《通书》和《太极图说》。确实,拙翁的教诲几乎全都出自周敦颐的著作。但是,有内在证据表明,无名公即指邵雍(1011—1077年),而诚明中子即指张载(1020—1077年)。看来,刘因根据其对北宋儒家道德形而上学的广泛理解融合成了自己的论点,而并非仅接触了某一位大师的著作。① 宋学在刘因这一代元朝学者中仍处在起步阶段,注意到这个事实尤具意义。此处特别值得注意的还有该文的写作时间。文中首行即出现的"丁卯"年,即宋咸淳三年或元至元四年(1267),其时刘因年仅十八岁。这似乎证实了正史《刘因传》作者的说法,即他在投入宋学之前已经成为宋学的出色阐释者了。据同一记载,他在仔细阅读了周敦颐、程颢、程颐、张载、邵雍、朱熹、吕祖谦(1137—1181年)的著作之后,自信地表示,自己很久以来就在揣测,本来就理应存在着这样一个传统。

有些同时代人认同并称赞刘因对宋学的接受和传播,认为接近于某种"伦理—宗教"传统。学者们都确信,后者在说明儒中更见流行。然而,我们不能据此就以为,刘因不加批判地全盘接受了宋学大师的学说,相反,正因为他在发现并确认宋学之"精义"以前,就不满用注疏与训诂的方法来研习经典,所以,他是经过自己的思想斗争才倾向于宋儒的精神方向的。《希圣解》就是在此意义上才既是信奉自我完善的剖白,又是对得益于三位北宋儒师的致谢之辞。确实,据说他一接触这些大师的著作,就能明晰其学说之间的细微差别。刘因的独立精神更进一步表现在能够简明地概括出上述三位大师的特点:邵雍包容,周敦颐纯粹,张载纯正。他还发现,只有朱熹才有能力集大成。②

从刘因的精神自我界定中可以看出,他决意拒绝出仕元朝似乎并非彻

---

① 指出无名公指邵雍,诚明中子指张载并不困难。与前者有关的都取自邵著《皇极经世书》和《伊川击壤集》,与后者有关的则取自张载《西铭》和《正蒙》。事实上,邵雍之传就名为"无名公传"。参见麦克·D.弗里曼(Michael D. Freeman)未刊论文《从大师到圣人:邵雍的哲学生涯》("From Adept to Sage: The philosophical Career of Shao Yung"),18。关于邵雍哲学之概述,见陈荣捷《中国哲学资料》,第481—517页。在刘因的一首诗里,他特别注意到邵雍自号"无名公",见《文集》卷9,第1页a。

② 《元史》卷171《刘因传》,第4008页。

底拒绝政治。或许，他更以某种深刻的个人方式信奉对自己更有意义的某些东西。我们很难相信，他所使用的"纯"的概念不对当时的政治持一种否定态度。同时代人肯定从刘因的行为中释读出了政治意义。我们不必舍近求远地认为刘因在某种程度上赞同拉斐尔明智者退避政治的看法。那么，这个问题就更为复杂了。至少，刘因的儒家信仰何以证明其明显的隐逸主义是正当合理的呢？

公共形象和个人选择

正史《刘因传》提供的生平资料极其有限，只是告诉我们，其父在刘因年少，可能十岁出头时，就去世了。他在相当一段时间里因为贫穷，无法为父、祖举行适当的葬礼。只能仰仗一位朋友的资助，才终于尽了孝子的责任，了此心愿。我们从刘因的诗中了解到，其母在他六岁时就去世了①，他可能是由继母养育成人。传中还说，他靠授徒支撑了包括继母在内的全家人的贫困生活。尽管他的坚强意志吸引了几位出色的弟子，却并没有太多追随者。强烈的自尊感使他远离有影响的仕宦。即使在他已被推崇为当时主要儒学大师之一以后，仍然谢绝接待身居高位的仰慕者。那些遭其拒绝的人自感不满，批评他"傲"。也许正是由于这个原因，权力精英才倾向于冷落他。

不过，刘因并非完全没有接受过官方委任。1282 年，时年三十三岁，他不期被委以清崇之位，在都城燕京担任皇族教师。但是，仅在一个月或差不多时间内，他就辞官回乡侍奉生病的继母，她在翌年去世。1291 年，他谢绝了朝廷委其出任皇家学院学士之请。正是这件事，在仕宦圈子里受到广泛关注。可能想要消歇谓其狂"傲"的传言，他写了一封著名的信，上呈朝廷最高官员，声明健康欠佳才是他无法接受任命的真正理由。② 这至少在表面上是可信的，因为仅在两年后，他就去世了。但是，信的含义并不能过高估计为其自我界定的线索。正史《刘因传》的一半篇幅就正是

---

① 其诗显然因 1279 年 9 月 28 日之梦而作。他说其母已去世二十年，见《文集》卷 11，第 9 页 b。袁冀根据同样证据，也得出了相同结论，见《元史论丛》，第 25 页。

② 即《与政府书》，见《文集》卷 3，第 7 页 b—第 9 页 b。

这封信。

刘因卒于元朝至元三十年（1293）四月十六日，无子嗣，也无足够的学生传承其学。不过，据记载，他著有三十卷"四书精要"研究，五卷诗。学生友朋将其文章和语录汇编成另外一种集子，卷数过十，其中有篇文章专论《易经》"大注"，是他病重时完成的①，他的绝大部分著述可能均已佚失，但仍有十二卷本选集存世。内容包括八篇杂文、十篇论文、十七篇序、十二篇友朋传略、十篇跋、十五篇书信、四篇回忆文字、二篇传略、十五篇讣文、八首祭诗、十一篇铭文，此外还有八百多首诗。②

元仁宗（1311—1320 年在位）延祐年间（1314—1320 年），刘因去世已经二十余年，被追封为容城公，谥曰文静。他还获赐学士衔。虽然，朝廷以此等方式认可表彰某位杰出学者的情况并不少见，但是，这次迟到的褒奖似乎正反映了刘因的声望在负责推选的有力仕宦间日益增长。例如，大文学家虞集（1272—1348 年）就曾明确称刘因为北方主要学者，因为他"高明坚勇"。他还说，刘因是宋学的真正传播者。他师从赵复学习了朱熹的学说，并且由此通晓了北宋大师的哲学。③ 另一位著名文人袁桷（1266—1327 年）则称赞刘因之文"精而深"，其识"专以正"。他特别指出，刘因恪守儒家之道，思想独立，能够批判性地欣赏朱熹。④ 同样，宋、辽、金文总纂欧阳玄（1283—1357 年）说刘因身上兼有两位最受尊敬的孔门弟子的优点：有曾参的自由而无其粗野，有子路的勇气而无其好斗。⑤

刘因在当时文人世界中的公共形象，向我们提出了几个引人入胜的问题。为何像刘因那样的儒家隐士在 14 世纪初的十年竟然成了文化英雄？上述虞集、袁桷、欧阳玄都是南方人，那么，他们如此不遗余力地称颂这位北方人，动机何在？刘因的声望是否被用于某种政治目的？这些问题似乎都促成了孙克宽的"阴谋说"。其大意可简述如下：当时，北方知识圈

---

① 虽然我们有关刘因易学研究的资料极其有限，他确被当时人视为易学专家。见《元史》卷171《刘因传》，第4010页；亦见孙克宽《元初儒学》，第185页。孙克宽认为，正是由于刘因精通《老子》和《易经》，他的思想取向才与所谓"江汉学派"学者显著不同。
② 现行版本为《静修先生文集》（丛书集成本）"目录"。
③ （元）虞集：《安敬仲文集序》，《道园学古录》卷6，《四部丛刊》初编本，第4页b—第6页b。
④ （元）袁桷：《真定安敬仲墓表》，《清容居士集》卷30，四部丛刊本，第22页a。
⑤ 见（元）欧阳玄《静修先生画像赞》，《圭斋文集》卷15，四部丛刊本，第3页b—第4页a；亦见《安先生祠堂记》，《圭斋文集》卷5，第1页b—第12页a。

【北学人物及思想】
刘因儒家隐逸主义解

子以另一位声誉卓著的儒学大师许衡（1209—1281年）的弟子为主。而后来被赞誉为整个元朝最杰出的儒家学者，南方大经学家吴澄（1249—1333年）访问都城，北方学者却漠然相待。由于南北之间较劲日剧，吴澄的弟子，如虞集，乃决意发起一场运动，以抬高刘因在儒家传统中的地位，向许衡学派的强烈影响发起挑战。①

除了"阴谋说"之外，孙克宽还提出了"宣传说"。这里牵涉的主要人物是以致力于系统编辑元代文选而闻名的苏天爵（1294—1352年）。身为卷帙浩繁的元代文学作品的编选者，苏天爵从早年起就在周围营造了一个不断扩大的文学才俊的圈子。在他的亲近朋友中就有虞集和袁桷，此二人是于1316年乡试中取中他的考官。欧阳玄曾与他同事于翰林院，这种情况可以部分解释他何以有能力影响刘因的声望在其中得以骤升的舆论。然而，他全力揄扬的直接原因却别有来由。苏天爵系北方学者，和许多北方名士有着长久密切的联系，主要原因是他本人出自著名的儒学世家。苏天爵还是理学大师安熙（1270—1311年）的弟子，安熙自称是刘因的"私淑"弟子②，对刘因极为敬仰。尽管安熙从未见过刘因，但是在《宋元学案》里仍被归入刘因弟子之列，这也就顺理成章地使苏天爵成为刘氏静修学派的门徒了。似乎有理由认为，苏天爵曾倡言刘因的重要性，吁请有影响力的文友成为刘因的支持者。事实正是在袁桷和虞集颂扬苏氏之师安熙的文字中，都可见到对刘因的称誉颂扬，好像也为此推断增加了分量。③

我们无论是在"阴谋说"抑或是在"宣传说"中，都见到了截然的断言，即刘因不仅与许衡不同，而且更是完全相反。关于这一点，陶宗仪在《辍耕录》里的一个故事最可说明问题。故事说，当许衡在1260年受忽必

---

① 详见孙克宽《元儒刘静修》，载《蒙古汉军及汉文化研究》，台湾：文星书店1958年版，第77页。
② "私淑"见于《孟子·尽心上》。
③ 安熙在学术思想自我定位方面的明显认同，使《宋元学案》的作者将其列为刘因门徒，并标明"私淑"二字。注意及此，颇有兴味，安熙现存著作，见《安默庵先生集》（四部丛刊本），有关安氏哲学思想的简要记载，见《斋居对问》，《安默庵先生集》卷3，四部丛刊本，第15—17页。安氏对刘因之仰慕，见《祭静修先生文》，《安默庵先生集》卷4，第26页。刘因生平有一资料丰富之记载，见苏天爵《静修先生刘公墓表》，《滋溪文稿》卷8，第295—305页。据苏氏，南方大学者吴澄单列刘因，称其为元代前辈儒者中自己真正尊敬的唯一一人，见苏天爵《静修先生刘公墓表》，《滋溪文稿》卷8，第304—305页。

烈之召赴宫廷时，他特地拜访了刘因。刘因指责他迫不及待地替蒙古统治者效力，许衡就回答说，倘若像他们那样的学者不亟赴国家之召，则儒家"道不行"。二十多年以后，1282年，刘因先是从担任时间极短的一个清崇官职上告退，然后又拒绝接受一个更为尊崇的官职，别人请他解释。刘因回答道，倘若像他们那样的学者不拒绝此类征召，则儒家"道不尊"。① 确实，正如孙克宽所说，陶宗仪也是南方人。但是，《辍耕录》里的这个故事并未明言，刘氏之使道尊就一定超迈于许氏之使道行。考虑到环境以及身涉其中的个人感受，从道德角度观之，两种选择都是正确恰当的。尽管南北之间存在分歧，使道尊和使道行对于所有相关的儒家学者而言都是极其重要的。

实际上，许衡与刘因在1260年会面的可信性微乎其微。只举出一件事就足以明此。早已声名卓著的许衡居然会向一个十一岁的孩子咨询自己的新职，这是毫无可能的。② 然而，故事本身确实象征了蒙古征服下几乎所有著名儒者都要面对的，两种纵然是同样可以接受却极度不同的生活方式间实际存在的冲突。吊诡的是，延祐年间当朝廷正式认识到刘因作为一名学者的声誉时，重开科举确实将相当一些儒家文人吸纳进了政府。那些帮助确立刘因有力的公众形象的人，自身就是官员，因此也就或多或少地效法着许衡的政治取向。1349年，朝廷颁发牒文，令全国各地的学官即刻将刘因著作传示诸生。这项不寻常的举动后面的理由是这些著作有教育意义。刘因任职确实为时甚短，但是，牒文说，其"清节"对国家产生了巨大影响，传示其著作将"上可以裨国家之风化，下可以为学者之范模"③。1291年，朝廷未能成功征召刘因，据说，忽必烈曾讲过，古有"不召之臣"，而刘因一定是他们的追随者。④ 不过，刘因在不经意间终究好好地为朝廷效劳了一次，忽必烈倘若知道了这一点，一定颇为高兴。

刘因本人为其现实选择的正当性所做的说明，替其生平及思想的典型性增添了新的意义。他呈递给最高当局的信在此最能说明问题。上文已经提到过，他以健康欠佳为由拒绝任职。但是，他向朝廷表达自己的策略和

---

① 《辍耕录》卷2，《四部丛刊》初编本，第37页。
② 有关这个问题的有力辨析，见孙克宽《元儒刘静修》，第77—78页。
③ 《元至正九年九月十一日牒》，见《文集·牒文》，第1页b。
④ 《元史》卷171《刘因传》，第4010页。

【北学人物及思想】
刘因儒家隐逸主义解

方式应予以进一步探讨。不消说,当他决定不能接受朝廷征召时,他明白处境的严重性。特别值得注意的是,他提到了他实际上受到渴望名声的驱使的谣传,他一定十分了解,任何有关他的选择意在蔑视朝廷权威的说法,都会轻而易举地激怒皇帝,给他及家族带来灾难性后果。再者,在中国传统历史上,久已将新王朝吸引隐逸高士为之效力的能力,视作该王朝合法性的一种重要表征,因此,他不能简单地用个人选择来表白自己。[1]

因此,刘因在信中一开始就说明,当自己还是小孩时,就已经从父亲、老师处学到并懂得了"君臣之义"。由于君主和臣民一样,切实关心他们的生计与安全,所以,他们必须用体力或脑力为君主效劳。这是数千年历史不可避免的,庄子云"无可逃于天地间"[2]。刘因以这段开场白说明,四十三年来,他还未对养育保护自己的国家出过丝毫力气。现在有了这个非同寻常的机会,他怎么能继续听任自己沉迷在自我的疏离之中,辜负国家呢?如果这么做,就等于严重违背了圣人代代相传的"中庸"之道。接着,刘因明确说,他从来就不乐于做隐逸高士。我们或许可以说,实际上,他一直致其心于儒家之道。他进而说道,这就是他在1282年即刻奉召的原因。虽然,由于继母病故,突然将出仕任期打断了,但这根本不是抽身隐退的理由。信最后详细描述了自己日见恶化的身体,以及自己的力不从心,并非不愿意接受新职。

我们没有理由认定此信言不由衷。但是,考虑到环境的因素,信又似乎只能是言不由衷的。这种无可奈何的感觉有两重含义,表面上看,刘因承认他要为自己不能出仕负责,他可能意识到,在同时代人看来,他拒绝忽必烈大汗的征召,或许表现得有点无理地狂傲自大了。所以,自责似乎成了唯一的出路。一旦他阐明了自己的生活哲学,就将健康欠佳归为真正的理由。实际上,他也许诺只要健康状况一好,即刻就会启程应召。另外,他脑子里或许还有些别的想法。首次出仕时间甚短,那么,第二个官

---

[1] 牟复礼提出推演的"抗议的自愿隐逸"观点也许应被理解成一种调动儒家隐士可用的象征资源的微妙方式,并非某种"自由"选择的基础,而是维持个人正直的必要条件,其基础有别于政治上的忠诚,但是,仍然得到帝国权威的认可,见牟氏《元代儒家隐逸主义》,第209—212页,有关儒家隐士和那些选择从内部改变政治的儒者之间的对比,见约翰·W.达德斯:《征服者和儒者:元代晚期中国政治变迁面面观》(John W. Dardess, *Comquerors and Confucians: Aspects of Political Change in Late Yüan China*, New York: Columbia University Press, 1973),第53—94页。

[2] 《庄子》,四部备要本,《人间世》。

职肯定不会清崇。然而，从 1282 年到 1291 年，差不多十年过去了。朝廷在他守丧完毕而身体状况尚未不堪供使之前，可能会召其出仕。鉴于其信末尾的恳求之词，这种解释看来稍为可信。他终究还是争辩说，他和朝廷要员不同，只是卑阶疏职而已，实际上出仕与否无关紧要。希望朝廷"始终成就之"①。

"始终成就之"的说法最可发人深省。它或许只是指此前的一个声明，他在其中吁请最高当局设法保全自己。因为信是呈送政府，特别又是递交给宰相的，所以，刘因小心翼翼地试图赢得朝廷士人官员的同情，以求朝廷不要误解其情。他没有受到迫其就职的进一步压力，这个事实就说明这种策略起了作用。由此，刘因巧妙地表达了自己想过另外一种生活的意愿。当然，这并非隐士或遁世的生活，但是，亦非那些出仕的士人官员无从逃避的"政治"生活。看起来，刘因选择了一种"成全"自己的方式，既非有意逃避为朝廷效力，亦非确定无疑地依附于朝廷。从很多方面观之，这都是独立意志的孤独奋斗。此外，毫无疑问，他深刻的纯洁感以及尊严感，不仅催发出足够的内在力量，使得儒家之道的这种特殊方式对他自己以及为数不多的门生弟子们具有深远的意义，而且还象征性地为希望不凭借与政治的直接关联培养尊严感的后来的士人们开辟了道路。②

我们大概可以说，在一定程度上，刘因作为一名儒者，确实对未能践履五伦中的君臣之义深以为憾。1290 年独子之丧，肯定使他遭受了更为巨大的痛苦。③ 此外，父母早亡，就我们所知，又无兄弟姐妹，因此，在他写信时，至多只保有儒家五伦中的一伦了，我们甚至连这一伦也无法确证，现存史料中并未提及刘因之妻，所以，信中隐约流露了他想独自面对死亡，而对他身历的生活的残酷现实有所体会的那些人表达了一种悲戚之情。

刘因之有意选择不直接为朝廷效力，晚年享受不到家庭乐趣的定命，呈现出与儒家理想截然相反的形象。再者，绝大多数门生弟子效法他，拒绝承担主动积极的政治角色，因此，他对时代产生的直接影响也就相当之小了。结果，据说由他创立的思想学派经常被贴上某种"寂静"的标签。

---

① 见《与政府书》，《文集》卷 3，第 8 页 b—第 9 页 b。
② 这或许正是诸如虞集、袁桷、苏天爵等学者在 14 世纪上半叶全身心推崇他的主要原因。
③ 《文集》卷 8，第 2 页 b 有诗《生日》，生动刻画了他四十岁得子、惊喜交加、喜出望外的强烈感受。其子似乎未及两岁就已夭折。据苏天爵《静修先生刘公墓表》，《滋溪文稿》卷 8，第 301 页，刘因有三女，皆嫁儒士官宦名门。

其号"静修"一直普遍用以指标其学说,同样会给人以刘因儒学中包含有强烈道家成分的印象。或许正是在这种意义上,刘因的儒家隐逸主义时常被解释成某种儒道调和论。①

政治、诗歌和思想认同

我们前面提到,刘因在朝廷首次和第二次征召之间的那段时间里,可能怀有出仕效力的想法。1278年,他作诗一首,记述了该年十一月二十四日的一个梦,在此有特别的意义。②刘因写道,在梦里,一组盛装长者,有十数人,联名上表将他推荐给朝廷。他在表文中被称为"金文山人"。长者们用了许多颂扬之辞来称赞他,他特别记住了其中两句。其一显然系《论语》中孔子的话"岁寒然后知松柏之后凋也"(《论语·子罕》)。其二,仅从表面来看,根本就非赞颂之辞"桑榆晚景",这通常表示老年颓龄,因为晚暮阳光常常从桑榆树顶垂挂而下。不难看出,在梦里,那些尊贵的朝廷大员视刘因为公认的正直廉明之人,予以推荐,以为必须立即请其出仕,以免错过罕见良机。此梦在刘因首次任职前三年,因此,应当反映了一种持久的关怀,而非仅仅是偶然一现。

甚至连他选用之号"静修",也反映了类似的关怀。有人会猜测,他用"静修"表达了道家式对寂静的偏好,这种看法有欠妥当。此号显然出自诸葛亮(181—234年)的名言"静以修身"③。两人之间的微妙差别部分反映在动机有所不同。当然,道家隐逸主义也是一种修身方式,但是,在诸葛亮看来,则基本上是承担政治重任的精神准备。据传说,要等到蜀主三顾茅庐后,诸葛方始出山,担任蜀国丞相。倘若我们回想起据说是刘

---

① 不用说,他对《易经》的渊博知识进一步加深了其思维方式在某种程度上与姚枢、许衡的儒学不相吻合互有冲突的印象。刘因对《易经》的解释立场即可为例,见《文集》卷1,第16页b—第18页a有关"节""中孚"的讨论。简述可见孙克宽《元初儒学》,《元代汉文化之活动》第185页。可能这也是欧阳玄称其体现了曾参之精神的原因,见《静修先生画像赞》,《圭斋文集》卷15,第3页b—第4页a。

② 《记梦》,《文集》卷9,第9页a—页b,尤其是此诗之序。

③ 刘因在一首诗中说,他十分喜爱诸葛亮所云"静以修身",而名其斋曰"静修",见《文集》卷12,第10页a。这或许是其弟子后来称之为静修先生的主要原因。亦见牟复礼《元代儒家隐逸主义》,第213页。

因对许衡的批评，那么就可以看出，并非出仕本身，而是请求和表达的方式才至关紧要。这远非是某种形式主义，其中蕴含着深远的政治意味。学人不仅必须像顾问那样，而且，更为重要的是，还必须作为批评者，以保持自己的尊严。为了保证严正的判断力，他必须使自己与权力中心保持距离。唯有如此，才能从广阔的文化基础上领悟并且影响政治。也就是说，儒士官员必须赞同一套在很大程度上不同于现状的优先价值。"静以修身"无论是对诸葛亮还是对刘因而言，都既是政治格言又是人生箴言。

　　刘因与蒙古族统治之下既存权力结构的关系以及对之的看法，因其或许可以称为对已亡金朝的忠诚感而益见复杂了。女真兴起于满洲东北部，1114年起兵反抗辽（947—1125年），结果是不久以后建立了金朝，这是研究中国历史的人习知的事了。金朝在中国北部的军事扩张也是人所皆知的：1126年攻陷宋都开封，掳获宋帝和已经退位的徽宗（1100—1125年在位）；1153年迁都燕京，巩固了在北方的权力基础，庞大的机动骑兵，持续不断地威胁南宋（1127—1279年），然而，金朝发展到快速汉化的地步，包括科举制度和宫廷礼仪在内的儒家制度起到了很大作用。①

　　1215年，蒙古攻陷金都，1234年灭金国。其时，北方和南方隔绝近一百年，已经发展出独立于南方流行的新儒学之外的学说风格。略观元好问（1190—1257年）所作金代某些名宦的传记②，就可以了解金代政治精英投身其中的文化活动的范围。元好问本人就有渊博的中国文化知识，他的文学创作更使其名列有史以来中国最伟大的诗歌、散文作家之林。出身于文化水平很高的辽代契丹皇族的耶律楚材（1189—1243年），作为成吉思汗朝廷里一位卓具影响的顾问，是无与伦比的。正是耶律阿海和耶律秃花兄弟、蒲察、王檝、李邦瑞、郭宝玉等有耶律家族背景的人，在将儒学作为一种治国术介绍给蒙古统治者的过程中起了作用。③ 正如我们早已提

---

　　① 当代学界有关金朝历史最为详尽的研究之一，见外山军治《金朝史研究》，京都：东方研究会1964年版。然而，尽管涉及面甚广，但金代文化史却仍未得到充分讨论。陶晋生《12世纪中国的女真族》（The Jurchen in Twelfth Century china: A Study of Sinification, Seattle: University of Washington Press, 1976）是有关此问题值得欢迎的英文著作。

　　② 见（元）元好问《遗山先生文集》，四部丛刊本，卷16至卷30。

　　③ 见孙克宽《元初儒学》，《元代汉文化之活动》第143页。有关元代西域人汉化的详尽讨论，见陈坦《元西域人华化考》卷2(重印本)，台北：九思出版社1977年版；亦参见钱星海及L. C. 古德里奇（L. C. Goodrich）的英译 Western and Central Asians in China under the Mongols, Los Angeles: Monumenta Serica at U. C. L. A., 1966, pp. 18–80. 有关该问题的背景，可参见萧启庆《西域人与元初政治》，台北：台湾大学文学院1966版。

【北学人物及思想】
刘因儒家隐逸主义解

到的那样，刘因就是出自这样的一个传统。

金代的古典之学与南宋相比，格局有限，尚欠成熟。赵復抵达北方，对于北方学者而言，标志着新纪元的开始，道理即在于此。而且，这也是刘因通过赵復始修宋学的原因。但是，金代在文学、艺术上是如此的成就斐然，以致可以轻而易举地将伴随蒙古征服的战争，解释成以野蛮的破坏力消灭一种辉煌璀璨的文明。这肯定就是刘因对发生在他成长于其中的文化之上的事情的看法，他极其推崇元好问①，对金太子完颜允恭（1146—1185年）的绘画充满感情②，在作品中经常提及带"金"字的词句与概念③，似乎表明，他对这种业已衰微的文化抱有怀旧留恋的认同感，金文化对他仍然有意义。确实，他在一首诗中申言"文采不随焦土尽"④，令我们回想起梦中的耆年显宦对他的尊称。尽管"金文"一直被释作"黄金般的文学"，但是，说它指"金代的文学"，也并非毫无可能。刘因的"忠诚感"几乎与金朝无关。刘因祖父辈虽然在政治上具有重要地位，其父却

---

① 见其诗《金太子允恭墨竹》，《文集》卷7，第10页b—第11页a，特别是最后六行。不过，孙克宽认为刘因的文字风格有意模仿元好问，这个看法尚有待进一步探讨。当然，正如孙氏所说，刘因和郝仲常关系甚密，而仲常之兄郝经（1223—1275年），著名文学家，重要的儒学大师，乃元好问的高足。不过，证据似乎表明，郝仲常的文学才华并未给刘因留下特别的印象，见《送郝季常序》，《文集》，第7页b—第8页a。孙氏的意见，见《元儒刘静修》，第79—80页。然而，刘因本人无疑是敬慕元好问的。见刘因惋惜无缘见到这位文学天才的诗《跋遗山墨迹》，《文集》卷7，第27页b。

② 见《金太子允恭墨竹》，《文集》卷7，第10页b—第11页a，另二首七律诗题相同，也同样有丰富的材料，见《文集》卷11，第13页a—b。亦参见《金太子允恭唐人马》，《文集》卷7，第7页a—b。

③ 我们在前面曾提到，他自认是"金文山人"，这个例子当然最足以说明问题，不过，其诗中有几处使用"金"，似别有所指，例如《感事》（《文集》卷11，第18页b）。有关他对《金朝实录》一个抄本充满感情的反应，见上面提到过的《金太子允恭墨竹》，《文集》卷7，第7页a—b。

④ 见《金太子允恭墨竹》，《文集》卷7，第11页b。初步研究一下金代的三个著名文学家，就可清楚表明，金代的文采尚未在中国文化史上得以足够的探讨。同样有意思的还有，这些文人特别强调兼重文史，见王若虚《滹南遗老集》，四部丛刊本，卷11—29；赵秉文《闲闲老人滏水文集》，四部丛刊本，卷1，第14页；元好问《遗山先生文集》，卷32—37。有关金代为数众多的对唐代历史和文学的研究成果，可参见杨家骆《新补金史艺文志》，见《金史》（台北：国防研究院1970年版）卷2；许文玉《金源的文圃》，见郑振铎编《中国文学研究》，香港：龙门书局1963年重印本，第677—714页。亦参见陈学霖《金代史学三论》（The Historiography of the Chin Dynasty: Three Studies, Wiesbaden: Franz Steiner, 1970）第二章"金代艺术史简述"。见苏珊·布什《金代士人文化》（"Literati Culture Under the Chin"），《东方艺术》（Oriental Art）15（1969），第103—112页。

· 53 ·

仅仅担任过很短时间的地方官。显然，没有什么原因驱使刘因为金守节。然而蒙古征服者杀戮过多，加上朝廷对文士又十分粗暴，因此，我们可以推断，刘因对征服者厌恶至极，其诗作充溢着这种感情。

我们很难用题目和主题来概括刘因的诗作，其数量之多已足以使我们无法概而言之了。我们当然可以对其绝大多数诗作的心绪有所感觉，甚至只需稍加翻阅，就能注意到，在五言绝句的怡静以及七言律诗的刚阳背后，都隐藏着深沉的忧郁伤感。刘因在明显模拟陶渊明（365—427年）风格的诗作中①，并没有用遗世超迈的凌云之志，而是用命运不可抗拒的悲戚之情，以抒己怀。诗中的侠义豪情也是如此，使人联想到诸如岑参（715—770年）、高适（卒于765年）等唐代边塞诗人的作品②，所表达的远非浪漫英雄主义，而是哀悼孔武猛士之死。确实，他有些极具影响的纪史之作，包括墓志铭，为我们提供了金朝可怕的最后十年的生动逼真有时甚至是纤毫毕具的画面。③ 刘因对绘画、书法等其他极其优雅的文化活动也很精通敏感。蒙古治下所有形式的文化生活都已遭受重创，必定使他无法承受。

我们因此在刘因的诗作中遇到了令人迷惑的吊诡。首先，他似乎希望过一种让人联想到陶渊明的无忧无虑的生活，但是，在较为仔细的考察下，我们发现，他的"抽身而退"也是意在传递某种政治信息，即陶渊明之决意退隐田舍、锄菜养菊、饮酒读书，无疑也同样传递了一种政治信息："不为五斗米折腰"④。然而，尽管陶渊明几次被迫出仕，以求维持其家庭最低限度的生计，但是，一旦离开政治舞台（传说正由此而起），他的心就再也没有回到过世俗世界。不过，刘因在陶渊明身上找到的，不仅是理想人格，而且还有作诗的灵感，刘因有些诗就是模拟陶渊明风格的。陶渊明的著名主题，如"菊花""桃花源"，一再拨动着刘因想象力的共鸣琴弦，刘因整整一组八十首左右精心构思的诗歌都是"和陶"诗⑤，即

---

① 其例可见题为"和拟古"的拟陶渊明的九首诗，《文集》卷12，第7页a—第8页b。
② 孙克宽：《元儒刘静修》，第81页。唐代边塞诗的历史，见刘大杰《中国文学发展史》，台北：中华书局1957年重印本，第1册，第347—353页。
③ 例如《孝子田居墓表》，《文集》卷4，第22页a—第24页a。亦见《翟节妇诗》，《文集》卷6，第10页b—第11页b；《望易京》，《文集》卷19，第17页a。
④ 见（南朝）萧统《陶渊明传》，《靖节先生集·序》，清陶澍注本，第5页b。这句话亦见于《晋书》《南史》之《陶渊明传》。
⑤ 《文集》卷12，第1页a—第14页b。

【北学人物及思想】
刘因儒家隐逸主义解

使如此,倘若我们假定,刘因对幸许①是最伟大的道家诗人的美学世界心醉神迷反映了他对道家人生观的认同,那就错了。

刘因对道家学说的态度已由牟复礼证实,他"相当了解道家思想及其寓意",以虚幻逃避主义和巧妙曲解为由拒斥老庄学说。刘因发现道家传统中最让人厌恶的并非其原有的哲学倾向,而是其将高尚理想付诸实现的方式。他对《庄子·齐物论》梦蝶之喻的细致讨论颇为恰当切题。② 庄子从梦中醒来,在梦中他成了一只蝴蝶,于是问道:"究竟我是蝴蝶呢?还是蝴蝶是我?"表达了对我们现实概念的基本疑问。原则上,刘因接受了庄子"齐"的观念,并且还渴望"无适而不可"。但是,他争辩道,创造一个"幻"的世界对我们并无太大帮助。庄子的问题在于,他没能看透,就"横于纷纷万物间无几时"的人而言,"幻"乃减轻现实痛苦的权宜之计、心理策略。刘因似乎主张,做人的理想途径一定不能在转变成异类这种逃避现实的幻觉之中寻找,真正的自由系于面对人生实际状况的勇气。

那么,现实的存在选择乃孟子的"君子观"。"君子所性,虽大行不加焉,虽穷居不损焉。"(《孟子·尽心上》)根据孟子,作为君子本性的自足"根于心,其生色也,睟然见于面,盎于背,施于四体。四体不言而喻"(《孟子·尽心上》)。刘因认定这种内在力量即是"义命"。他遵从理学,尤其是程朱的相关学说,坚持循序渐进地努力"穷理"是学做完人所绝对必需的。这项任务的艰巨性是显而易见的,甚至连最著名的儒者,也有些苦于极度的艰辛,缩回到道家的幻觉中寻求安慰与消遣。因此,培养人们自己真正的"义命"感是一场巨大的挑战。③

这种思路使我们想起刘因的《希圣解》。他起初对周敦颐《通书》的主张备感焦虑。这种情况可以和他认为道家所面临的困难相互比较:"以见夫天地如是之大也,古今如是之远也,圣贤之功业,如是之广且盛也。而己以渺焉之身。"④ 道家思想中的逃避主义在很大程度上导致了对真正自我,亦即人性的贬抑。逃避主义好像是丧失勇气,但是,据刘因的看法,心智狭隘也可引致逃避主义。局促地理解和观照现实,结果经常是无法依

---

① 据文意或为"兴许"——编者注。
② 《庄周梦蝶图序》,《文集》卷2,第4页a—第5页b。
③ 关于"义命",见《文集》卷2,第4页a及第5页a。
④ 关于"义命",见《文集》卷2,第4页a。

"义命"行事。这并非简单地只是一个知识论问题,因为知识的运用最终决定知识的质量和正确与否。刘因解释"退斋"之名的文章在此极具教益。①

此文始于一段评论。如果不看上下文,很容易误以为是对道家观点的泛泛支持:

> 道之体本静,出物而不出于物,制物而不为物所制。以一制万,变而不变者也。以理之相对,势之相寻,数之相为流易者而观之,则凡事物之肖夫道之体者,皆洒然而无所累,变通不可穷也。②

然而,刘因很快地指出,老子并不真正理解"道"的实质,因为在他看来,老子所描述的"道"是一种荒谬、一种为自己服务的权谋。于是,刘因就给我们列出了一长串例子:谦恭意在获取而柔弱旨在征服,无私变成了一种阴险的自私,谦退则成了侵占的伪装。老子的巧妙手法进一步表现在将聪敏掩藏在愚黯的假象背后,将善辩遮蔽在讷钝的表象之下。刘因笔下的道家形象因此就是算计心智的体现,处于策略的位置,使自己进退自如"方始而逆其终,未入而图其出,据会而要其归,阅衅而收其利,而又使人不见其迹焉"③。不着痕迹地取得优势。个人得失比其他所有考虑都重要,虽然设法使自己看上去疏淡超离并且无可指责,其行为却祸国殃民。

也许有人会争辩,老子与世周旋的伟大能力也应被视作反映了其有关"道"的渊博知识。具有讽刺意味的是,似乎刘因本人在一定程度上促成了这样的论调。他承认道家之"术"彻底开发了自然界和人类的力量,而且领悟道家玩弄世界于股掌之中的关键是极其困难的。刘因在此颇近于赞同在政治中运用道家的价值和符号。通过如此概括老子的特点,他似乎认为,老子式道家与情愿生活在幻觉中的庄子式道家不同,是朝廷里真正老练的权谋家,出于自私的目的巧妙操纵政治。我们无法确定其批评针对的是历史上的哪些人物。不过由于他在文末的短论中以为,那些操纵政治的人如今以孔孟正义和程朱学说的倡导者自居,看上去可能在其心目中,朝

---

① 见《退斋记》,《文集》卷2,第22页b—第24页b。此文作于1276年8月。
② 《文集》卷2,第22页b。
③ 《文集》卷2,第23页b。

【北学人物及思想】
刘因儒家隐逸主义解

廷重臣为了个人权宜早已抛弃了伦理准则。即使是这样,依然难以确证清代史学家全祖望(1705—1755年)所言,即该文的批评显然针对许衡而发。①

在此,我们又面临另一个颇具吸引力的吊诡。刘因发现,老子关于道的精妙悖论里,有一种意欲将奸猾狡诈付诸实践的深思熟虑。他感到困扰的并非选择"退",而是"退"后隐藏的欺骗心理学。相反,庄子的人生哲学似乎更可接受一些。至少他对内在精神的诉求指向一个价值领域,其中此世的标准不再适用。另外,道家操纵者在朝廷里所产生的效果是伦理准则彻底相对化,引起了道德行为的极大混乱。那些遗世独立,保持高度的个人正直标准的人,却仍然对社会产生有益影响,间接地为尊崇道作出贡献。再者,那些从内向外腐化朝廷的人绝不能使道产生效果,因为他们从一开始就走上了邪路。从这个角度看,儒道之间的区别就具有不同的意义了。真正的道家能够对社会产生有益影响,儒家对此应予赞赏;但是,那些在政治活动中扭曲玩弄道家思想的假儒家,却只具有破坏性。

刘因欣赏历史上某些杰出的道家人物,这是可以理解的,尽管他显然并不赞同他们的生活方式。除了受到所有学派的学者一致尊敬的陶渊明,刘因在两首诗以及其他一些地方还颂扬了著名的前汉隐士"四皓"②。我们在其诗中还可看到对光武帝(25—57年在位)和非常值得尊敬的隐士严光(前37—41年)之间真诚关系的高度赞扬。③ 此外,他断言乐于助人的柳下惠胸襟狭隘,而个人正直绝不妥协的"希圣"伯夷真正接受了人类公正的观念。④ 这个相当独特的观点,即伯夷追求个人纯洁比柳下惠的政治变通更具社会效益,正可进一步加深人们的印象,即刘因的毕生关怀自尊,是服务于社会的先决条件。这种论点当然可以被视作道德和文化先于政治的坚强而精当的论据。

---

① 全氏的解释,见《宋元学案》卷91,第3页b—第4页a。刘因的批语也可能针对的是刘秉忠之流,见陈学霖《刘秉忠(1216—1274):忽必烈汗廷的一名佛道徒官员》["Liu Ping - chung (1216 - 1274):A Buddhist - Taoist Statesman at the Court of Khubilai Khan"],载《通报》(Toung Pao, 53, nos. 1 - 3, 1967),第98 - 146页。

② 见题为"四皓"的两首诗,《文集》卷6,第10页a—b。亦见他在由"四皓图"引发的艺术想象促使下所作之诗,《文集》卷10,第2页a。

③ 见其诗《严光》,《文集》卷6,第10页b。

④ 见《和咏贫士》七首之四,《文集》卷12,第11页a—b。就此诗所做具有洞见的分析,见牟复礼《元代儒家隐逸主义》,第225—227页。

作为感召的自修

　　刘因生活和思想里的另一个主要关怀，是要表明道德和文化对于政治是必不可少的，因为它们是在朝廷里可靠服务的前提。显然，刘因不是简单地发表和政治有关的泛泛之论。他很明白，蒙古征服者完全依照不同的原则确立统治，也知道绝大多数人是中国史无前例的最残酷的军事经济控制压迫的受害者。而且，他也能够了解所有的仕宦必须靠虚与委蛇才能应付特别危险的情势。他的纯洁感并非孟子所说的伯夷的独善其身。他之所以将孟子对伯夷的评论颠倒翻转成"狭隘"，并加之于表面看来灵活变通的柳下惠，原因或许即在于此。那么，刘因在何种意义上才可以证明，他的纯洁感并非仅是个人选择，而是普世价值呢？

　　刘因一定清楚地意识到，他的听众只不过是思想界志同道合的友人和学生所组成的一个小圈子。换句话说，也就是极少数人中的极少数人。从知识社会学角度观之，刘因似乎不可避免地沉溺于某种道德、文化精英主义。通过确立个人行为的极高标准，刘因已经将自己排除在仕宦活动的主流之外。他的疏离感和屈原《离骚》中的寂寞并非没有相像之处，一首或许因春夜失眠而作的诗写道：

众人皆睡我独坐，
细看乾坤静里春，
倘使一时俱闭息，
知更数鼓是何人？①

《文集》里类似诗歌甚多，其中有些早年旧作咏英雄荆轲。荆轲行刺秦王（秦始皇）未遂，使他成为燕国壮士的典型。② 刘因同为燕人，年轻时曾自

---

① 《春夜不寐》，《文集》卷11，第32页b。
② 《登荆轲山》，《文集》卷7，第3页b。

【北学人物及思想】
刘因儒家隐逸主义解

称易水之人。① "易水"，明显即指荆轲起程前与挚友悲壮辞行的易水之滨。年轻时代对荆轲的心仪竟令他在 1266 年 10 月前往易水，向这位先秦英雄献上祭诗。② 刘因对非凡英雄人物的热情远不止是年轻人冒险精神的反映，其诗文清楚地表明，他一直记着这些英雄，坚信他们独特的行为模式具有普世的号召力。

他在儒家的整体传统中，对良师的选择是和这种思路一致的。在孔门弟子中，他单举出颜回和曾参。③ 在哲学上看，他的人生观以及对政治的态度受孟子影响甚大。汉唐思想家并未给他留下太深的印象。宋代新儒学兴起之前，他只特别提到了董仲舒（前 179—前 104 年）和韩愈（768—824 年）。④ 北宋儒学大师邵雍最能给他灵感⑤，但是，他似乎从周敦颐、张载那里学到了更多东西。他极度仰慕二程兄弟，在一首诗中写道，二程帮助我们理解天理，辨析毫发，彻底领悟事理的意义。⑥

刘因对程颢的敬意进一步体现在一首诗里，他在其中称颂大程为"瑞日祥云"⑦。这或许促成孙克宽针对明代杰出思想家刘宗周（1578—1645 年）宣称刘因使其联想到邵雍的说法，坚持认为刘因的生活风格更近于明道；还假设刘因若听说过陆九渊（1139—1193 年），或许还会同情于他。⑧ 我们知道，即使刘因或许并未读过陆九渊的文集，但他也一定了解陆朱之争。然而，刘因仍然完全将自己归为朱熹学派⑨，甚至在诗中称朱熹之师

---

① 例见前引《希圣解》，自称易水之刘，《文集》卷 1，第 1 页 a。亦见《次韵答刘仲泽》，《文集》卷 9，第 41 页 a。
② 《吊荆轲文》，《文集》卷 5，第 1 页 a—第 2 页 b。
③ 见诗《颜曾》，《文集》卷 11，第 13 页 b—14 页 a。亦见可能书写在自己扇子上的题诗《曾参扇头》，《文集》卷 11，第 18 页 b。
④ 见《叙学》，《文集》卷 1，第 8 页 a；亦见《癸酉新居杂诗》九首之九，《文集》卷 11，第 15 页 b。
⑤ 《文集》中下列诸诗特别可以说明这一点：《周邵》卷 8，第 6 页 a；《感事》卷 8，第 11 页 a；《水北道馆》卷 9，第 21 页 b；《新居》卷 11，第 22 页 a。我以为后两首诗里的"渔樵"乃隐指邵雍描写渔樵问答的名文。
⑥ 见《写真诗》三首之第一首，《文集》卷 11，第 18 页 a。
⑦ 《有怀》，《文集》卷 9，第 9 页 a。
⑧ 实际上，苏天爵也认为刘因的个性与邵雍最为相合，见《静修先生刘君墓表》，《滋溪文献》卷 8，第 296—298 页。孙克宽的意见，见《元儒刘静修》，第 85—86 页。
⑨ 见《河图辨》，《文集》卷 1，第 10 页 b—第 16 页 b；以及《太极图说》，《文集》卷 1，第 18 页 a—第 20 页 a。

李侗（1093—1163年）为"冰壶秋月"①，这是描述纯洁典范的习见之辞。不过，尽管刘因对朱熹五体投地，对宋学大致也是如此，但是，他信奉独立的心智乃意义和价值的最终判准。他不仅指出，"蓍龟千古在人心"②，同时还强调人的"良知"绝对不能被外来意见动摇左右，甚至即使这些意见像宋学大师的教导一样权威。③

我们在此再次面临着明显的冲突。刘因将文化和道德意义归附其身的那些历史人物，都是著名的慎独者。他们无一例外，自居于权力中心的边缘，有些甚或故意选择将自己和权力隔离开来。他们的力量不是来自政治参与，而是来自学和修身。荆轲是一个例外，除此之外，他们都以学者或教师的身份闻名。而且，甚至连荆轲赢得文人的同情，也主要靠着他诗人般的激情。具有讽刺意味的是，他使用刺客匕首的笨拙竟然提高了他作为悲剧性孤独者的声望，正视着当时最强大的暴君而走向死亡。道家或是宁愿完全在政治之外营造价值领域，或虚与委蛇地在政治中构建个人的避难所。刘因心目中的英雄则与其不同，而是试图改造政治情势，他们的批评性判断也绝不允许他们置身事外。我们与其将他们的处境视作把文化、道德和政治区分开来的失败尝试，不如认为他们几乎都由于决意由道德和文化转变政治而进退维谷。我们在此使用的整个概念系统的语言，对于刘因的语言世界来说当然是陌生的，不过，重点讨论一下刘因有关学术的观点就可以表明，作为一种启发手段，这种语言还是有效的。

刘因本人意识到了文化和政治之间的区别。他拒绝以当时的仕宦普遍认同的方式为朝廷效力，也可以被视作示敬于道的手段。道肯定是一个文化概念，不能仅靠参与政治来保存。在一篇为距其家乡不远的孔庙所做的文章里，刘因争辩道，由于孔子希望做到的是"立人道"，所以，尊崇孔子的正确方法是向所有乡民开放孔庙，不能仅听由学官垄断独占。④ 在献给一位道家隐士的诗中，他用讥讽的笔触写到，在官场，老鼠都被看成老虎；而在某些人（道家隐士）的生活里，龙被说成能变为鱼。⑤ 如果说，孔武的老虎其实只不过是胆怯的老鼠，而天才的龙仅仅学着伪装避让的鱼，

---

① 见《有怀》，《文集》卷9，第9页a。
② 见其评论《论语》之诗《讲人之生也直章》，《文集》卷11，第4页b。
③ 《高林重修孔子庙记》，《文集》卷2，第21页b—第22页b。
④ 《高林重修孔子庙记》，《文集》卷2，第21页b—第22页b。
⑤ 《寿田处士》，《文集》卷9，第40页a。

【北学人物及思想】
刘因儒家隐逸主义解

这些都是可悲的话,那么刘因本人赞许的又是什么呢?他没有倡导在两者之间保持某种微妙的平衡,而是提出了一条不同的路径:"勤苦十年经子史,风流千古画诗书。"通过文化活动追求不朽感乃刘因著述的习见主题。我们在下面会比较详细地探讨一下他为门生弟子安排的"十年学习计划"。在他看来若要对人类社会产生最大、最持久的影响,其基础是文化而非政治。

即便如此,设若认为刘因的文化活动是非政治的,他在自己的行为里几乎看不到与政治的任何关联,只不过是一般人的活动,那就错了。他在一首与此相关的诗中故意否认:"朝廷别有真儒在,莫道斯文赖我扶。"① 他的"斯文"意识依赖的是像自己一样的那些人,苟活于世的主要理由可能就是他时常隐晦提及的志业,即整理残编断简。② 他在诗中也经常谈论这项任务的困难,以及完成这一任务所必然承担的孤寂:

> 断简残编绝赏音,
> 谁从百炼见真金。
> 龙门千古遗歌后,
> 更觉良苦独苦心。③

但是,刘因一心一意要将文化从漠视遗忘中拯救出来,绝不仅仅是一个平民的学术抱负,同时也在挑战那些觍然自居身兼文化传承者与政治参与者二任的人,即那些积极支持元朝朝廷的仕宦之流。

刘因在和朝廷仕宦进行隐约的或露骨的斗争时,似乎十足具有反讽的本领,显然是为了让那些以为可以压倒战胜他的人住口。他在一首诗中写道:"太平自有诸公在,谁向南阳问孔明?"④ 这确实是反讽,尤其是考虑到他有关官场群鼠的评论,不过,刘因主要关心的与其说是屈辱他所蔑视的那些人,不如说是完善自己的书院。尽管他对自己无师无友、学生稀少深为伤感,其诗中却依然充溢着反映了内心宁静的泰然自若的感觉。例如,他冬日沉思,朱熹几乎没有享受到任何世间安逸,孔子则更是为了实现天命四处

---

① 《次韵答石叔高》,《文集》卷9,第40页b—第41页a。
② 见《悯旱》,《文集》卷9,第23页b—第24页a;亦见《平昔》,《文集》卷9,第12页b—第13页a。
③ 《感兴》七首之六,《文集》卷11,第16页b。
④ 《次韵叩洋宫》,《文集》卷9,第41页b。

奔波行装蒙尘。① 二位先贤的处境都肯定不比他优裕,因而,他本人也对文化传统的延续负有责任,这个念头在其心间一定无数次地涌现过。②1279 年他刚及而立,该年 1 月所做的一首诗表达了这种强烈的关怀:

> 文庙秋风默坐时,
> 慨然千古入沉思。
> 许身尚省初心在,
> 道在而今竟似谁?③

刘因若拒绝透露完成自定任务的实际进程,那么上引诗大概只能被视为傲慢狂妄了。"初心"应当是指他十八岁时"发愿作圣"的决定。然而,要想延续道,就必须长久艰辛地学习。他明白不可能有类似于"顿悟"的捷径。《树德亭记》作于 1292 年,可能是他的绝笔,题目的关键词"树德"在此尤为贴切。④ 儒学的目的是使人像树之生长那样地自我发展。树必须被种植、浇灌、培育。每个人为学都离不开坚持,这也许促使刘因承认,他不敢效法如天马行空的邵雍,但颇愿追随"根基坚固"的司马光(1019—1086 年)。⑤

刘因对"根基坚固"之学的推重,详见于一篇长文。⑥ 我们虽然不知道该文作于何时,文章本身却表明,作此文时刘因已经教了几年书了,因此也就反映了他对该问题的成熟看法。文题"叙学",由简短前言和四个主要部分组成。依循应试文的四平八稳的风格,问题被导入、解释、深化,并逐点加以概括论述。论述兼及两套相对的观念,同时也顾及一些次要的意见。刘因不断深化一个主题,将其带入论述主流,亦即对掌握儒家传统基本文献的确切次序加以正式指导。另一套观念的争辩,正是根据这种为学次序,存在着创造性改造的无穷可能性。在此,基本的关怀乃发展某种方向感。自律与自我发现之间的互动,令本文具有一种活力,使其不

---

① 《冬日》,《文集》卷 9,第 12 页 a—b。
② 例如《次韵答石叔高》,《文集》卷 9,第 40 页 b—第 41 页 a。
③ 《己卯元日》二首之二,《文集》卷 11,第 9 页 a。
④ 《文集》卷 2,第 25 页 b—26 页 b。
⑤ 《癸酉新居杂诗》九首第一组,《文集》卷 11,第 14 页 b。此组诗作于 1273 年。
⑥ 《叙学》,《文集》卷 1,第 3 页 b—第 10 页 b。

同于一般的治学导论。

刘因开始就肯定，每个人与生俱来的性、心、气，是自我完善的无可化约的潜能。学意味着这种潜能得以实现的进程。既然每个人天生就具有学习能力，那么，自我完善的任务不向所有人开放是不可想象的。然而，当下的学术状况已经远远偏离了规范，"品节"淆乱，而且异端的攻击使其深受创痛。正因为此，学做完人要求对文化遗产的精粹进行系统探研。

1. "六经"、《论语》、《孟子》。刘因明显是从朱熹的教学法出发，坚持为学应该始于"六经"。① 他说，只有在学生花大力气研习了"六经"之后，才能真正欣赏《论语》《孟子》的精义。由于这两部书的智慧是圣人多年努力的结晶，因此，学生在有可能领悟之前，必须已有很好的基础。"六经"《诗》居首，因为，它不仅是人类基本情感的适当渠道，还打开了人类情感的新领域。《诗》《书》据说是圣人情志的文字记载，确立了伟大的基本原则。《仪礼》《礼记》《周礼》可以被视作这些伟大原则在社会、政治方面的应用。《春秋》就被当作历史判准加以研究，也可将之视为对人类活动的道德反映。

只有在仔细研习这些经典之后，才能开始理解《易经》的精义，由此达至古典学术的顶点。刘因追随宋代思想家，指出格透事理以及参透人性能够逐渐达至理解天命。他相信，所有这些都必须先于《易经》研究。他还坚持认为，平衡周全的古典教育必须包括汉注、唐疏、宋解。不过，他鼓励弟子在整个进程里保持自己"良知"的独立性。②

2. 历史。刘因引《孟子》，说通晓古典旨在"立其大"③，显示了一个重心和某种优先感。以经典中确定的行为标准为指导，学生应该先行研习历史。刘因说，经史在古时并无分别，"《诗》《书》《春秋》皆史"。这个洞见通常归功于清代学者章学诚（1738—1801年），视经等同于史乃大胆之举，而事实上早在几百年前就已由刘因正式表达出来了④，注意及此是

---

① 《叙学》，《文集》卷1，第4页a—b。
② 《叙学》，《文集》卷1，第5页a—b。
③ 《叙学》，《文集》卷1，第6页a；亦见《孟子·告子上》。
④ 王守仁也清楚表明，他相信"五经"亦经亦史，见《阳明全书·传习录》卷1，台北：正中书局1955重印本，第8页。不过，必须指出，章学诚首次提出了具有说服力的论据，证明"六经"应被视作史。见章学诚《文史通义》卷1，香港：太平书局1973年重印本，第1—33页。有关的精彩讨论，见余英时《论戴震与章学诚》，香港：龙门书局1976年版，第45—53页。

相当有趣的。刘因对历史研究的推重再次令人瞩目地展现了其平衡周全的学术取径。他的确十分重视司马迁（前145—前86？年）的《史记》，认为《史记》是以后所有中国历史学家撰述体例的灵感来源。刘因也举出《汉书》《后汉书》加以赞扬。他虽然对陈寿《三国志》的偏颇态度进行了严厉批评，却仍然相信裴松之（372—451年）的注起了很有用的补正作用。①

他觉得由唐太宗朝廷里著名高级仕宦集体编撰的《晋书》过分繁复了。他也看出了《南史》《北史》《隋书》的缺陷，此三史都在唐朝开国后数十年编成。然后他比较了新、旧《唐书》和新、旧《五代史》。他对负责两部新书编纂的欧阳修（1007—1072年）的敬慕，并未使他得出两部旧书过时的结论。实际上，他论证道，正是由于欧阳修及其同事有特别的观点，因此其解释在相当程度上与史实不符。所以，旧书会产生一些抵消弥补的效果，依然值得一读。他进一步指出，鉴于宋史、金史尚未编成，学生应该利用"实录"和了解情况的文人们的大量著作。② 他一般赞同首先要大体上了解中国历史，其次通过不断将经典原则付诸应用来磨砺判断力，最后将从基本史籍中学到的东西和司马光《资治通鉴》的意见以及宋儒著作加以比较。简而言之，刘因认为学生必须将历史视作一个完整的结构，而非许多孤立的事件。

3. 哲学。刘因的开放心态最体现在对早期中国哲学学派的态度上。他建议学生在研习历史之后，应当阅读《老子》《庄子》、东汉道家经典《列子》以及唐代道教著作《阴符经》，因为它们对原则有许多洞见。此外，他还向先进者推荐《素问》，后进者推荐据说由孙膑、吴起、姜子牙、黄帝所著各书，要求他们仔细阅读，这些都是医学、兵学著作。③ 他批评荀子的"性恶说"，却欣赏其论证之严密。虽然他以为《管子》拥护提倡王霸之道，却还是认为此书值得研究。至于汉儒，他特别提到了扬雄（前53—18年）、贾谊（前201—前169年）董仲舒及刘向（前77—前6年），断言董仲舒的"天人合一说"仅次于孟子的思想。在汉宋间的八百余年

---

① 《叙学》，《文集》卷1，第6页b。
② 《叙学》，《文集》卷1，第7页b。
③ 《叙学》，《文集》卷1，第7页b。刘因对医学颇有兴趣，见《内经类编序》，《文集》卷2，第5页b—第8页b；《书示疡医》，《文集》卷3，第11页b—第12页b；《答医者罗谦文》，《文集》卷3，第16页b—第17页a。

【北学人物及思想】
刘因儒家隐逸主义解

里，他仅提及了王通（文中子，584—617年），隋代著名儒师，据说曾为唐朝培养了整整一代杰出仕宦，以及韩愈。至于宋代思想家，他将周敦颐、程颢、程颐和张载同归为"性理"学家。邵雍单列，是"象数"学派的奠基人。欧阳修、苏轼（1037—1101年）和司马光则被视为"经济"的代表人物。然而，他对佛教甚至连提都不提，也不承认墨家和法家著作可以跻身坚定儒者基本哲学读物的精选书单之中。

4. 诗、文、书、画。刘因用一段引自《论语》的话开始了对艺术的讨论："志于道，据于德，依于仁，游于艺。"（《论语·述而》）他承认，孔子以降，"艺"的含义经历了基本性的变化：孔子之"艺"指的是礼、乐、射、御、书、数等实践活动①，如今却主要包括诗、文、书、画。刘因接着说，这些文化活动是进一步自我完善所不可少的，因此，学生应系统学习。于是，他就全面综合的学习进程提供了详尽的建议。就诗而言，刘因做了六点指导，对应于他所选定的元代学者的主要类型：（1）对《诗经》中"六艺"的理解；（2）倾向于《楚辞》，特别是屈原《离骚》的风格；（3）对汉赋尤其是《三都》《两京》的体认；（4）对魏晋传统，主要是曹操（155—220年）、曹植（192—232年）、刘桢（217年卒）、陶渊明及谢灵运（385—433年）的作品，有所心得；（5）对隋唐诗歌的流变有所了解，重点是李白（701—762年）、杜甫（712—770年）、韩愈的作品；（6）熟悉欧阳修、苏轼、黄庭坚（1045—1105年）等宋代诗人。这份单子表面上很全面，实则还是有高度选择性。刘因几乎摒弃了所有的浪漫主义诗歌，即是一证。他的"古典主义"也反映在散文研习之中，有关书画的意见虽然过于简单，基本上却还是秉承同样的精神。

在文章的结尾部分，刘因自信地说，弟子们若是依此方法进行自我教育，就既能在朝廷中发挥积极作用，又能彻底退隐田园。那么，著名的三不朽——立德、立功、立言，都会向他们敞开大门。就刘因本人而言，我们也许可以总结说，他的自我完善或更具体，他对纯洁的追求，不是简单地试图逃避政治。正如莫尔《乌托邦》里的"明智之士"，明智地决定闭门研究儒家经典，而不是在暴雨中淋得浑身湿透。

总而言之，刘因的儒家隐逸主义的象征意义不止于对元朝的拒绝和抗

---

① 有关儒学"六艺"的简要讨论，见杜维明《儒家的成人观》，《戴达鲁士》（"The Confucian Perception of Adulthood", *Daedalus* 105, No. 2 (Spring 1976): p. 115)。

议；虽然对宋朝崩溃流露过一些怀旧之情，但是，刘因决意不仕元朝也和忠诚感没有太大关系。牟复礼已经指出，刘因没有使自己陷入"义务"或"被动"的隐逸。这种隐逸在理论上与所有为前朝效过力的人都密切关系。① 那么，在什么意义上，可以将刘因拒绝出仕理解成一种"自愿的"或"主动"的隐逸呢？当然，他的决定"明确表达了对不可能出仕的环境的抗议，或多或少也反对统治者及其朝廷"②。但是，政治并非其决定隐逸的唯一理由，因为儒家要求为社会服务的人首先必须具有伦理—宗教情怀。再者，儒者的基本承诺关乎不朽与文化，远非任何特定的权力结构。

因此，刘因对欧阳修著述中倡言的儒家历史感并无特别兴趣，就是相当可以理解的了。尽管刘因赞赏欧阳修主持的《新唐书》和《新五代史》，但是，欧阳修为处于威胁之下的宋朝汇集意识形态方面的支持，这种高度政治化的企图和努力对刘因而言，只不过是一种个人的历史判断。③此外，刘因固然仰慕作为历史学家的司马光，却没有迹象表明他赞同司马光在政治合法性方面的看法。刘因决意退出政治肯定不是受迫于某种道德责任，亦即欧阳修、司马光所说的"忠"④；亦非根本诚所说的"主观决定的"忠诚。⑤ 因为他是在一种神圣的使命感、对洁身自好的终极关怀，以及由尊崇儒家之道产生出来的尊严感的促使下，选择了超越政治的不朽和文化。刘因的生活目的是通过自我完善的努力成为良师及文化传承者，因此，他的隐逸主义不仅是对将儒家的效力和政治参与等同起来的根深蒂固的习惯的挑战，而且，还是在孟子的激励下另辟蹊径的强有力的儒家实践。孟子这位伟人，正是在时代不允许他出仕的情况下，独承大道。"富贵不能淫，贫贱不能移，威武不能屈。"（《孟子·滕文公下》）

---

① 见牟复礼《元代儒家隐逸主义》，第229—232页。
② 见牟复礼《元代儒家隐逸主义》，第209页。
③ 有关这位重要学者政治思想的概述，见刘子健《欧阳修：一位11世纪的新儒家》（James T. C. Liu, *Ou - Yang Hsiu, An Eleventh - Century Neo - Confucianist*, Stanford, Calif: Stanford University Press, 1967）。见刘因《叙学》，《文集》卷1，第7页a—b。见牟复礼《元代儒家隐逸主义》，第209—212页。
④ 有关对经典的阐释立场，如司马光之攻击孟子，见熊十力《读经示要》，台北：广文书局1960年重印本，2，第1—22页。有趣的是，熊十力自己的"忠诚感"使其对吴澄和刘因大力抨击，见同书第25页。
⑤ 根本诚：《专制社会における抵抗精神》，东京：Sogensha1952年版，第51—54页。转引自牟复礼《元代儒家隐逸主义》，第209页。

刘因《四书集义精要》之《大学·经章》解读

韩星[*]

摘要：刘因《四书集义精要》选辑了朱熹比较重要的思想观点，体现了其对朱子学的理解与取舍，目的是阐发和传播程朱理学，可以说是刘因传播理学的教科书。本文对其中的《大学·经章》部分内容进行解读，认为《精要·章句序》表达了《大学》内圣外王的主旨，《精要》经文部分以朱熹《大学章句》为底本，分经前、经后章，主要是《朱子语类》卷14《大学一》经上、经下的精简版。苏天爵谈这部书"简严精当"，对于研究元初朱熹理学北传和刘因思想具有重要参考价值。

关键词：刘因；《四书集义精要》；《大学·经章》；解读

刘因，字梦吉，保定容城人。世为儒家，天资过人。三岁能识字，过目即能记诵。六岁写诗，七岁作文，落笔惊人。年届二十，才华出众，性不苟合。早年研究经学，对训诂疏释多有探究，曾经感叹说。"圣人精义，殆不止此"（《元史·刘因传》）。后来得到周、程、张、邵、朱这些理学家的书，一读就能够理解其中的精微义理，因而推崇理学，特别倾慕朱熹，说朱熹是理学集大成者："邵，至大也；周，至精也；程，至正也。朱子，极其大，尽其精，而贯之以正也。"（《元史·刘因传》）这段话被后人广泛引用，其中体现了刘因的"高见远识"，也道出了他的思想渊源。

刘因是理学北传的一位代表人物，黄百家云："自赵江汉以南冠之囚，吾道入北，而姚枢、窦默、许衡、刘因之徒得闻程朱之学，以广其传，由是北方之学郁起。"（《宋元学案·鲁斋学案》）刘因为元代重要的儒学代

---

[*] 韩星，中国人民大学国学院教授。

表人物、北方理学名家,在政治上他采取与元代统治者不合作的态度,一生主要隐居以教学为生,弟子苏天爵在《静修先生刘公墓表》中说他"杜门授徒,深居简出,性不苟合,不妄接人",称其为"乡间老儒"。他欣赏诸葛孔明"静以修身"之语,就将居所题名为"静修",以自表心志。

关于《四书集义精要》(以下简称《精要》),《四库全书总目提要》介绍说:"自朱子为《四书集注》,凡诸人问答与《集注》有异同者不及订,归于一而卒,后人因取《语类》《文集》所说辑为《四书集义》,凡数万言。读者颇病其烦冗,因乃择其指要,删其复杂,勒成是书。"张萱内阁书目载《精要》三十五卷,一斋书目是三十卷,今本仅存二十八卷,至《孟子·滕文公》上篇而止。

一　《大学》主旨

《精要·章句序》云:

> 问:外有以极其规模之大,而内有以尽其节目之详。曰:此盖要先识其外面规模如此之大,而内用工夫以实之。所谓规模之大,凡人为学,便当以"明明德,新民,止于至善",及"明明德于天下"为事,不应只要独善其身便已。须是志于天下,所谓"志伊尹之所志,学颜子之所学"也。

> 以明德、新民为节目,则止于至善是规模之大。

这两段文字与今本《朱子语类》卷14《大学序》文字基本相同,表达了《大学》主旨:内圣外王之道。朱熹非常重视《大学》的"规模",在《朱子语类》卷14《大学纲领》多次比较《大学》与其他四书的特点,突出强调其为学"规模"的含义:"某要人先读大学,以定其规模","大学是个大坯模。大学譬如买田契……","今且须熟究《大学》作间架,却以他书填补去","大学是修身治人底规模。如人起屋相似,须先打个地盘。地盘既成,则可举而行之矣"。"《大学》一书,如行程相似。自某处到某处几里,自某处到某处几里。识得行程,须便行始得。""《大学》是一个腔子,而今却要去填教实著。"这是什么意思呢?就是说,《大学》是

【北学人物及思想】
刘因《四书集义精要》之《大学·经章》解读

儒家学问修养的基本框架，儒家的纲领："《大学》是为学纲目。先通《大学》，立定纲领，其他经皆杂说在里许。通得《大学》了，去看他经，方见得此是格物、致知事；此是正心、诚意事；此是修身事；此是齐家、治国、平天下事。"研读"四书"先要通过《大学》"识得大纲统体"，这样就"规模周备"。这种"规模"，很容易被人误解为是一种外在的，所以朱熹在《朱子语类》卷14《大学序》中进一步解说"外有以极其规模之大，内有以尽其节目之详"问题，《精要·章句序》全录了。朱熹指出外面规模再大，还要内用工夫来充实。从《大学》"三纲"而言，以"明德""新民"为内在工夫的节目，止于"至善"是规模。又从孟子"穷则独善其身，达则兼利天下"，强调"不应只要独善其身"，还要"兼利天下"。又引周子的"志伊尹之所志，学颜子之所学"来说明，原文见于周敦颐《通书·志第十》："伊尹、颜渊，大贤也。伊尹耻其君不为尧、舜，一夫不得其所，若挞于市；颜渊不迁怒，不贰过，三月不违仁。志伊尹之所志，学颜子之所学。"伊尹、颜渊是大贤。伊尹是商朝著名贤相，历事成汤、外丙、仲壬、太甲、沃丁五代君主，辅政五十余年，为商朝富强兴盛立下汗马功劳。特别是对于太甲，伊尹可以说是费尽心血，辅佐、教育，羞耻于他的君主和国家不能达到尧、舜的境界。而颜渊是孔子最得意的门生。孔子对颜回称赞最多，赞其好学，是个仁人。他不迁怒他人，不第二次犯同样的错误，很长时间可以做到不违背仁。所以儒者应该立志像伊尹，学颜子的学问。伊尹的志向代表了外王之道，学颜子的学问代表了内圣之道。周子教人通过体知伊尹之志与颜子之学，努力做到"穷则独善其身，达则兼利天下"，最理想的当然是既能独善其身，又能兼利天下，即圆满地实现内圣外王之道。

钱穆在《朱子四书集义精要随札》中讨论这个问题时说："《大学》一篇，明明德亲民以止于至善，此即其规模之大也。然尽在外面。至于舍此而仅求独善其身，则本末内外先后大小之辨，便已失之。近人疑程朱理学偏重内，可于此知其非矣。"[①] 此言《大学》"三纲领"自其外面看规模是大，但不要忘了内在修养工夫。也不能走另一个极端，就是近代以来学界质疑程朱理学偏重内在心性，缺乏外在事功。这都是没有认识好理学本末、内外、先后、大小之辨的缘故。

---

① 钱穆：《〈朱子四书集义精要〉随札》，《钱宾四先生全集》，台北：联经出版事业股份有限公司1998年版，第10册，第2页。

二　《大学》经文解读

《精要》在对《大学》解读中以朱熹《大学章句》为底本，分经前、经后章两部分，主要是《朱子语类》卷14《大学一》经上、经下的精简版。

其中对"明明德"的解释是重点，《精要·经前章》把"明明德"看成为己之学的根本，指出"读书须要为已，先须立志。圣人教人，只在《大学》第一句明明德上，以此立志"。圣贤教人首要在"明明德"上，要以"明明德"立定人生志向。在对"明德"的解释上，《精要》没有引用《大学章句》"明德者，人之所得乎天，而虚灵不昧，以具众理而应万事者也"的注解，而是精简了《朱子语类》中多处语句来表达"明明德"的意思。

> 问：明德是心否？曰：便是心中道理，此道理光明鉴照，毫发不差。
>
> 天之赋于人、物者谓之命，人与物受之者谓之性，主于一身者谓之心，有得于天而光明正大者谓之明德。
>
> 虚灵不昧便是心，此理具足于中，无少欠阙，便是性。禅家则但以虚灵不昧者为性，而无具众理以下之事。
>
> 问：虚灵不昧是说心乎？说德乎？曰：心德皆在其中，子细看。

可以看出，"明德"是得之于天，具足于虚灵不昧的心中的光明德行，其中包含了客观之命、主观之性、主宰之心、万物之理，是以心为本，贯通性命，圆融理事。这就是"明德乃直指全体之妙"。此句原见《朱子语类》卷14《经上》："明德是指全体之妙，下面许多节目，皆是靠明德做去。"下面更详细解释说：或问："何谓明德？"曰："我之所得以生者，有许多道理在里，其光明处，乃所谓明德也。'明明德'者，是直指全体之妙。下面许多节目，皆是靠明德做去。"尽管虚灵不昧是从道家、佛禅宗借用而来的，但比较起来佛教只是以虚灵不昧者为性，而没有具众理以下之事，所以佛家流于玩空。

【北学人物及思想】
刘因《四书集义精要》之《大学·经章》解读

"明明德"既是三纲领的基石,也是整篇《大学》的灵魂,是儒家"修道立教"的核心所在。所以《精要·经前章》说:"'在明明德'一句,当常常提撕。人只一心为本,存得此心,于事物方知有脉络贯通处。"此句原见《朱子语类》卷14《经上》:"《大学》'在明明德'一句,当常常提撕。能如此,便有进步处。盖其原自此发见。人只一心为本。存得此心,于事物方知有脉络贯通处。"这似乎更好理解,以"提撕"工夫来解释"明明德",就是常常提醒"一心为本"的心,也就是存本心,以心为本,鉴照万物之理,穷理尽性的过程。对此,钱穆在《宋代理学三书随札》按曰:"人生以己之一心为本,此语无可怀疑。人心与外面事物之脉络相通处,中国人即谓之理。若略去人心,必从客观来外求物理,则原子弹可以多杀人,亦是物理。但人理中决不许其如此。今日西方文明多从物理来,但不求人理。原子弹发明,特其后起之一项而已。其他机械,有害人理者,多可类推。"[①]

在"明明德"的过程中,也会有杂念干扰、出现反复,《精要·经前章》云:"悚然一念,自觉其非,便是明之之端。"一旦有了一个不好的念头,马上自我惊悚,觉其为非,这就是"明明德"的开端。"明明德"并不是虚无缥缈的,就是在百姓日用之中,"明德未尝息,时时发见于日用之间,如见非义而羞恶,见孺子入井而恻隐,见尊贤而恭敬,见善事而叹慕,皆明德之发见也。但当因其所发而推广之"(《精要·经上》)。"明明德"就是在百姓日用之中发现我们本心中本来具有的恻隐之心、羞恶之心、辞让之心和是非之心,此"四心"出自《孟子·公孙丑》。孟子认为这"四心"是人与生俱来的品质,也是孟子性善论的基础,而《大学》与《孟子》可以相互发明,所以"明明德"就是在百姓日用之中发现"四心",进而扩充为仁义礼智"四德"。

在"三纲领"中,《精要·经前章》论"明德"与"新民""至善"的关系云:"道之以德,德是明德,道之以此德是新民也。""明德统言在己之德,本无瑕垢;至善指言理之极致,随事而在。""以人言则曰明德,以理言则曰至善。""道之以德"见于《论语·为政》,为政者用道德引导百姓,就是"新民"。"明德"是得之于天、呈现于我本心的光明之德,

---

① 钱穆:《〈朱子四书集义精要〉随札》,《钱宾四先生全集》,台北:联经出版事业股份有限公司1998年版,第10册,第4页。

而"至善"是与事不分、极尽万理而达到的纯然天理的境界。

对于《大学》"知止而后有定，定而后能静，静而后能安，安而后能虑，虑而后能得"，朱熹《大学章句》注云："止者，所当止之地，即至善之所在也。知之，则志有定向。静，谓心不妄动。安，谓所处而安。虑，谓处事精详。得，谓得其所止。"《精要·经前章》在此基础上有更为深入的解读：

知止，只是识得一个去处。既已识得，即心中便定，更不他求。如求之彼，又求之此，即是未定。"定而后能静，静而后能安"，此亦相去不远，但有浅深耳。

静是就心上言，安是就身上言。

定，对动而言。初知所止，是动者方定，方不走作，如水之初定。静则定之久，物不能挠。安，则静之广，无适而不安。安然后能虑。虑者，思之精审也。人之处事，于丛杂急遽之际而不错乱者，非安能之乎！

定静安是未有事时，胸次洒然；虑是正与事接处，对同勘合也。

问：知止已是思虑了，何故静、安下复下个"虑"字？既静、安了，复何所虑？曰：知止，只是先知得事理如此，便有定。能静能安，及到事至物来，乃能虑。"能"字自有意思。谓知之审而后能虑，虑之审而后能得。

定、静、安、虑、得五字，是功效次第，不是功夫节目。定、静、安三字，须分节次。其实知止后皆容易进，能虑能得最是难进处。多是至安处住了。能虑去能得地位虽甚近，然只是难进。挽弓到临满时，分外难开。

工夫全在知止，能字盖滔滔而去，自然如此者。

综合大意是说，"知止"就是知道事理，知道人生的目标，心便有了确定的方向，心里就平静下来了。心里平静自身就能安泰。自身安泰就能思考精密周详，即使处于事情繁杂，匆忙仓促之际也不会出现错乱。思考精密周详就会有所获得。定、静、安、虑、得是心性修炼的五个阶段或层级，其中定、静、安三个阶段是没事情时的胸怀洒脱；虑是接触处理事情时心与理的验证契合。就五个具体的修炼过程来说，先"知止"才能进入

【北学人物及思想】
刘因《四书集义精要》之《大学·经章》解读

"知止"很重要，相当于开门的钥匙，所以说"工夫全在知止，能字盖滔滔而去，自然如此者"。知止后定、静、安不算难，虑、得最是难进处。很多人到安处就停滞不前了。功效与工夫不同，定、静、安、虑、得是功效不同的顺序，而不是修养工夫的项目。

朱熹在《大学章句》中注释"八目"曰："心者，身之所主也。诚，实也。意者，心之所发也。实其心之所发，欲其一于善而无自欺也。致，推极也。知，犹识也。推极吾之知识，欲其所知无不尽也。格，至也。物，犹事也。穷至事物之理，欲其极处无不到也。此八者，大学之条目也。""物格者，物理之极处无不到也。知至者，吾心之所知无不尽也。知既尽，则意可得而实矣，意既实，则心可得而正矣。修身以上，明明德之事也。齐家以下，新民之事也。物格知至，则知所止矣。意诚以下，则皆得所止之序也。"朱熹经过一生漫长的思考、斟酌、修订、完善，对"八目"的具体内容和"三纲"与"八目"的关系进行了简要清晰的阐明。

《精要·经后章》主要以《朱子语类》为蓝本，略讲《大学》"八目"，阐发"八目"之间的联系和修养工夫应注意的事项，主要内容如下：

> 问：意听命于心者也，今曰"欲正其心，先诚其意"，则是意乃在心之先矣。曰：心卒难摸索。心譬如水，水之体本澄，以风涛不停故，水亦摇动，必风涛既息，然后水之体能静。
>
> 心言其统体，意就其中发处言，正心如戒惧不睹不闻，诚意如慎独。
>
> 若论浅深，诚意工夫较深，正心工夫较浅。若论大小，诚意较紧细，而正心修身地位又较大，又较施展。

这三段解释经文"欲正其心，先诚其意"，讨论心与意、正心与诚意的关系。在朱熹看来，心为一身之主宰，即心统御人身体的各个部分，如耳、目、鼻、舌等感官；意是心中发出来的意念、意向。心体如水，本性是澄澈平静的，但易受外界干扰而动荡浑浊。"心体"统合了知情意等，是"统体"；"意"是从心中发出来。"正心"就如同《中庸》所说的"戒慎不睹，恐惧不闻"；"诚意"就如同《大学》《中庸》的慎独。从修养工夫而言，正心较浅，诚意较深；从修养规模而言，诚意较窄小，正心修身宽大。

> 格物是梦觉关（格得是觉，格不得是梦），诚意是善恶关，又曰人鬼关（诚得是人，诚不得是鬼。又曰过得此关方是人，不是鬼）。过此二关以上，工夫较省，逐旋开去，至于治国平天下，地步愈阔，却须要照顾得到。
>
> 知至意诚是凡圣关隘。未过此关，虽有少善，犹是黑中之白；已过此关，虽有小过，亦是白中之黑。（《精要·经后章》）

朱熹认为在修养工夫上"八目"中"格物"与"诚意"有特殊重要性，"格物"就是迷梦和觉悟的关口，能格物者是觉者，不能格物是迷梦中人，是迷悟之骨节，圣道之关键；"诚意"是善恶关，是因为诚意是实实在在从心中发出来的趋向为善之途的意向，由此不断走向至善的光明大道，是人之为人的正途；不然的话就会堕入为恶之途，成为流浪生死的孤魂野鬼。从儒家人格境界来说，物格而知至，知至而后意诚，知至意诚又是凡圣关隘，即一个人能否超凡入圣的关口。没有过这个关口尽管有善，是凡人之善；过了这个关口人，尽管有过，是圣贤之过。

> 致知非欲知人之所不知者也，只是人面前者，如义利两事。昨日虽见得义当为，而却又说未为也无害，见得利不可为，却又说为也无害，此是知未至也。今日见得义当为而决为之，利不可为而决不为之，心下自肯自信得及此，是知至也。
>
> 格物是零碎说，致知是全体说。
>
> 人多以理为悬空之物，《大学》不言穷理，而云格物，亦欲人就事物上求之，方见实也。（《精要·经后章》）

朱熹对格物致知特别重视，认为格物是一个一个事物的格，一个一个的理明，所以是零细地做工夫；致知是格物达到万事万物都格尽了，万事万物之理都在我全体大用的心中明了，所以就得到了总体。朱熹特别强调致知不是致什么虚无缥缈，远在天边的知，而是就近在眼前的百姓日用之中求知，如现实中的义利问题，见义当为，见利不可为而绝不为之。所以，朱熹强调理不是悬空之物，《大学》不讲言穷理而讲格物的原因就是要让人在接触具体的客观事物过程中探求事理，这样所见之理才是实理。

另外，朱熹所讲的格物致知也不是纯粹知识论的，而是包含伦理道

【北学人物及思想】
刘因《四书集义精要》之《大学·经章》解读

德。《精要·五章或问》云:"大学之道,必以格物致知为先,而于天下之理,天下之书,无不博学、审问、慎思、明辨,以求造其义理之极,然后因吾日用之间,常行之道,省察、践履、笃志、力行而所谓孝弟之至通乎神明,忠恕之道一以贯之,乃可言耳。盖其所谓孝弟忠恕,虽只是此一事,然须见得天下义理表里通透,则此孝弟忠恕方是活物。如其不然,便只是死底孝弟忠恕,虽能持守终身,不致失坠,亦不免但为乡曲之常人,妇女之检押而已,何足道哉!"大学之道必以格物致知为先,但所格之物、所求之理就在百姓日用之间活生生的孝悌忠恕,因此钱穆说:"若从现代观念言,朱子言格物,其精神所在,既可谓属于伦理的,亦可谓属于科学的。朱子所谓的理,同时兼包有伦理与科学之两方面。自然之理,乃由宇宙向下落实到人生界。人文之理论,则须有人生界向上通透到宇宙界。朱子理想中之豁然贯通,不仅是此心之豁然贯通,乃是此心所穷之理,能到达于宇宙界与人生界之豁然贯通。"[1]

《精要·经后章》把理看成贯穿"八目"主线:"致知、格物是穷此理,正心、诚意、修身是体此理,齐家、治国、平天下是推此理。"这显示了朱熹对《大学》诠释的理学思想倾向。又载:"问:八条目一节毕进一节耶?随其所在而致力耶?曰:有国者不应曰我家未齐,待我齐家毕而后来治国;有家者不应曰我身未修,待我修身毕而后来齐家。无此理也,但细推次序须当如此。若随所遇之当为者,则一齐为之始得。""物格而后知至以下著'而'字,则是先为此而后能为彼也。"就是说,"八目"中修身是齐家、治国、平天下的前提和根本,修身而后齐家,齐家而后治国平天下,这是一种向外推衍过程的次序,其中前一项不是后一项的充分条件,而是必要条件,如果一个人连一身不能修,一家不能齐,则遑论治国、平天下。但也不能反过来说,待我修身后再去齐家,待我家齐后再去治国……在修养工夫上要有先后次序,但具体修养实践中则是应当修身时就修身,应当治国时就治国……是修、齐、治、平一齐来做。

《大学》原文没有专门论证格物致知的章节,朱熹认为是亡佚了,所以他就窃取程子之意补曰:"所谓致知在格物者,言欲致吾之知,在即物而穷其理也。盖人心之灵莫不有知,而天下之物莫不有理,惟于理有未穷,故其知有不尽也。是以大学始教,必使学者即凡天下之物,莫不因其

---

[1] 钱穆:《朱子学提纲》,生活·读书·新知三联书店2002年版,第131页。

已知之理而益穷之，以求至乎其极。至于用力之久，而一旦豁然贯通焉，则众物之表里精粗无不到，而吾心之全体大用无不明矣。此谓物格，此谓知之至也。"①他认为人以心灵本有的知觉功能可以穷尽天下万事万物的道理。格物与致知是认识过程中两个不同的阶段：格物以致知为目的，致知是在格物的过程中实现的。格物与致知本来不可分割，格物中有致知，致知就在格物中。通过不断努力，就能够"豁然贯通"，就相当于佛教的顿悟，但朱熹注重的是由渐悟而顿悟，达到心理合一、内外合一、天人合一，即圣人与天理完全合一的最高境界。《补传》讲格物致知，涉及心、物、理等理学核心观念及其关系，《精要·补传》做了细致的疏解，如"格物以理言，致知以心言"，格物致知各有侧重，即格物侧重理，致知侧重心。引张载"物有未体，则心有外体"的解释说，"是置心在物中，究见其理，亦格物致知之意也"。又说："心与理一，不见理在面前为一物。理便在心之中，心包蓄不住，随事而发，因笑曰：说到此，自好笑，恰似那寺中藏相似，除了经函，里面点灯，四方八面皆如此光明灿烂，但今人亦少能看得如此。""心与理一"是朱熹理学的核心命题之一，是指认知心合于外在事物之理。从形体来看，心包理，理在心中；从内涵看，心之本体便是理。所以，朱熹"是本体论的心理合一论者，而不是认知型的心理为二论者"②。他以佛教传灯为喻，说明本体之心鉴照万事万物之理，是一种本体论，就像佛寺里面点灯，照遍四面八方。又说："理不是在面前，别为一物，即在吾心。人须是体察得此物，诚实在我方可。譬如修养家所谓铅汞龙虎，皆是我身内之物，非在外也。"事物之理就在我心，人以心真诚地体察事物之理，也是一种工夫论，就像道教修炼内丹，所谓铅汞龙虎都在我体内，不在外面。

《精要·补传》解释致知曰："人莫不有知，如孩提之童，知爱其亲，及其长也知敬其兄，以至饥则知求食，渴则知求饮，是莫不有知也。但所知者止于大略，而不能推致其知以至于极耳。"致知是从百姓日用、孝悌忠信出发，推到极致，人伦道德，同时也是下学上达，尽人合天，实现天人合一。《精要·补传》解释表里精粗：

---

① （宋）朱熹：《四书集注·大学章句》，岳麓书社1987年版，第11页。
② 蒙培元：《理学范畴系统》，人民出版社1989年版，第455页。

【北学人物及思想】
刘因《四书集义精要》之《大学·经章》解读

> 问：表里。曰表者，人物之所共由；里者，吾心之所独得。表者如父慈子孝，虽九夷八蛮也，出这道理不得。里者，乃是至隐至微，至亲至切切要处，因举"语大天下莫能载，语小天下莫能破"。
>
> 须是表里精粗无不到。有一种人只就皮壳上做工夫，却于理之所以然者全无是处。又有一种人思虑向里去多，然又嫌眼前道理粗，于事物上都不理会，此乃谈玄说妙之病，其流必入于异端。
>
> 粗是那大纲，精是那里面曲折处。

这就告诉人们，格物致知的工夫是由表及里、由浅入深、由粗及精的。就如《精要·五章或问》所说的："今日格一物，明日格一物，积习既多，自当脱然有贯通处，乃是零零碎碎凑合将来，不知不觉自然醒悟。"由格物到致知，是今日明得一点，明日又明得一点，从逐渐积累到豁然贯通，由万事万物分殊之理到宇宙整体终极之理的过程。

《精要·补传》解释全体大用处曰："问全体大用处，曰：赤子匍匐将入井，皆有怵惕恻隐之心。举此一节，体用亦可见。体与用不相离，如此身是体，起来运行便是用（坐则此身全坐便是体，行则此身全行便是用）。"举《孟子·公孙丑上》"人皆有不忍人之心……今人乍见孺子将入于井，皆有怵惕恻隐之心"为例，说明皆有的怵惕恻隐之心是本，由本心推动救孺子的行为是用。体与用不分离，其实就是知了就行，知行合一。

《精要·经后章》云：自"则近道矣"以上为前章，自"古之欲明明德于天下"以下为后章。"前章略提纲领，后章细分条目，巨细相涵，首尾相应，极为详备。盖夫子所诵古经之言，而曾子记之。"这是朱熹在《经筵讲义》中对《大学》经文部分的概括评说。

总之，正如苏天爵谈这部书时所云："初朱子之于四书，凡诸人问答，与《集注》有异同者不及，订归于一而卒。或者辑为《四书集义》数万言。先生病其太繁，择为《精要》三十卷，简严粹精，实于《集注》有所发焉。"[1]《四库全书总目提要》也说，《精要》"其书芟削浮词，标举要领，使朱子之说不惑于多歧。苏天爵以'简严精当'称之，良非虚美。盖因潜心义理，所得颇深，故去取分明，如别白黑，较徒博尊朱之名，不问

---

[1] 苏天爵：《静修先生刘公墓表》，《滋溪文稿》，载张钧衡辑《适园丛书》第六集，中华民国乌程张氏刊本。

· 77 ·

已定未定之说，片言只字无不奉，若球图者固不同矣"。这个评价略嫌过高，其实《精要》选辑了朱熹比较重要的思想观点，体现了他对朱子学的理解与取舍，目的是阐发和传播程朱理学，可以说是刘因传播理学的教科书，对于研究元初朱熹理学北传和刘因思想具有重要的参考价值。

"性其情"与"性其心"

——评孙奇逢的兼采合会程朱与陆王

李存山*

摘要: 明清之际的大儒孙奇逢的思想具有兼采合会程朱与陆王的特点:一方面,他以阳明采录的《朱子晚年定论》为关键来合会程朱;另一方面,就其所主张的"性其情"与"性其心"而言,也就是从心、性、情的关系来说,他有偏于"洛闽"(程朱)而不同于(甚或远于)陆王。此外,在理、气关系方面,孙奇逢的思想明确与程朱不同,赞同气本论。

关键词: 孙奇逢;"性其情";"性其心";气本论

孙奇逢与黄宗羲、李颙在明清之际并称为"三大儒",他们的思想大抵被归于阳明学。如钱穆在《中国近三百年学术史》中说:"明末南方有黄梨洲,北方孙夏峰、李二曲,海内称三大儒,论学皆宗阳明。"① 梁启超在《中国近三百年学术史》中也说:"清初讲学大师,中州有孙夏峰,关中有李二曲,东南则黄梨洲,三人皆聚集生徒,开堂讲道,其形式与中晚明学者无别,所讲之学大端皆宗阳明,而各有所修正。"② 这里的"各有所修正",就孙奇逢而言,就是他的思想明显地具有兼采合会程朱与陆王的特点。学术界对此阐述已多,本文接续前人的研究,而想着重指出的是,就孙奇逢所主张的"性其情"与"性其心"而言,也就是从心、性、情的关系来说,他的思想与其说接近于陆王之学,毋宁说更接近于程朱之学。

---

* 李存山,中国社会科学院哲学研究所研究员,国际儒学联合会副会长,中华孔子学会副会长。

① 钱穆:《中国近三百年学术史》,商务印书馆1997年版,第289页。
② 梁启超:《中国近三百年学术史》,中华书局1936年版,第40页。

一

关于孙奇逢最初是信奉朱学还是王学，孙氏本人有不同的说法。如他在《寄张蓬轩》信中说："某幼而读书，谨守程、朱之训，然于陆、王亦甚喜之。"信中又说"《宗传》一编较前又有增减"，"三十年来，辑有《宗传》一编"① 看，此信是写于《理学宗传》完成之后。但在《理学宗传》卷9"王子文成"述后的评论中说：

> 读前圣前贤之书，总借以触发我之性灵。不能触发性灵，不能强为之喜也；能触发性灵，不能强为不喜也。少壮时，与吾友鹿伯顺读诸儒语录，有扞格处，取阳明语证之，无不豁然立解。因妄意以闻之统归之阳明，非优于宋之诸大儒。而词章汩没之后，有扫荡廓清之功，则宋诸大儒之忠臣也，孝子也。②

依前一说，孙奇逢的思想是先程朱而后陆王；依后一说，他在"少壮时"就以阳明学"能触发性灵"而喜之，但并不以为阳明学已"优于宋之诸大儒"，而乃以其为宋诸大儒之"忠臣""孝子"。因此可以说，孙奇逢的思想在其"少壮时"就已有了兼采合会程朱与陆王的特点。

孙奇逢早年深受挚友鹿善继（伯顺）的影响。据《孙夏峰先生年谱》（卷下）记载："（顺治十二年）十二月，王天锡重刻鹿伯顺《四书说约》于楚，索序。"孙奇逢在为《四书说约》写的序中有云：

> 余自丁酉交伯顺，至丙子殉义之年盖四十载……伯顺生平极服膺朱子，晚年定论谓王子为朱子功臣，又何有朱、陆之异而约之不合一哉！③

---

① （清）孙奇逢：《夏峰先生集》，中华书局2004年版，第61页。
② （清）孙奇逢：《理学宗传》卷19，载张显清主编《孙奇逢集》（上），中州古籍出版社2003年版，第847—848页。
③ （清）汤斌、耿极编：《孙夏峰先生年谱》卷下，载《孙奇逢集》（中），第1409页。

按，这段引文后一句的标点有可商榷之处。在《夏峰先生集》卷4《重刻四书说约序》中，这句话标点为"伯顺生平极服膺《朱子晚年定论》，谓王子为朱子功臣"①。但在中华书局版《夏峰先生集》中，这一句却也标点为"伯顺生平极服膺朱子，晚年定论，谓王子为朱子功臣"②。经三种标点的比较之后，笔者觉得还应以第二种标点为正确，即鹿伯顺生平极服膺的是《朱子晚年定论》，所谓"朱子功臣说"也是始于鹿伯顺，而这对于孙奇逢一生的学术思想都有决定性的影响。③

据《孙夏峰先生年谱》卷上记载："（万历）二十五年丁酉，十四岁，入邑庠……与鹿伯顺论交。"④在《夏峰先生集》卷1的第一封信是《与鹿伯顺》，有云："《阳明先生集》弟读之不忍释手，是天以此老赐吾两人也。何时相见一快谈耶？"⑤从信中语气看，此信似写于孙奇逢与鹿伯顺论交不久。这正符合孙奇逢在《理学宗传》中所说他在"少壮时"就以阳明学"能触发性灵"而喜之，"与吾友鹿伯顺读诸儒语录，有扞格处，取阳明语证之，无不豁然立解"。由此可以确定，孙奇逢最初的思想根基是阳明学，而他又接受鹿伯顺之说，以阳明学为"朱子功臣"，他们合会朱学与王学的关键是《朱子晚年定论》。

在《理学宗传》卷24"明儒考"中有"鹿忠节善继"，谓其"少以祖父为师，小章句，薄温饱，读王文成《传习录》而契之，慨然有必为圣贤之志"。⑥他的思想根基无疑是阳明学，但其《四书说约》有云：

> 孟子之后有周程，有朱陆。人知周程之同以传道也，而不知周程亦自不同，明道伊川亦自不同，特以师生兄弟未分门户耳。人知朱陆之不同也，而不知朱陆朱［未］尝不同也。八字着脚，真实理会做工夫者，南渡以后惟此二人。其不同者，各有所着力，同一为道也。妙

---

① （清）孙奇逢：《夏峰先生集》卷4《重刻四书说约序》，载张显清主编《孙奇逢集》（中），第615页。
② （清）孙奇逢：《夏峰先生集》卷4《重刻四书说约序》，《夏峰先生集》，第132页。
③ 孙奇逢《日谱》康熙六年（84岁）有云："我辈今日之讲习，总是忠节（鹿伯顺）之堂构。"见张显清主编《孙奇逢集》（下），第1157页。
④ （清）汤斌、耿极编：《孙夏峰先生年谱》卷上，《孙奇逢集》（中），第1379页。
⑤ （清）孙奇逢：《夏峰先生集》卷1《与鹿伯顺》，《夏峰先生集》，第1页。
⑥ （清）孙奇逢：《理学宗传》卷24，载张显清主编《孙奇逢集》（上），第1180页。

在有陆而朱乃不偏，孔子之道大明于天下。[1]

这种朱、陆异中有同的思想，也正是孙奇逢合会程朱与陆王所采纳的思想。如孙奇逢在《重刻四书说约序》中所说："诸儒继起，各以所见为发明，如周之无欲，程之主敬，朱之穷理，陆之本心，王之良知，皆从浩博中体认精微，所谓殊途而同归，百虑而一致，无非《说约》之旨耳。"[2]

孙奇逢的《理学宗传》是先于黄宗羲的《宋元学案》《明儒学案》，历三十年而完成的第一部以理学发展脉络为中心的儒家学术思想史著作。全书"有主有辅，有内有外"，主线是"宗传共十一人"，"于宋得七"即周敦颐、程颢、程颐、张载、邵雍、朱熹、陆九渊，"于明得四"即薛瑄、王守仁、罗洪先、顾宪成；辅线是"有汉隋唐儒考，宋元儒考，明儒考各若干人，尚有未尽者入补遗"；"十一子与诸子其内也，补遗诸子其外也"，而"补遗云者，谓其超异与圣人端绪微有不同，不得不严毫厘千里之辨"。[3] 这其中列入"宗传"的十一人可谓接续了"孔圣之道""邹鲁正宗"的理学"正统"或"宗统"，列入辅线的诸儒则可谓"正统"之辅翼，而其把张九成、杨简、王畿、罗汝芳、周汝登等列入"补遗"则带有严儒释"毫厘千里之辨"的微意。

在《理学宗传》卷6"朱子文公"中有朱熹所谓"近日亦觉向来说话有太支离处，反身以求，正坐自己用功亦未切耳。因此减去文字工夫，觉得闲中气象甚适。每劝学者亦且看《孟子》'道性善''求放心'两章，着实体察收拾为要"，"某精力益衰，目力全短，看文字不得。瞑目静坐，却得收拾放心，觉得日前外面走作不少，颇恨盲废之不早也"[4]，等等。这些正是王阳明在《朱子晚年定论》中所用的材料。孙奇逢的批语有云"先生痛自悔悟"，"此终与子静同也"，"二人投契，于此见之"[5]，等等。他又在总论中说：

---

[1] （清）孙奇逢：《理学宗传》卷24，载张显清编《孙奇逢集》（上），第1195页。（"未"字据文意改。）
[2] （清）孙奇逢：《夏峰先生集》卷4《重刻四书说约序》，《夏峰先生集》，第132页。
[3] （清）孙奇逢：《理学宗传》"叙一""义例"，载张显清编《孙奇逢集》（上），第621、622页。
[4] （清）孙奇逢：《理学宗传》卷6，载张显清主编《孙奇逢集》（上），第772、773页。
[5] （清）孙奇逢：《理学宗传》卷6，载张显清主编《孙奇逢集》（上），第773、774页。

【北学人物及思想】
"性其情"与"性其心"

> 著述之多，莫过文公，而接引后学之功，亦莫过文公。但其意既以开发钝根为事，则其言平易质实，遂有为利根人所谪者。文公资学兼到，故晚年有误人之悔，痛自惩艾，此真夫子所谓闻道也。①

这里的"钝根""利根"之分也正是阳明学的用语。显然，孙奇逢以《朱子晚年定论》为依据来合会朱熹与陆王②，是站在了阳明学的立场上。

在《理学宗传》成书后，孙奇逢集录《晦庵文钞》一书。他在《题晦庵文钞》中说："《宗传》旧选朱子，止取晚年。友人云：'若只存此，则朱、陆当欣然相得，安得许多同异？'"此处友人所说显然是对《理学宗传》只取朱子晚年的不满，孙奇逢则说：

> [余惟]道问学与尊德性，原是一桩事，正不妨并存，见圣道之大，各人入门不同。又如格物与阳明不同，俱当互见，以示天下后世。因简朱、陆始焉不合，终焉相合之语，俱列于册，见朋友之益相得之难如此。后之学者不知陆，并不知朱，必以为到底不合，至举晚年定论之语亦不之信……适足明己之拘而不大，千古学术，岂一己之意见遂为定评哉！③

从孙奇逢为《晦庵文钞》写的题记看，此书当是补充了一些与"朱子晚年"所不同的材料，以"见圣道之大，各人入门不同"，但终是肯定"朱、陆始焉不合，终焉相合"，并且批评不信《朱子晚年定论》者"不知陆，并不知朱"，是拘己之见而妄评学术。

在集录《晦庵文钞》的同年，孙奇逢说：

> 门宗分裂，使人知反而求之事物之际，晦翁之功也；然晦翁殁而天下之实病，不可不泄。词章繁兴，使人知反而求之心性之中，阳明

---

① （清）孙奇逢：《理学宗传》卷6，载张显清主编《孙奇逢集》（上），第776页。
② （清）孙奇逢终生信持《朱子晚年定论》，如《日谱》康熙十二年（九十岁）记："或问：朱陆异同……紫阳大儒，闻道在晚年。朱子不自讳，后人何必代为之讳。"见张显清主编《孙奇逢集》（下），第1286页。
③ （清）孙奇逢：《夏峰先生集》卷9《题晦庵文钞》，《夏峰先生集》，第315—316页。句前"余惟"二字是据《孙夏峰先生年谱》补，见张显清主编《孙奇逢集》（中），第1407页。

之功也。然阳明殁而天下之虚病不可不补。①

这种虚、实相继"互补调剂"的思想也是孙奇逢"兼采朱王"的一个考虑维度②，而因他认识到阳明殁后又须补之以实，所以他的思想也带有实学的特色。

二

孙奇逢兼采合会朱熹与陆王的一个关键是其肯定了《朱子晚年定论》，这显然是站在了阳明学的立场上，或者说其思想的主要倾向是阳明学。近代以来对此已有定论，如曾国藩在其晚年的日记中写道："阅《理学宗传》中朱子、陆子。孙氏所录朱子之语，多取其与陆子相近者，盖偏于陆王之途，去洛闽甚远也。"③梁启超在《中国近三百年学术史》中也评论孙奇逢："他到底是王学出身，他很相信阳明所谓'朱子晚年定论'，所以他不觉得有大异同可争。"④尽管如此，但笔者觉得在孙奇逢的思想中还有偏于"洛闽"（程朱）而不同于（甚或远于）陆王的另一方面，此即他的"圣学本天，禅学本心"，主张"性其情"与"性其心"的思想。

《理学宗传》"叙一"首言："学以圣人为归，无论在上在下，一衷于理而已矣。……周子曰：'圣希天。'程子曰：'圣学本天。'又曰：'余学虽有所受，天理二字却是自己体贴出来。'"⑤这里特别需注意者是程子曰"圣学本天"，而孙奇逢所言的"天"就等于"理"或"天理"。《理学宗传》"义例"中有云：

---

① （清）汤斌、耿极编：《孙夏峰先生年谱》（卷下），载张显清主编《孙奇逢集》（中），第1408页。

② （清）孙奇逢：《理学宗传》"义例"云："天固未尝以聪明界一人，学术之升降，亦随气数为调剂。"见张显清主编《孙奇逢集》（上），第623页。《孙夏峰先生年谱》又云："子既有嗜于阳明，要得阳明与程、朱相剂为用之意，而非有抵牾也。得其相剂之意，则《宗传》中诸儒无一而不供吾之用。"见张显清主编《孙奇逢集》（中），第1429页。

③ （清）曾国藩：《曾国藩日记》同治十年（1871）五月十七日，《曾国藩全集》（十九），岳麓书社2012年版，第441页。

④ 梁启超：《中国近三百年学术史》，第41页。

⑤ （清）孙奇逢：《理学宗传》"叙一"，载张显清主编《孙奇逢集》（上），第620页。

【北学人物及思想】
"性其情"与"性其心"

《宗传》成,或疑予叙内"本天""本心"之说,问曰:"虞廷之人心道心非心乎?何独禅学本心也?"曰:"正谓心有人心道心,人心危而道心微,必精以一之,乃能执中。中即所谓天也,人心有欲,必不逾矩,矩即所谓天也。释氏宗旨,于中与矩相去正自千里。"[1]

从"义例"中的这段疑问和答疑可知,在《理学宗传》的"叙"内应是原有"本天""本心"之说,可能是为了避免歧义或争执,而只保留了"圣学本天"。按,"圣学本天"是出自程颐所说:"《书》言天叙,天秩。天有是理,圣人循而行之,所谓道也。圣人本天,释氏本心。"(《河南程氏遗书》卷21下)朱熹在《答张钦夫》信中对此有训解:

儒者之学,大要以穷理为先。盖凡一物有一理,须先明此,然后心之所发,轻重长短,各有准则。《书》所谓天叙,天秩,天命,天讨,孟子所谓物皆然心为甚者,皆谓此也。若不于此先致其知,但见其所以为心者如此,识其所以为心者如此,泛然而无所准则,则其所存所发,亦何自而中于理乎?且如释氏擎拳竖拂、运水搬柴之说,岂不见此心,岂不识此心?而卒不可与入尧舜之道者,正为不见天理,而专认此心以为主宰,故不免流于自私耳。前辈有言"圣人本天,释氏本心",盖谓此也。(《晦庵集》卷30)

朱熹肯定程颐所说的"圣人本天,释氏本心",并解释为儒者之学必先穷理以致其知,而不能如佛教那样只是"见此心""识此心",以此为儒释之辨。

在明儒中特别强调"圣人本天,释氏本心"的是罗钦顺。如他在《困知记》续卷上说:"程子尝言:'圣人本天,释氏本心。'直是见得透、断得明也。"在《困知记》续卷下也说:"程子尝言:'圣人本天,佛氏本心。'此乃灼然之见,万世不易之论,儒佛异同,实判于此。"在《答欧阳少司成崇一》中也同样强调"圣人本天,释氏本心",并以此批评阳明心学的"误认良知为天理"。黄宗羲在《明儒学案·师说》中对此评论说:

---

[1] (清)孙奇逢:《理学宗传》"义例",载张显清主编《孙奇逢集》(上),第622—623页。

> 吾儒本天，释氏本心，自是古人铁案。先生娓娓言之，可谓大有功于圣门。要之，善言天者，正不妨其合于人；善言心者，自不至流而为释。先生不免操因噎废食之见，截得界限分明，虽足以洞彼家之弊，而实不免抛自身之藏。

这是黄宗羲所理解的刘宗周之说，意为用"吾儒本天，释氏本心"来辨别儒释是正确的，但不能因佛教言"本心"，儒家就不能言"本心"了，两家言"本心"的意义有不同。

孙奇逢在《理学宗传》的"明儒考"中有云："王门弟子济济彬彬，响臻骈聚，称极盛矣。……自文成之后，则独守程朱以及身实践不变者，独罗文庄钦顺、吕侍郎柟两人耳。……有众人之同，何妨存二子之异哉？"① 罗钦顺和吕柟是"独守程朱"而异于阳明学的，孙奇逢主张两存其异，这体现了《理学宗传》的兼容并包。在《理学宗传》的"明儒考"中也列有吕柟和罗钦顺，其中特表彰吕柟的"容纳群言，折衷圣统"，"文成之学兴，公独尊所闻，行所知，屹然不变"，"不党同伐异，益见学力之深"。② 在选录罗钦顺的材料中有："程子言，性即理也。象山言，心即理也。至当归一，精一无二，此是则彼非，彼是则此非，安可不明辨之？"③ 但其中并没有选录"圣儒本天，释氏本心"之说。在述后有评论云：

> 《困知录》于诸大儒皆有所疑，而攻子静特甚。窃讶之。及读崔后渠与整庵书，曰："今之论学者，右象山，表慈湖，小程氏，斥文公。"则守程朱之学者，无怪言之激而求之深也。④

这段评论是先表明不同意罗钦顺的"攻子静特甚"，而又以王门学者表扬陆学而贬斥程朱，回护了罗钦顺的"言之激而求之深"。

虽然孙奇逢在《理学宗传》的内文中没有明确而具体地讲"圣儒本

---

① （清）孙奇逢：《理学宗传》卷21，载张显清主编《孙奇逢集》（上），第1103页。
② （清）孙奇逢：《理学宗传》卷22，载张显清主编《孙奇逢集》（上），第1114页。
③ （清）孙奇逢：《理学宗传》卷22，载张显清主编《孙奇逢集》（上），第1117页。
④ （清）孙奇逢：《理学宗传》卷22，载张显清主编《孙奇逢集》（上），第1118页。（这段引文的原标点多误，现随文做了更正。以下此书的标点与字有显误者，均随文更正，不另作说明）

天，释氏本心"的问题，但他在《理学宗传》的"叙一"和"义例"中都有"本天""本心"之说，这绝不是偶然言之。在《夏峰先生集补遗》卷下讲到"程门诸弟"时有云："程门之语，亦有与禅近似者，岂遂为禅也哉？释学本心，儒学本天，已有定案在。"①

在《夏峰先生集》的"语录"中有云：程子云："圣学本天，禅学本心。"本天者，性善也。本心者，无善无恶也。② 孙奇逢强调"本天"的意义是讲"性善"，这符合《中庸》所说"天命之谓性"，也符合二程所说"性即理也"。他所谓"本心者，无善无恶也"，这不是针对王阳明的"四句教"，而是针对佛教的"本心"乃认为性是"无善无恶"。

在《理学宗传》的"义例"中有对阳明"无善无恶说"的辩护：

> 或问："告子性无善无不善，此禅宗也。阳明大儒，其教旨曰：'无善无恶心之体。'得无疑于禅乎？"曰："阳明谓无善无恶，是无善之可名，正是至善。心有人心道心，而意未动处浑然无善，何尝与性善相悖？"③

把王阳明"无善无恶"解释为"是无善之可名，正是至善"，这符合王阳明在《传习录》中说的"至善是心之本体"。此说不与性善相悖，但孙奇逢对"无善无恶心之体"还有另一种解释，它出自阳明后学杨东明的《论性臆言》所说：

> 王阳明先生云："无善无恶者心之体。"……明往亦有是疑，近乃会得无善无恶之说，盖指心体而言，非谓性中一无所有也。夫人心寂然不动之时，一念未起，固无所谓恶，亦何所谓善哉！……譬如鉴本至明，而未临于照，有何妍媸？故其原文曰"无善无恶者心之体"，非言性之体也。
>
> 善字有二义。本性之善，乃为至善，如眼之明，鉴之明，明即善也。……此外，有意之感动而为善者，如发善念，行善事之类。……

---

① （清）孙奇逢：《夏峰先生集补遗》卷下，载张显清主编《孙奇逢集》（中），第1083页。
② （清）孙奇逢：《夏峰先生集》卷13"语录"，《夏峰先生集》，第543页。
③ （清）孙奇逢：《理学宗传》"义例"，载张显清主编《孙奇逢集》（上），第623页。

> 文成所云无善无恶者，正指感动之善而言。然不言性之体而言心之体者，性主其静，心主其感，故心可言有无，而性不可言有无也。①

这就是说，阳明所谓"无善无恶心之体"，是讲"心之体"在无感时的无善念无恶念，而不是讲"性之体"的无善无恶。孙奇逢对此说极表赞成，他在《日谱》中写道："至谓阳明无善无恶，原指心言，未尝谓性无善恶，真足以启后人之覆，关众人之口。予最喜先得我心之同然。"② 此后，黄宗羲对杨东明之说也予以肯定："阳明言'无善无恶者心之体'，东林多以此为议论，先生云：'阳明以之言心，不以之言性也，犹孔子之言无知，无知岂有病乎？'此真得阳明之肯綮也。"（《明儒学案》卷29）

对阳明学的"无善无恶心之体"做出是言心而不是言性的解释，就与孙奇逢所谓"（圣学）本天者，性善也。（禅学）本心者，无善无恶也"并不矛盾。在孙奇逢的"语录"中又有云：

> 孔伯问：儒学本天，释学本心，心无二理，何以与吾儒异？曰：心无善无不善，此禅宗也，释氏本心之说也。性命于天，自是至善无恶，孟子所以道性善，此圣学本天之说也。本天以天地万物为一体，故能兼善天下；本心只了当一己，故谓之自私自利。③

这里的"心无善无不善"与阳明学的"无善无恶者心之体"有别，即佛教认为心性之体是无善无恶的，而阳明只是认为心之体是无善念无恶念，并不否认性之体是"至善无恶"。如此说来，孙奇逢一方面坚持了"儒学本天，释学本心"的儒释之辨；另一方面也维护了阳明学的"无善无恶心之体"。但这里实已蕴含了心、性之别④，与陆王心学的"心即性""心即理"是矛盾的。

在孙奇逢"语录"的最后一条有云：

---

① （清）孙奇逢：《理学宗传》卷23，载张显清主编《孙奇逢集》（上），第1168—1170页。
② （清）孙奇逢：《日谱》卷28，载张显清主编《孙奇逢集》（下），第1153页。
③ （清）孙奇逢：《夏峰先生集》卷14"语录"，《夏峰先生集》，第589页。
④ （清）孙奇逢：《日谱》卷33（康熙十二年，90岁）记："其教旨'无善无恶心之体'，语虽涉于告子，告子论性，阳明论心，心、性岂容混而为一？"见张显清主编《孙奇逢集》（下），第1300页。

【北学人物及思想】
"性其情"与"性其心"

> 圣人之性与愚人之性一也，圣人能尽而愚者梏焉。圣人之情与愚人之情一也，圣人能制而愚者纵焉。尽性以制情，所谓性其情也；纵情而梏性，所谓情其性也。圣人之心与释氏之心，圣人之性与释氏之性一也，圣人性其心，释氏心其性，亦所谓毫厘之差，千里之谬也。①

作为"语录"的最后一条，这也许可作为孙奇逢思想的"晚年定论"。其中，最值得关注的是所谓"性其情"与"性其心"。

按，"性其情"最早出自王弼对《易传·文言》"乾元者，始而亨者也；利贞者，性情也"的注释，其文云："不为乾元，何能通物之始；不性其情，何能久行其正。"（王弼《周易注》）此后历代《周易》注疏都延续了王弼的这一注解。所谓"性其情"，就是以性统御情，如此便是"情之正"；相反，如果"情其性"，就是放纵情欲，如此便是"情之邪"。宋代胡瑗在《周易口义》中说："唯圣人则能使万物得其利，而不失其正者，是能性其情，不使外物迁之也。……小人则反是，故以情而乱其性，以至流恶之深则一身不保，况欲天下之利正乎？"程颐在《颜子所好何学论》中也说："故觉者约其情始合于中，正其心养其性，故曰性其情。愚者则不知制之，纵其情而至于邪僻，梏其性而亡之，故曰情其性。"（《二程文集》卷9）朱熹在《答胡季随》信中说："性其情乃王辅嗣语，而伊洛用之，亦曰以性之理节其情，而不一之于流动之域耳。"（《晦庵集》卷53）在《朱子语类》中也有云："故颜子之学见得此理分明，必欲约其情以合于中，刚决以克其私，私欲既去，天理自明……所谓学者只是学此而已，伊川所谓'性其情'，《大学》所谓'明明德'，《中庸》所谓'天命之谓性'，皆是此理。"（《朱子语类》卷30）"情本不是不好底。李翱灭情之论，乃释、老之言。程子'情其性''性其情'之说，亦非全说情不好也。"（《朱子语类》卷59）程朱关于"性其情"的思想，是有"性体情用"的思想背景，而朱熹更有"心统性情"的三分架构。但陆王并不重视心、性、情的区别，故在陆王的言论中不会出现"性其情"的表述。因此，孙奇逢所说"性其情"应更倾向于程朱之学。

关于"性其心"，虽然程朱有"性为心之体"的思想，但他们不会有"性其心"的表述。不仅程朱没有"性其心"的表述，而且似乎以前也没

---

① （清）孙奇逢：《夏峰先生集》卷14"语录"，《夏峰先生集》，第597页。

有人讲过"性其心"。在孙奇逢的性、心之别中，性是至善无恶，而心则有"道心""人心"；"道心"出于本性之善，而"人心"则有出于"气质"的人欲之杂。因此，孙奇逢所谓"性其心"，也就近于"性其情"，是以性善统御、克制"人心"的情欲之杂，使"人心"归于"道心"之"中""矩"。此说虽然可以成立，但陆王心学是绝不会有此言的。①

孙奇逢"语录"的最后一句是"圣人性其心，释氏心其性，亦所谓毫厘之差，千里之谬也"。这句话正对应《理学宗传》"叙一"中所说的"补遗云者，谓其超异与圣人端绪微有不同，不得不严毫厘千里之辨"。由此可见，孙奇逢所谓"圣学本天""性其心"云云，虽然与陆王心学不同，但主要是针对在《理学宗传》"补遗"中列入的杨简、王畿等象山后学和阳明后学。② 这也正如汤斌在《理学宗传序》中所说："端绪稍异者为补遗，其大意在明天人之归，严儒释之辨。"③

孙奇逢肯定王阳明的"四句教"，但有时也不免显露出对"四句教"的微词。如《理学宗传》中录有顾宪成"语录"有云："至善者，性也。性原无一毫之恶，故曰至善。阳明先生此说极平正，不知晚来何故，却主无善无恶。"此后，孙奇逢在"批语"中也有云："'无善无恶'四字，为禅学宗旨。所以云阳明初主至善，未知晚年何故，却主无善无恶。"④

孙奇逢明确反对的是"四无说"，如云："龙溪独持四无之说，群起而疑之。乃先生亦复唯唯。于是龙溪之言满天下，后传龙溪之学者流弊滋甚。因是遂疵阳明之学。嗟乎！岂阳明之过哉？亦由于传阳明者之过耳！"⑤ 这里虽有对阳明本人的微词，但仍把"四无说"之流弊的主要责

---

① 《明儒学案》记载唐伯元在《醉经楼集解》说："性，天命也。惟圣人性其心，而心其身。小人不知天命之谓性也，故性为心用，心为身用。"按，唐伯元是阳明学的对立面，曾反对王阳明从祀孔庙，后得顾宪成的指点，乃言："假令早闻足下之言，向者论从祀一疏，尚合有商量也。"(《明儒学案》卷42)

② （清）孙奇逢：《夏峰先生集补遗》卷上云："慈湖正以传象山，龙溪正以传阳明，而无声无臭，无善无恶，夫岂谬于师说？而虚无之教，食色之性，又未尝不借口焉。堂邑所谓传象山者失象山，传阳明者失阳明。甚矣，言之不可不慎也。"见张显清主编《孙奇逢集》（中）第1044页。

③ （清）汤斌：《理学宗传序》，载张显清主编《孙奇逢集》（中），第1299页。

④ （清）孙奇逢：《理学宗传》卷11，载张显清主编《孙奇逢集》（上），第882、893页。

⑤ （清）孙奇逢：《理学宗传》卷26，载张显清主编《孙奇逢集》（上），第1245页。《夏峰先生集补遗》（卷下）亦有云："王龙溪超悟自得，及门为最，然无善无恶之末流，遂成禅宗也，恐失师之旨。"见张显清主编《孙奇逢集》（中），第1099页。

任归于王龙溪及其后学。

三

孙奇逢兼采合会程朱与陆王,既有以程朱合会陆王的一面,也有以陆王合会程朱的一面。另在理、气关系方面,孙奇逢的思想是明确与程朱不同的。

在宋代理学家中,二程对张载的《西铭》给予很高的评价,但认为"横渠立言,诚有过者,乃在《正蒙》"(《二程文集》卷9《答杨时论西铭书》)。而孙奇逢的《理学宗传》不仅全文转载了张载的《西铭》和《东铭》,而且较多选录了《正蒙》的重要段落。如《正蒙》首言"太和所谓道"一段,孙奇逢批语云:"太和,阴阳会和冲和之气也。"《正蒙》言"天地之气,虽聚散攻取百涂,然其为理也,顺而不妄",孙氏批语云:"顺而不妄,实理之自然也。"《正蒙》言"两不立,则一不可见;一不可见,则两之用息",孙氏批语云:"无阴阳无以见太极,无太极亦无阴阳。"《正蒙》言"一物两体,气也",孙氏评语云:"一物两体,即太极两仪也。"[①] 如此等等。从其批语可知,孙奇逢理解并赞成张载的气本论思想。

在明儒中,罗钦顺虽然是朱学的主要代表,但他明确反对朱熹的"认理、气为二物",并且将此思想追溯到周敦颐的《太极图说》,如云:

> 周子《太极图说》,篇首"无极"二字,如朱子之所解释可无疑矣。至于"无极之真,二五之精,妙合而凝"三语,愚则不能无疑。凡物必两而后可以言合,太极与阴阳果二物乎?其为物也果二,则方其未合之先,各安在耶?朱子终身认理气为二物,其源盖出于此。愚也积数十年潜玩之功,至今未敢以为然也。[②]

在罗钦顺看来,"理须就气上认取","气之聚便是聚之理,气之散便是散

[①] (清)孙奇逢:《理学宗传》卷4,载张显清主编《孙奇逢集》(上),第693、694、695页。

[②] (清)孙奇逢:《理学宗传》卷23,载张显清主编《孙奇逢集》(上),第1114页。

之理，惟其有聚有散，是乃所谓理也"。孙奇逢对这种气本论的观点是赞同的。

在明儒中还有一位重要的气本论思想家，即王廷相。在《夏峰先生集》中有《读王浚川先生慎言集》，称王廷相"另辟一宗门"，"先生之学盖得于孟子，深造以道，欲其自得者乎"，并且说"因录其语数十则入《理学宗传》，以质之天下后世"。① 在《夏峰先生集补遗》中有王廷相对朱熹相信墓葬风水的批评，孙奇逢说："此浚川王子之言，与予臆见正合。"② 在《理学宗传》中没有列入王廷相，但将其列入了《中州人物考》的"理学"中。其中有云："自世儒转相传袭为致良知之说，或几以禅定乱德，（浚川）乃力辨之，谓：'婴儿在胞中，自能饮食，出胞时方能视听，此天性之知，神化之不容己者。其余因习而知，因悟而知，因过而知，因疑而知，皆人道之知也。'"孙奇逢批语云"剖析甚明"，又有评论云："浚川王子之学，不笃守先哲，故语议焕发，多出人意表，而时论亦以文章、气节归之。"③ 对王廷相的评价，显示了孙奇逢思想的不守门户，兼收并蓄。

在阳明后学中，孙奇逢对"北方王门"的杨东明有较高的评价。其《论性臆言》云：

> 盈宇宙间只是一块浑沦元气，生天生地，生人物万殊，都是此气为之。而此气灵妙，自有条理，便谓之理。……盖气者，理之质也；理者，气之灵也。④

杨东明依此论"义理之性"与"气质之性"的关系：

> 然则何以为义理之性？曰：气质者，义理之体段；义理者，气质之性情。……今谓义理之性出于气质则可，谓气质之性出于义理则不可，谓气质之性与义理之性合并而来，则不通之论也。⑤

---

① （清）孙奇逢：《夏峰先生集》卷10，《夏峰先生集》，第400页。
② 张显清主编：《孙奇逢集》（中），第1069页。
③ （清）孙奇逢：《中州人物考》卷1，载张显清主编《孙奇逢集》（中），第30页。
④ （清）孙奇逢：《理学宗传》卷23，载张显清主编《孙奇逢集》（上），第1167—1168页。
⑤ （清）孙奇逢：《理学宗传》卷23，载张显清主编《孙奇逢集》（上），第1168页。

孙奇逢评论说："气质之性四字，是宋儒拈出。而晋庵真切见得理、气非二，故于前人之说，而更为洗发一番。"① 在《日谱》（中），孙奇逢也说："气质之性，宋儒论之详矣。再经晋庵一番点定，群疑众难从此了了。"②

在《日谱》卷34（康熙十二年，九十岁）又有云：

> 理气之说，纷纭不一。有谓理生气，有谓理为气之理者，有谓有是气方有是理者。近刘念台（宗周）云：理即是气之理，断然不在气先，不在气外。知此，则知道心即人心之本心，义理之性亦即气质之本性，一切纷纭之说，可以尽扫矣。③

观孙奇逢在晚年九十岁时说的这段话，亦可知在孙奇逢的理学思想中，除了兼采合会程朱与陆王，气本论思想也占有相当重要的地位。

---

① （清）孙奇逢：《理学宗传》卷23，载张显清主编《孙奇逢集》（上），第1170页。
② （清）孙奇逢：《日谱》卷28，载张显清主编《孙奇逢集》（下），第1153页。
③ 张显清主编：《孙奇逢集》（下），第1334—1335页。《日谱》中所引刘宗周的这段话，又见于《理学宗传》卷25，见张显清主编《孙奇逢集》（上），第1211页。

朱陆之会通与孔圣之道*

——夏峰"理学"的学术理路

程志华**

摘要： 夏峰以承继陆王心学为宗，兼采程朱理学，致力于复建"理学"，而"理学"的核心乃"孔圣之道"。在他看来，"理学"非囿于宋明时期，而是指孔子所开创并一直传承的整个儒者之学。"孔圣之道"包括"本诸天""理宰气""行重于知""躬行"等内涵。夏峰复建"孔圣之道"的基本理路为"正""反""合"的辩证过程——由陆王心学之"正题"到程朱理学之"反题"再到明末清初儒学之"合题"。这样一种学术理路塑造了北学的脉络，与以黄宗羲为代表的南学、李颙为代表的关学一起，共同影响了明末清初儒学的学术走向。

关键词： 夏峰；理学；朱陆；孔圣之道；正反合

孙奇逢（1584—1675 年），直隶（今河北省）容城人，因长期讲学于河南辉县夏峰村，故又称夏峰先生。又因曾多次拒绝明、清两朝征召为官，又号徵君。一生讲学于大河南北，弟子众多，著述等身，卒后于清道光八年（1828）从祀文庙。为学始于程朱理学，但服膺陆王心学，晚年致力于会通朱陆而复建"孔圣之道"，俨然成为北学重镇，与同时代黄宗羲所代表的南学、李颙所代表的关学遥相响应，成为明末清初"三大儒"。梁启超评价说："他因为年寿长，资格老，人格又高尚，性情又诚挚，学问又平实，所以同时人没有不景仰他，门生子弟遍天下……晚年加以学

---

* 本文为国家社会科学基金重点项目"王船山哲学研究"（20FZXA004）、中宣部"四个一批"人才项目"现代新儒学与中美儒学史"的阶段性成果。

** 程志华，河北大学哲学与社会学学院教授，国家"万人计划"哲学社会科学领军人才，研究领域为儒家哲学和比较哲学。

【北学人物及思想】
朱陆之会通与孔圣之道

养,越发形成他的人格之尊严,所以感化力极大,屹然成为北学重镇。"① 下文拟通过分析夏峰对朱陆之认识,梳理其对理学及"孔圣之道"复建的主要内容,并简要考查夏峰北学的历史影响。在此,以朱陆分别代表程朱理学与陆王心学。

一 "心为本体"及后学流弊

历史地看,夏峰之学是从读程朱之书开始的。不过,因受家学传承和与鹿善继交游的影响,夏峰转而接受陆王心学,渐而形成以象山、阳明为宗的基本理路。他自己回忆说:"某幼而读书,谨守程、朱之训,然于陆、王亦甚喜之。"② 在他看来,陆王心学能够"触发性灵",使人于"扞格处"可"豁然立解",因此,于其不能不喜爱。"读前圣前贤之书,总借以触发我之性灵。不能触发性灵,不能强为之喜;能触发性灵,不能强为不喜也。少壮时,与吾友鹿伯顺读诸儒语录,有扞格处,取阳明语证之,无不豁然立解。"③ 实际上,王阳明对于儒学有开新局面之功。"愚尝谓儒术至阳明又一开辟也。"④ 不过,所谓"开新局面"与孔孟之道并不违背,而是基于孔孟之道的开新,故由陆王心学可知孔孟之道。他说:"陆子静直接孟氏之传,阳明《传习录》透胸达背,全体灵通,由二子而得我心,得我心,即可睹面而见孔孟矣!"⑤ 夏峰之所以有如此评价,在于他对陆王心学有非常深刻的知解,而且肯认其主要观点。

首先,"心"是一个统领性概念。具体来讲,"心"为"血气之心"与"虚灵之心"的统一体。"心何二焉?人血气之心与虚灵之心,一也。"⑥ "血气之心"指人的"肉团之心"即"人心","虚灵之心"指人的"仁义之体"即"道心"。不过,此区分只是为言说方便,其实二者乃是不能分的。他说:"一心而不二,人心道心、操存舍亡、尽心存心,总

---

① 梁启超:《中国近三百年学术史》,东方出版社2004年,第47页。
② 张显清主编:《孙奇逢集》(中),中州古籍出版社2003年版,第721页。
③ 张显清主编:《孙奇逢集》(上),第847—848页。
④ 张显清主编:《孙奇逢集》(上),第880页。
⑤ 张显清主编:《孙奇逢集》(中),第1041页。
⑥ 张显清主编:《孙奇逢集》(上),第180页。

只是此一个心，非此心之外复有一心而能管乎此心也。"① 所谓"不能分"，是指"虚心之心"非离"肉团之心"而有，"道心"非离"人心"而有。"人心、道心非有两个心，只人心得其下在，便是道心。"② 因此，尽管"道心"与"人心"不能分，但并非言二者没有区别；实际上，二者不仅有别，而且在功能上有很大区别——"虚灵之心"即"道心"为主，"血气之心"即"人心"为辅。因此，圣贤所谓"心"，乃"道心"而非就"人心"而讲。

其次，"心"含天地万物，即"万物皆备于我"。"天地万物一体，为仁诚者实有，此皆备之我。"③ 若就"博""约"关系看，天地万物乃"心"之"博"，"心"乃天地万物之"约"。他说："吾心即天地万物，就是博文；天地万物即吾心，就是约礼。"④ 既然如此，所谓"博"，不可离却"约"；所谓"约"，亦不可离却"博"；因为"约"即"博之约"，"博"乃"约之博"。"吾心即天地万物，就是博文；天地万物即吾心，就是约礼。"⑤ 因此，"心"并非"空洞无物"，而乃"至实"之有。在此意义下，"心"即是"我"，"我"非"万物中之一物"，而乃"备万物""民胞物与"之"我"。"天地万物一体为仁，诚者实有，此皆备之我，正是并育并生各得其所，恕者能见其我，以我度人，以人如我，有裁成辅相民胞物与意。"⑥ 因此，要认识天地，认识万物即可；要认识万物，认识"我"即可，因为"心""备万物"。质言之，认识"我"即可把握整个宇宙。

> 欲观天地，观之于万物而已，万物所以成天成地也。欲观万物，观之于我而已，我备万物也。人只因不识我，遂不识天地、不识万物。则我之为万物中之一物耳。⑦

---

① 张显清主编：《孙奇逢集》（上），第757—758页。
② 张显清主编：《孙奇逢集》（上），第179页。
③ 张显清主编：《孙奇逢集》（上），第363页。
④ 张显清主编：《孙奇逢集》（上），第157页。
⑤ 张显清主编：《孙奇逢集》（上），第157页。
⑥ 张显清主编：《孙奇逢集》（上），第363页。
⑦ 张显清主编：《孙奇逢集》（中），第533页。

【北学人物及思想】
朱陆之会通与孔圣之道

再次,"心"不仅含天地万物,而且含天地万物之理。无论是天地之理,还是鬼神之理,抑或圣王之理,均不外乎"心"。他引用别人之语道:"三王后圣天地鬼神都是一个理,天下外不了一个理,理外不了一个心。你看一点良心之以为自然而然不得不然的,便是天地之所以为天地、鬼神之所以为鬼神、三王之所以为三王,后圣之所以为后圣。"① 而且,"心含万理"乃"天之道",即不以人的意志为转移者。当然,依儒家传统,"理"主要指仁义忠孝等人伦道理,而人伦道理不可离却"心",否则"行事"便可能导致"不仁不义"。他说:"仁者,生生之理,人之所以为人者也。仁非人无所附丽,人非仁只成躯窍,合而言之则形色即天性,乃所谓道也,不可须臾离也。"② 进而,就"心"含万理讲,"理"为一本;就事物各有理讲,"理"有万殊。他说:

圣人见盈天地之间理,总是吾心之理,于是"近取诸身",会作一个,分作千万个。③

最后,"心"乃天地万物之主宰。具体来讲,无论是万物所禀之"命"、所本之"性"、所主之"天"、所生之"心",实均统一于"心",故所谓"尽性、立命、知天",在根本上乃"尽其心"而已。夏峰说:"万物无所不禀,则谓之曰命;万物无所不本,则谓之曰性;万物无所不主,则谓之曰天;万物无所不生,则谓之曰心,其实一也。古之圣人,尽性、立命、知天,皆本于心,故但尽其心而已矣。"④ 因此,人之意志活动终由"心"来主宰,故才有所谓"先立其大"之说。例如,"礼"之是非的判断和践履非由感官,而在根本上要"归之于心"。"盈天地间千条万绪,纷陈于耳目前,其视之礼与非礼,目不能操其权;其听之礼与非礼,耳不能操其权,总归之于心。心主思,思其非礼者,勿视勿听,此谓先立其大。"⑤ 总之,无论是"知天""事天",还是"立命",根本者均为"心",因为"天""事""命",均源于"心"。他说:

① 张显清主编:《孙奇逢集》(上),第392页。
② 张显清主编:《孙奇逢集》(上),第606页。
③ 张显清主编:《孙奇逢集》(上),第127页。
④ 张显清主编:《孙奇逢集》(中),第540页。
⑤ 张显清主编:《孙奇逢集》(中),第545页。

知天是知自心之天事；天是事，自心之天立命是立自心之命。总之，心生天、生命也。①

很明显，由上述几个方面可见，夏峰肯认陆王心学"心本体"的观点。不过，在肯认的同时，他也看到陆王后学也生出了弊端。即陆王后学"援佛入儒"，主张"四无""顿悟"，表现出"亦佛亦儒"，混淆儒、佛之别的特征，从而导致脱离实践、走向空疏的流弊。因此，他批评王畿"龙溪太廓大，亦佛亦仙"②，以"四无说"曲解阳明心学，从而引发心学之流弊。"儒释未清，学术日晦，究不知何所底极也。"③ 由此来讲，"流弊"乃后学失却明贤宗旨所致，而非王阳明本人所有，故可谓"人病"而非"法病"。"龙溪独持四无之说，群起而疑之。乃先生亦复唯唯。于是龙溪之言满天下，后传龙溪之学者流弊滋甚。因是遂疵阳明之学。嗟乎！岂阳明之过哉？亦由传阳明者之过耳！"④ 在夏峰看来，后学已严重偏离先贤宗旨，其流弊并不加遏止，任其泛滥，会导致"精神涣散"，给儒学造成严重的后果。他说：

夫学者精神涣散，岁月空掷，石火电光，方寸未尝属我，故庶民之去，与君子之存，其初止争几微，而其流决江河塞四海，遂至不可遏止。⑤

面对陆王后学之流弊，夏峰将"救治"目光转向了程朱理学。在他看来，朱子之学乃程朱理学之"集大成"，于家国天下甚为有功。"文公之学，可称充实而有光辉矣，所谓集大成也。当宋南渡，屹然以身任斯道之重，切劘君相，纲纪国论，真有功于天下后世。"⑥ 不过，与陆王心学一样，程朱理学虽有其优长之处，但后学亦生出弊端，即"词章繁兴"而落入"支离"。两相对照，陆王心学后学之弊可比为"虚病"，程朱理学后

---

① 张显清主编：《孙奇逢集》（上），第362页。
② 张显清主编：《孙奇逢集》（中），第716页。
③ 张显清主编：《孙奇逢集》（上），第621页。
④ 张显清主编：《孙奇逢集》（上），第1245页。
⑤ 张显清主编：《孙奇逢集》（中），第598页。
⑥ 张显清主编：《孙奇逢集》（中），第671页。

学之弊可比为"实病"。既然如此,"实病"救治之法当为"泄",以陆王心学之"虚"泄程朱理学之"实";"虚病"救治之法当为"补",以程朱理学之"实"补陆王心学之"虚"。"门宗分裂,使人知反而求之事物之际,晦翁之功也;然晦翁殁而天下之实病,不可不泄,词章繁兴,使人知反而求之心性之中,阳明之功也。然阳明殁而天下之虚病不可不补。"① 夏峰的意思是,虽然程朱理学和陆王心学本身"没病",但后学有流弊发生,而此种"虚""实"互补可避免流弊发生。可见,程朱理学与陆王心学乃"益友忠臣"之互补关系。他说:"然仆所辑《宗传》,谓专尊朱,而不敢遗陆、王。谓专尊陆、王,而不敢遗紫阳。盖陆、王乃紫阳之益友忠臣,有相成而无相悖。"② 然而,当时学者却反其道而行之,于"实病""日益补",于"虚病""日益泄",不仅于治病无补,反而使两家分裂更加严重。他说:

"建安没,天下之实病,不可不泄;姚江没,天下之虚病,不可不补。"此对症针砭。今举世皆病,而实者日益补,虚者日益泄,求其愈自不可得,且并其虚实莫辨,虽有良剂,将安施乎?③

二 朱陆之关联

在夏峰看来,程朱理学与陆王心学之所以可以"虚""实"互补,原因在于二者是有关联的,而此关联可以从两个方面分析。第一个方面,二者在诸多内容方面是相通的,相通的具体内容主要有三点。

首先,通常来讲,程朱理学与陆王心学对"格物"的理解不同。"王与朱不同,大段在格物。"④ 程朱主张"格物致知",即于事物中求理;王阳明主张"为善去恶是格物",即"致良知"于事物。由此出发,这种不同渐而抽象、概括为"道问学"与"尊德性"两种理路的不同。不过,在

---

① 张显清主编:《孙奇逢集》(中),第1408页。
② 张显清主编:《孙奇逢集》(中),第727页。
③ 张显清主编:《孙奇逢集》(中),第721页。
④ 张显清主编:《孙奇逢集》(中),第728页。

夏峰看来，二者在多个方面体现出一致性。其一，"格""致""原非有异"，而乃互相包含关系。"格物致知"之"格"与"致良知"之"致"均以"知与物不相离"为前提，即"格"时需以已具"良知之灵"为前提，"致"时需以已有"物物之理"为前提，两者实已经互相包含、互为前提。因此，二者不仅不矛盾，反而相互依赖。"文成之良知、紫阳之格物原非有异，如主文成则天下无心外之物，无物外之心，一切木砾瓦石一览即见，皆因吾心原有此物。起一念事亲则亲即是物，起一念事君则君即是物，知与物不相离者也。如主紫阳则今日格一物，明日格一物，诗书文字、千言万语只是说明心性，不是灵。知原在吾心，如何能会文切理通晓意义？且一旦豁然则物即是知，物物皆知。水月交涵，光光相射，不复辨别格之与致矣。此亦知与物不相离者也。识得知与物原不相离，则致知有致知之工夫，虚中澄湛，不染一尘，内外皆忘，物我并照。格物有格物之工夫，随事察识，因类旁通，镜古知今，达权通变。然而终不得言先后者，致时已涵物物之理，格时适见吾固有之灵而已。"[1] 其二，"格""致"均主张"求理于心"。即，"格物致知"实际上亦"求理于心"，故而与陆王心学之"心即理"相合。在朱熹看来，"理"乃事物当然之则，就此来讲，不仅人与人之"理"相同，而且人与物之"理"亦相同，故所谓"格物致知"即与"求理于心""致良知"相通。"朱子谓理有未明，则知有未尽，若偏以穷理属知也。……所谓理也，外而至于人，则人之理不异于己；远而至于物，则物之理不异于人。由此言之，亦是求理于心，非就事物而求其理也，岂知后人向一草一木而求其理乎？"[2] 其三，更为重要的是，二者仅是为学的不同阶段——前者侧重于为学之始，后者侧重于为学之终，目标均在于获求"真理"。"穷理者，圣学之首事；正物者，圣学之结局。"[3] 既然如此，尽管两者小有区别，但均为通向"圣学"之路。"论格物，朱、王入门原有不同，及其归也，总不外知之明、处之当而已。至用功先后虽有次序，其实合天下、国家、身心、意知以为物，不离平治、修齐、诚正以为格也。此处求信于心，共偕大道而已。"[4] 基于这样三个方

---

[1] 张显清主编：《孙奇逢集》（上），第278—279页。
[2] 张显清主编：《孙奇逢集》（中），第729页。
[3] 张显清主编：《孙奇逢集》（中），第729页。
[4] 张显清主编：《孙奇逢集》（中），第729页。

面可见，朱陆两家关于"格物"理解之"大旨"并无不合，只是后之学者识得而已。

> 两贤之大旨，固未尝不合也。后之学者，乏融通之见，失原初之旨，支上生支，遂成歧路。①

其次，"渐修"与"顿悟"亦被认为是程朱理学、陆王心学之别，夏峰则持不同理解。在他看来，通常认为朱熹主张"渐修"而反对"顿悟"，实际上他主张"渐修"而不反对"顿悟"，他所反对者只是以"实""虚"割裂这两种工夫。"紫阳亦云：'用力之久，一旦豁然贯通。'何尝非顿悟乎？用力在平时，收功在一旦。渐者，下学也；顿者，上达也，不可以分言。则顿之非虚，而渐之非实，当不作歧观矣。"② 进而，"渐修"与"顿悟"乃"下学"与"上达"关系——"渐修"是基础和前提，"顿悟"是结果和方向。或者说，二者为工夫过程的不同阶段，前者指修养过程，后者指修养结果，故不可将二者视为一偏。他说："若所悟出于顿，人己隔判，事物遗弃，圣贤之传授无之。不知顿从渐来，无渐，何顿可言？"③ 所谓以"实""虚"割裂"渐修""顿悟"，乃指将"顿悟"视为"虚"而不"实"，从而与"渐修"之"实"不同。在夏峰看来，"顿悟"并非"虚义"而乃"实义"，此"实义"即指"体贴"即体悟之义，为"深造自得"的"创获"，朱熹之"豁然贯通"即是此义。历史地看，"体贴"无论在尧、舜，还是在孔子，以及后来的周子、王阳明，历代大贤大儒均有依"体悟"而有所创获，故而"顿悟"非"虚"而"实"。他说：

> 明道曰："天理"二字，是自己体贴出来，是无时无处莫非天理之流行也。精一执中，是尧舜自己体贴出来。无可无不可，是孔子自己体贴出来。主静无欲，是周子自己体贴出来。良知是阳明自己体贴出来。能有此体贴，便是其创获，便是其闻道。恍惚疑似据不定，如

---

① 张显清主编：《孙奇逢集》（中），第728页。
② 张显清主编：《孙奇逢集》（中），第722—723页。
③ 张显清主编：《孙奇逢集》（中），第722页。

何得闻？从来大贤大儒，各人有各人之体贴，是在深造自得之耳。①

最后，程朱主张"性善"，王阳明主张"心无善无恶"，此被认为是两家之重要区别。不过，夏峰则有另外的观点。关此，夏峰的理解经历了一个变化的过程。早年时，他把"无善无恶"解释为超越"善""恶"的"至善"，这是比较传统的解释。他说："其所谓无善无恶者，不惟无恶之可言，并无善之可言，正所以为至善耳。"②晚年时，他改变了以前的看法，认为"心"与"性"不同，"无善无恶心之体"所论就"心"言，而非就"性"言，即"心"无善无恶，"性"乃"至善"。他说："'阳明教旨是论心，非论性。性与心，岂容混而为一？'只此一言，破百年之疑，定千秋之案。余极快心于斯语。"③既然"心""性"不同，王阳明所讲"无善无恶心之体"便与朱熹所讲"性善"不矛盾。"阳明言无善无恶心之体，后之儒者，群起而攻之。阳明所言盖心也，非性也。心性必不容分，而才情相去倍蓰……孟子言性善，指天命之性而言，而阳明指其心寂然不动时言也。夫心当寂然不动，有何善恶之可名？"④实际上，若就"性"讲，王阳明亦认为"性"是善的。"阳明是说心之体，非说性之体也。继善成性，性自是善。心有人心、道心，人心危而道心微，可谓皆善乎？"⑤

在夏峰看来，程朱理学与陆王心学第二个方面的关联是，两者均为"大德之敦化"之"小德之川流"，即为对"孔圣之道"的分有。而且，这个方面的关联乃上一个方面关联的原因。

通常来讲，人们常将"道问学"与"尊德性"视为两种理路，甚至侧重于学问之道者以程朱理学无弊，侧重德性之尊者以陆王心学无弊，将弊端完全归诸对方。夏峰认为，这样一种看法有偏颇之处，为"不明于学""枝外生枝"，因其只看到"小异"而未见"大同"。"朱陆、王朱，小有不同，正欲共偕大道。而拘曲之士，枝外生枝，遂成聚讼，此皆不明于学

---

① 张显清主编：《孙奇逢集》（中），第552页。
② 张显清主编：《孙奇逢集》（中），第1050页。
③ 张显清主编：《孙奇逢集》（下），第1325页。
④ 张显清主编：《孙奇逢集》（中），第729页。
⑤ 张显清主编：《孙奇逢集》（中），第728页。

之咎也。"① 他的意思是，若就具体主张讲，两家确实有诸多不同；若就宗旨讲，两家无根本不同。但是，这需要"融通之见"，需要"大见识"，否则不足以发现。若具有"融通之见"，便可发现"殊途同归""百虑一致"。他说：

> 道原于天，故圣学本天。本天者，愈异而愈同；不本天者，愈同而愈异。……道之一，正于至不一处见一，所谓殊途而同归，一致而百虑耳。流水之为物也，万派千溪，总归于海。②

夏峰的意思是，若仍就"博""约"关系讲，"道问学"和"尊德性"均为"博"，而"孔圣之道"方谓"约"；"博"与"约"互相依赖，此乃孔子、颜回所主张者。"夫博与约非二也。博原自约出，非博不能约。约原自博具，非约不为博。是义也，孔子尝言之，颜子亦身承之。"③ 既然如此，作为"博"的诸儒之说虽然各异，但均须"百虑一致""殊途同归"于"约"，反过来讲，诸儒之说均是对"约之旨"的阐发。"周之无欲、程之主敬、朱之穷理、陆之本心、王之良知，皆从浩博中体认精微，乃所谓殊途而同归，百虑而一致。"④ 换言之，诸儒之说均为对"孔圣之道"的分有。"地各有其人，人各鸣其说，虽见有偏全，识有大小，莫不分圣人之一体焉。"⑤ 进而，夏峰以"小德""大德"分说诸儒之说与"孔圣之道"；"孔圣之道"为"大德之敦化"，各家之说为"小德之川流"。当然，不可执着于"小德之川流"，而应归趋于"大德之敦化"。

> 自浑朴散，而象数之繁，异同之见，理气之分，种种互起争长，然皆不谬于圣人，所谓小德之川流也。有统宗会元之至人出焉，一以贯之，所谓大德之敦化。学者不能有此大见识，切不可专执一偏之见，正宜于古人议论不同处著眼理会。⑥

---

① 张显清主编：《孙奇逢集》（下），第1218页。
② 张显清主编：《孙奇逢集》（中），第618—619页。
③ 张显清主编：《孙奇逢集》（中），第615—616页。
④ 张显清主编：《孙奇逢集》（中），第616页。
⑤ 张显清主编：《孙奇逢集》（上），第620页。
⑥ 张显清主编：《孙奇逢集》（中），第515页。

所谓归趋于"大德之敦化",乃"学以成圣"为宗旨,而"学以成圣"之途乃"衷于理"。"学以圣人为归,无论在上在下,一衷于理而已矣。理者,乾之元也,天之命也,人之性也。"①"孔圣之道"即"衷于理"之"大德之敦化",故一旦归本于"孔圣之道",所有异同争辩均可识得清楚、明白。"儒者谈学,不啻数百家,争虚争实,争同争异,是非邪正,儒释真伪,雄辩无已。予谓一折衷于孔子之道,则诸家之伎俩立见矣。"②因此,"孔圣之道"不仅是判别诸儒之说轻重得失的依据,而且是为学折衷归本的宗旨。就此来讲,因《论语》集中概括了"孔圣之道",故所谓"归本"即是归本于《论语》。质言之,《论语》"无义不备",乃成圣成贤之经典;识得其"大者"为大儒,识得其"小者"为小儒,不识者便为"异端邪说",不会成为圣贤。夏峰说:"《论语》中论学是希贤希圣之事,论孝是为子立身之事,论仁是尽心知性之事,论政是致君泽民之事,论言行是与世酬酢之事,论富贵贫贱是境缘顺逆之事,论交道是亲师取友之事,论生死是生顺殁宁之事。只此数卷《论语》,无义不备,千圣万贤,不能出其范围。识其大者为大儒,识其小者为小儒。不归本于孔圣之道者,则异端邪说。"③

三 "理学"即"孔圣之道"

通常来讲,"理学"特指宋明儒家的"新儒学"。夏峰则认为,"理学"并非特指宋明儒学,而是泛指由尧、舜、周、孔所传的儒学正统即"孔圣之道"。因此,"理学"实贯穿整个儒学史,不仅应由孔子上溯至尧、舜、禹,而且还包括汉、唐、宋、明儒者。也就是说,在这样一个历史演变过程中,"理学"均有其"宗传",即传承脉络。他在编辑《理学宗传》时即以"孔圣之道"为脉络,虽然许多儒者之学乃"小德之川流"。"三十年来,辑有《宗传》一编,识大识小,莫不有孔子之道,小

---

① 张显清主编:《孙奇逢集》(上),第620页。
② 张显清主编:《孙奇逢集》(中),第530页。
③ 张显清主编:《孙奇逢集》(中),第530页。

【北学人物及思想】
朱陆之会通与孔圣之道

德之川流也。"① 实际上，正是因为存在这些"小德之川流"，才成就了"大德之敦化"的"孔圣之道"，即"孔圣之道"犹如一年，诸儒之说则犹如一个季节，每个季节合在一起才是一年。此即所谓"一本万殊"之所指。"仆尝孔子其岁功也，贤之大者，得春夏秋冬之一令；贤之小者，或二十四气，或七十二候，合之而始成岁功。所谓小德之川流，万殊原于一本，一本散于万殊之意。"② 也就是说，虽诸儒之说有所不同，但其中有一以贯之的"孔圣之道"。就此来讲，"理学"专指儒者之学，因为其以"理"为重要特征，而佛教以"心"为重要特征，故不可称"理学"。他说：

> 至如舜大圣人而道其心，汤之大圣人而礼其心，孔子大圣人而矩其心，是谓理学。释氏本心之学，不可谓之理学。曾以至善为宗，孟以性善为宗，周以纯粹至善为宗，是谓传宗。……皆确乎不可移。③

可见，夏峰虽然如前所述肯认陆王"心"的观点，但他亦重视程朱"理"的观点，正因如此，他将儒者之学称为"理学"。那么，何为此"理"呢？在他看来，"理"无时、无处不在，故"理"即所谓"天理"，而"孔圣之道"即"本诸天"。他说："余因是知理未尝一日不在天下，儒者之学乃所以本诸天也。"④ 也就是说，犹如国有"统"、家有"系"一样，不同的学问有不同的"统系"，"孔圣之道"的"统系"源于"天"，而源于天的学问当然为正统。"学之有宗，犹国之有统，家之有系也。系之宗有大有小，国之统有正有闰，学之宗有天有心。今欲稽国之运数，当必分正统焉；溯家之本原，当先定大宗焉；论学之宗传，而不本诸天者，其非善学者也。"⑤ 即"体现天理"乃"孔圣之道"的血脉。"三千余载，数大圣人，若合符节。尧舜后虽无尧舜，尧舜之心至今在；孔子后虽无孔子，孔子之心至今在，亦见之于无物不有，无时不然而已矣，其消息总得之于

---

① 张显清主编：《孙奇逢集》（中），第721页。
② 张显清主编：《孙奇逢集》（中），第727页。
③ 张显清主编：《孙奇逢集》（下），第331—332页。
④ 张显清主编：《孙奇逢集》（上），第620页。
⑤ 张显清主编：《孙奇逢集》（上），第620页。

天。"① 因此,"体认天理"也便是儒学的义旨,无论是周子、程颢,还是孔子,其学之旨均在于此。"周元公曰:'圣希天。'程明道曰:'圣学本天。'孔子亦曰:'知我者其天。'天之外,复何事哉!"② 由此来讲,"本诸天"之学乃"圣学",否则便为"异端"。他说:

> 大人之实事,圣人之训述,显晦殊途,本源一致,总不出圣学本天一语。不本于天,则异端耳。……君道以此治天下,师道以此觉天下,理一而已。③

进而,夏峰对"天"进行了探讨。在他看来,"天地一气也"④,天地间充满了"气"。而且,"盖万物之生,本于阴阳之气"⑤,"气"乃万物化生的根据。具体来讲,"气"不停地运动,而运动依"理"开展。"盈天地间知觉运动,聚散流峙,皆气之为也。而知觉有知觉之理,运动有运动之理,聚散流峙有聚散流峙之理,就中正可体认。"⑥ 因此,不是"气"而是"理"为万物主宰。即"气"在"理"主宰下运行,故只有"理"之"为",尔后才会有"气"之"运旋"。而且,"理""气"是二而一,故不可将其割裂;"理""气"又是一而二,故不可将其混淆。"问:理与气,是一是二?曰:混沌之初,一气而已。其主宰处为理,其运旋处为气。指为二不可,混为一不可。"⑦ 在此意义下,甚至可以说"一理为二气","理"主宰"阴阳二气",进而化生繁复万物。即"一理"是宇宙主宰,有理之"为",有"气"之派生;"阴阳二气"之"为",有"五行"之派生;"阴""阳""五行"生成天地万物。由此来讲,万物本原不是"五行""二气",而是"五行""二气"的"理"。"一理为二气,二气为五行,穷天罄地,无一物非阴阳之所鼓铸,其貌、其情、其作、其止、其生、其死,皆非物所能自为。"⑧ 尽管如此,"理"非在"气先""气外",

---

① 张显清主编:《孙奇逢集》(中),第529页。
② 张显清主编:《孙奇逢集》(中),第1287页。
③ 张显清主编:《孙奇逢集》(中),第741页。
④ 张显清主编:《孙奇逢集》(上),第19页。
⑤ 张显清主编:《孙奇逢集》(中),第535页。
⑥ 张显清主编:《孙奇逢集》(中),第520页。
⑦ 张显清主编:《孙奇逢集》(中),第518页。
⑧ 张显清主编:《孙奇逢集》(中),第1068页。

而就在"气中",故而在纷纭众说当中,唯有"理即是气之理"为真理。他说:

> 理气之说,纷纭不一。有谓理生气、有谓理为气之理者,有谓有是气、方有是理者。近刘念台云:理即是气之理,断然不在气先、不在气外。知此,则知道心即人心之本心,义理之性亦即气质之本性,一切纷纭之说,可以尽扫矣。①

而且,"理"即是"天",即是"道"。"理也者,天也。"②"理""天""道"也就是"太极","太极"也就是宇宙本体。"天地间,凡万物之生成变化,总八卦之所为也。……八卦,一阴阳也。阴阳,一太极也。一物各具一太极,万物统体一太极,太极本无极。"③ 也就是说,"太极"乃"极至之理"。"太极者,极至之理也。在天命心性之先而不为先,在天命心性之后而不为后,与天地万物圆融和会,无终始离合之可言。自古及今,无时不存,无事不在,此为太极而已矣。"④ 而且,"太极"虽为宇宙本体,但其特征是"无极"。"无极而太极,所以明夫道之未始有物,而实为万物之根抵也,非太极外复有无极,故又言太极本无极耳。"⑤ "太极"原初"未始有物",但却是真实存在,故而说"无极而太极"。不可将"无极"理解为"太极"的本原,为"太极"之上的另一物。"上天之载,无声无臭而万物生……无极者,言乎其本无声无臭,上天之载也。"⑥ 总之,"太极"既是"有",又是"无";"有"就"无极而太极"讲,乃"无而未尝无","无"就"太极本无极"讲,乃"有而未尝有"。他说:"无极而太极,无而未尝无也。太极本无极,有而未尝有也。有而未尝有,是真有也。无而未尝无,是真无也。见而未尝见,是真见也。"⑦ 正因如此,应反对佛学的"寂静",而主张儒家的"流行",因为"流行"为

---

① 张显清主编:《孙奇逢集》(下),第1334—1335页。
② 张显清主编:《孙奇逢集》(上),第103页。
③ 张显清主编:《孙奇逢集》(上),第148页。
④ 张显清主编:《孙奇逢集》(中),第540—541页。
⑤ 张显清主编:《孙奇逢集》(上),第627页。
⑥ 张显清主编:《孙奇逢集》(上),第165页。
⑦ 张显清主编:《孙奇逢集》(中),第563页。

"有而实","虚无"为"无而虚"。他说:

> 生生者,太极也。物物各具一太极,万物共分一太极,人日由其中而不自知。圣人见其道于太极流行之际,佛氏见其道于太极寂静之中。流行之际,理归于有而实;寂静之中,理源于无而虚。有无虚实之际,正毫厘之辨也。①

在夏峰看来,"理学"即"孔圣之道"虽"本诸天",但它并非超越的外在之物,而乃经世宰物之理。因此,"孔圣之道"反对空谈身心性命、沉溺章句训诂,否则便会落入"腐儒曲士之流"。"遇事敢言,见危授命,而经世宰物,随地自见,此圣门之所贵于学,而其用甚大。若平居谈身心性命,一遇事便束手,此腐儒曲士之流耳,实足为理学之垢厉也。"② 实际上,"孔圣之道"之为"理学",就在于它内能成就善性、识得天理,外能经世宰物、事功天地。"理学、节义、事功、文章,总是一桩事。其人为理学之人,遇变自能殉节,当事自能建功,操笔自能成章,触而应,迫而起,安有所谓不相兼者?如不可相兼,必其人非真理学。"③ 质言之,"理学"与"经济"不可分为二事。需要说明的是,此处的"经济"与现代"经济"含义不同,为"经邦""济世"的合称,含有"治国平天下"的意思。"吾儒中得阳明大为吐气,庶理学经济,不分二事。"④ 总之,"孔圣之道"不仅是"内圣之学",亦是"外王之学";就此来讲,陆王心学不仅不能视为歧出,反而应视为"理学正宗",因为其"内圣""外王"并举。夏峰说:

> 学者有谓陆象山、王阳明禅也,非理学正宗也。余谓:孔孟之学,以修齐平治为实用。荆门之政、宁藩之功,禅也乎哉?⑤

所谓"理学""经济"不分二事,实际上是对"经济"即"外王"的强

---

① 张显清主编:《孙奇逢集》(中),第585页。
② 张显清主编:《孙奇逢集》(中),第14页。
③ 张显清主编:《孙奇逢集》(中),第524页。
④ 张显清主编:《孙奇逢集》(中),第725页。
⑤ 张显清主编:《孙奇逢集》(下),第1287页。

【北学人物及思想】
朱陆之会通与孔圣之道

调,而强调"外王"即是在强调"行"即践履。在夏峰看来,朱、王两家学说虽宗旨一致,但对"知""行"却有不同的主张——朱熹的主张可归于"知",王阳明的主张可归于"行"。就此来讲,"行"必然可以兼知,但"知"却不可兼行。他说:"尊德性、道问学,说虽不一,本是一事,本人既以相安,后世仍然聚讼。紫阳格物,人谓属知;阳明格物,人谓属行,又有谓穷理,则格致诚正之功皆在其中。正物则必兼举致知、诚意、正心,而功始备而密,则是二子之说,未尝不合而为一。……盖行足以兼知,未有能行而不知者。知不足以兼行。"① 既然"行"可兼"知",那么"躬行"便重于"口说",学问亦不过"躬行"二字。"学问事,此中学人津津讲求,渐有头绪,总之不离'躬行'二字。口里说一丈,不如身上行一尺。谚云:'积丝成缕,积寸成尺。寸尺不已,遂成丈匹。'此言虽小,可以喻大。"② 就此来讲,若真的下功夫于"躬行",那么便可谓"五经四书""皆我注脚",因为人伦物理皆可从"躬行"中获知。但是,世上所缺乏者恰恰是"躬行"精神。

> 每读手字,切切以学问为事,牵我千里停云之思。窃念此事,患不信,患不肯实实下工夫。果能信而下工夫,五经四书,皆我注脚,夫岂他求?千圣万贤,亦岂有异道哉?千里来,读书人不少,而读一字、识一字,识一字、行一字,恐万里亦不多见其人也。③

不过,所谓"躬行",并非专指惊天动地之伟业,而实指人伦日用之实践,因为"天道"就无时无处不表现于人伦日用。"天之明命,无一刻不流行于人伦事物中。而于日用食息,真见其流行不已,便自有下工夫处。"④ 也就是说,"形色亦天性""糟粕亦神奇","心"体现于"事","体"呈现于"用",故"下学"便可"上达",于日用食息之"下学"工夫便可"上达""天之明命"。"若分何时为下学,何时为上达,何处为卑迩,何处为高远,便于道理割裂。即此推之,形色亦天性,糟粕亦神奇。说心,

---

① 张显清主编:《孙奇逢集》(中),第741—742页。
② 张显清主编:《孙奇逢集》(中),第736页。
③ 张显清主编:《孙奇逢集》(中),第715页。
④ 张显清主编:《孙奇逢集》(中),第569页。

在事上见；说体，在用上见；约理，在博文上见；致知，在格物上见。内圣外王，一以贯之，原无许多头绪。"① 夏峰所强调的是，要获得"孔圣之道"，不可离却"眼前事"，因为"道理就在眼前"，好高骛远为"不知道"。"道理只有眼前。眼前有相对之人，相对之物，静对之我，正所谓道也者，不可须臾离也。能尽人性，尽物性，皆是眼前事。舍眼前而求诸远且难，不知道也者。"② 因此，于人伦日用时无不"当理""中情"，即在日用食息间下功夫便是"躬行"。他说："日用间凡行一事，接一人，无有不当理中情之处，此所谓道也，即所谓学也。"③ 他还说：

　　问：学下手处。曰：日用食息间，每举一念，行一事，接一言，不可有违天理、拂人情处，便是学问。④

四　结语

综前所述，夏峰以陆王心学为宗，但他亦见到其后学之流弊，于是求助于程朱理学，而程朱理学后学亦有流弊。鉴于此，他主张以"实"补"虚"、以"虚"补"实"来对治两者之流弊，即程朱理学后学为"实病"，救治方法当为"泄"；陆王心学后学为"虚病"，救治方法当为"补"；"泄""补"两种方法之实质乃将二者归宗于"孔圣之道"。在他看来，无论是陆王心学，还是程朱理学，"百虑一致""殊途同归"，终为对"孔圣之道"的分说。显而易见，夏峰"理学"宗本阳明，兼合朱熹，展现出会通"尊德性""道问学"的特点。如果就共时性或横断面的角度讲，陆王心学与程朱理学如一枚硬币之正、反面，而其合体即硬币整体。如果从历时性或纵向角度看，这样一种理路可以黑格尔"正题""反题""合题"来理解——夏峰宗本陆王心学，以为其得孔孟真传，此为"正题"。出于化解陆王心学后学流弊，求助于程朱理学，以补陆王心学，此

---

① 张显清主编：《孙奇逢集》（中），第568页。
② 张显清主编：《孙奇逢集》（中），第527页。
③ 张显清主编：《孙奇逢集》（中），第568页。
④ 张显清主编：《孙奇逢集》（中），第523页。

为"反题"。将陆王心学与程朱理学归宗于"孔圣之道",即是"合题"。正是在此意义下,夏峰实是在陆王心学、程朱理学后"开一宗派",在北方产生了重要影响,甚至被景仰如"泰山北斗"。"苏门学说,开河朔一大宗派,海内之士仰之如泰山北斗。自公卿大夫、文人学士,担簦问业著弟子录者数十百人。"① 当然,持此理路者不仅夏峰,江南同时代的黄宗羲、关中的李颙以其所代表的南学、关学与夏峰的北学遥相呼应,共同开创了明末清初儒学之新形态。②

无论就这种新形态之总体讲,还是就夏峰"理学"看,除了其均出入于程朱陆王之间外,特别强调经世致用乃其显著特征。公允地讲,其所倡导的"学以致用"理路,阻止了明末以来"空疏清谈"的学风,开创了清初"黜虚务实"的新风。关此,嵇文甫曾以"专务躬行实践"来概括。他说:夏峰"专务躬行实践,不讲玄妙,不立崖岸,宽和平易,恂愊无华,和一般道学家好为高论而孤僻迂拘不近人情者,大异其趣"③。谢国桢也认为,夏峰力辟"空谈心性"之弊,开"学以致用"之风,扭转了明代儒学的方向。"桢则以为其学,能以学而应之于事,经世致用,开清初学以致用之风,力袪晚明空谈心性之弊。"④ 历史地看,夏峰"理学"这样一种理路,成为开启颜李学派思想的源头。嵇文甫说:"大概由夏峰出发,矫激起来,则为习斋。"⑤ 在此意义下,夏峰"理学"可谓"未完成"状态,而其得以"完成"乃端赖于后来的颜李学派。嵇文甫说:"从道学转向反道学,是清初思想界的一般趋势。夏峰还没有完成这种转变,而只是包含着某种新萌芽。习斋却在他基础上把这种转变完成了。"⑥ 也就是说,所谓北学,乃由夏峰开端、颜李学派发扬。

---

① 徐世昌:《大清畿辅先哲传》(上),北京古籍出版社1993年版,第347页。
② 依本人理解,儒学大致分三个阶段,表现为三种形态:先秦为原始儒家之"道德实存描述形态",宋明为儒家之"形上学形态",明末清初为儒学"形上道德实践形态"。参见程志华《困境与转型——黄宗羲哲学文本的一种解读》,人民出版社2005年版。
③ 嵇文甫:《孙夏峰学派的后劲——马平泉的学术》,《学原》1948年第1卷第10期。
④ 谢国桢:《孙夏峰李二曲学谱》,商务印书馆1934年版,第6页。
⑤ 嵇文甫:《孙夏峰学派的后劲——马平泉的学术》,《学原》1948年第1卷第10期。
⑥ 嵇文甫:《颜习斋与孙夏峰学派》,《郑州大学学报》(哲学社会科学版)1962年第1期。

【北学学派与学术史】

学派还是道统

——从《理学宗传》到《北学编》

张京华[*]

摘要：北学是在明末清初鼎革之际在河北区域高举旗帜的一个儒家学派，北方燕赵旧地在遭际"数千年未有之奇局"（《清史稿·交通志》）中，首当其冲，往往率先感受到来自北方的最原始的文化冲突，加以北方风土之异，因之北学的精神宗旨与南方有很大不同。特别是北学注重实学实践，严格地说并非一个纯粹的学派，而是学术与政治并重，因而在国家、民族的发展上具有突出的指导性、实用性，但也因如此，北学要求苛刻，难以传承，毕竟言之容易，行之艰难。但也正因如此，北学自有其难能可贵之处，而与南方的各家学派形成互补。

关键词：《北学编》；《理学宗传》；孙奇逢；魏一鳌；地域文化

一 北学与《北学编》

北学作为一个学派出现在全国的学术界，与《北学编》的编纂有直接的关系。《北学编》在相当程度上为"北学"划定了范围、构建了框架，乃至定义了宗旨。

在尹会一订立的《北学编凡例》中，共确立了八条标准：

> 前续《洛学编》原本率从其旧，今续编《北学》，间易旧本者，非敢僭妄，因传刻多讹，且体例不符。校订苦心，亦魏先生之所谅也。

---

[*] 张京华，湖南科技学院国学院院长，主要研究中国古代学术思想史。

原编不载韩太傅、束广微、刘献之,似属遗漏。今兼采《史》《汉》儒林传补之。

原编专为搜辑理学,而于节义、经济,虽光昭史册者,亦不轻入。但学如杨椒山先生,似不得专以气节目之。今特增入原编,并附数语于传后,以质同人。

韩文公家世,于《送李愿序》内自称"昌黎",似可以正《唐书》之讹。但祖父坟墓俱在怀孟,其为修武原籍无疑,所以称"昌黎"者,唐重族系,宰相韩休本昌黎人,故以此著姓,犹云琅琊王、陇西李之类耳。且即远祖实系昌黎,亦与二程子之先世居博野相同,不敢仍附。至邵康节、孙徵君,俱产于北,后寓中州,故不妨两编并载。

编内续辑昭代名儒,皆盖棺论定者。其间有详有略者,因其全传。若行述、墓志无可搜罗,而《通志》所载,事迹寥寥,则不得不从略,以俟高明补所未逮。

敦行为正学督脉,故兹编所载,重在事实,间取著述之多者,亦必生平节行无甚可议。若言虽多,名虽盛,而出处大节未免有亏,则不敢随声滥入,致遗诟病。

蔚州已隶京畿,魏环极先生自当依《直隶通志》入于此编。磁州张尚若先生亦然。

晚学孤陋,僻处乡园,采访俱多遗漏。且潜德懿行,久而弥光,后有所闻,当再续辑。

据此可知,北学在地域上,是以直隶为准,如蔚州、磁州均列入范围,收录人物具体参照《直隶通志》。韩愈并非昌黎人,因此不列入。邵雍、孙奇逢由河北迁至河南,因此《北学编》《洛学编》同时收录。

在事迹上,北学的内容主要是收录理学人物,两汉以下在各史《儒林传》中遴选,近世在有声誉的名儒中遴选。《北学编》不是节义传,所以节义人物,以及在政治上著有事功的"经济"人物,均不列入之内。

然而具体到对于理学的理解,《北学编》的宗旨是"敦行为正学督脉","言虽多,名虽盛"而大节有亏,则加以排斥。这里以"行""言"对举,"行"重于"言",表达了北学注重实践的宗旨。

就其大体而言,由《北学编》所定义的"北学"有三个指向。第一,北学是理学的一个分支流派。(与闽学、关学、蜀学、浙学等并存。)第二，北学是北方区域的一个学派。(在此方面与之最为接近的一个学派是洛学。)第三，北学同时又是北方区域儒学的一部通史，或儒学人物的一部通志。也就是说，北学在空间上是局部的，但是在时间上却是古今通达一贯的。

《北学编》列入北学的人物：汉代有董江都、韩太傅、毛苌公、卢子干；晋代有束广微；后魏代有刘孝廉；唐代有孔司业、李习之；宋代有邵康节、刘器之、刘立之；金代有高正之；元代有刘文靖、安敬仲、窦子声、苏伯修、董太初、伯颜宗道、王祭酒、王文忠；明代有黄孟清、秦教授、贺医闾、王瑞溪、刘敬之、杨椒山、蔡浺滨、李仲仁、宋哲阳、赵忠毅、魏乐吾、鹿江村、朱勉斋、金忠节。《北学编续辑》列入北学的人物：清代有孙徵君、杜徵君、王五公、刁蒙吉、魏果敏、陈半千、张尚若、魏莲陆、张武承、颜习斋、李恕谷、王或庵、冯周溪、申孚孟、王仲颖、尹健余、黄昆圃、黄玉圃。《北学编补遗》列入北学的人物有明代的孙文正。

当然，如果学者拟为北学下一定义，仍可参照其他文献，乃至诸家之说纷纭并存，这是自然的，也是合理的，但是《北学编》仍不失为一个比较客观的出发点。

二 《北学编》的编纂和刊刻

《北学编》一书，共计四卷，署名"清魏一鳌辑 尹会一订 戈涛续辑"，编纂者历经三人，即魏一鳌编纂《北学编》，尹会一编纂《续北学编》，戈涛编纂《再续北学编》。

创始者是魏一鳌，字莲六，又作莲陆，号雪亭，别号海翁。魏一鳌是北学先驱王余佑的女婿，王余佑与魏一鳌有唱和诗，又著《魏海翁传略》。魏一鳌任山西忻州知州期间，与傅山有交往，近年新发现有傅山致魏一鳌信札十八通。

魏一鳌编纂《北学编》在康熙十一年（1672）。孙奇逢在日记中记载了当时的经过。《孙徵君日谱录存》卷32载，康熙十一年壬子，十一月十五日："魏莲陆不远千里，筑室兼山堂东畔，编辑《北学》，手自誊录，志足嘉也。余时坐其榻上，倦即眠，柏乡相君额曰'雪亭'。余平生以师弟友朋为乐，因口占二十八字：'筑茅相傍共嘤鸣，北学一编寄远情。此日雪亭谁着眼，后人指点自光生。'"①

《北学编》原本署名"上谷魏一鳌莲陆辑"，但其书没有留下魏一鳌本人的序跋。

尹会一，字元孚，号健余。尹会一不仅订补了《北学编》，也订补了《洛学编》，所纂《四鉴录》也很著名。方苞《望溪集》卷11有《尹元孚墓志铭》，略云："所述《君鉴》《臣鉴》《士鉴》《女鉴》，增定《洛学编》《北学编》已锓版。"王步青《已山集》卷9有《吏部侍郎提督江苏学政博陵尹公神道碑铭》，略云："所述《纲目》《君臣士女四鉴》《吕语集粹》《续洛学编》《续北学编》《居忧读礼》，辑《丧葬从宜录》、督学江苏颁《学约十条》，最合古贤造士法，皆已刊。纂《道南编》《读书札记》，与师友论学语，暨诗古文集，藏于家。"李元度《国朝先正事略》卷15有《尹元孚侍郎事略》，略云："公所述《君鉴》《臣鉴》《士鉴》《女鉴》凡十六卷，增订《洛学编》五卷，《北学编》三卷，《小学纂注》六卷，《近思录集解》十卷，《抚豫条教》四卷，诗文集二十三卷，《从宜录》一卷，读书笔记及语录十七卷，《讲习录》二卷，《吕语择粹》四卷，《尹氏家谱》八卷，《贤母年谱》一卷。"

尹会一续纂《北学编》始于乾隆五年（1740），成于乾隆八年（1743）。除了写有《北学编凡例》，他还写有《续北学编序》，写道：

> 昔冯少墟先生辑《关学编》，其后中州则有《洛学编》，汤文正公所订也，畿辅则有《北学编》，魏莲陆先生所集也。汤与魏同学于孙徵君，二编俱奉师命而成者。余抚豫时，既取《洛学编》而续之，深以未见《北学编》为憾。嗣于徵君之曾孙用正得其书，每欲仿《洛学编》附所见闻，以就正当世，牵于公事未遑也。岁庚申，陈情归里，乃从定省。余检魏本，稍加校订，补入四人，而续其后来者十三人。既竣事，有谓余者曰：尧舜以来，道学相承，仅可指而数也。《北学》原编由汉及明，既载三十余人矣，子于一方数十年中，复举十有余人，不疑于滥乎？余乃喟然而叹曰：正学之失传久矣！异端害真，犹

---

① 张显清主编：《孙奇逢集》（下），中州古籍出版社2003年版，第1280页。

【北学学派与学术史】
学派还是道统

在门墙之外；俗儒痼蔽，即在章句之中。间得一二志士，振奋于狂澜既倒之时，或砥节厉行，或崇经翊传，蜀之日、越之雪，空谷之跫音也。方爱之慕之，表扬犹之不暇，而敢轻为求备乎？余续订是编，"在北言北"，亦犹之乎"在洛言洛""在关言关"耳。至于学无南北，惟道是趋，五事五伦，昭如大路，学者读是书而兴起，拔乎俗而不为苟同，志于道而不为苟异，千里百里，有若比肩而立者，孔曾思孟而还，濂洛关闽，其揆一也。畴得而歧之，视此为北方之学也哉？

因识简端，时以自勖，且望后之学者相续于无穷云。

乾隆八年岁次癸亥夏四月朔，博陵后学尹会一敬题。

见于光绪十四年四川尊经书院藏版《北学编》卷首，又见尹会一《健余先生文集》卷2。

魏一鳌《北学编》收录人物仅截至明代，尹会一则将之延伸至清代，增加了自孙奇逢至冯周溪十三人，包括初编的编纂者魏一鳌在内。所以尹会一的工作是名副其实的续编。此外，尹会一也特别强化了《北学编》的区域性质，表示"在北言北""在洛言洛""在关言关"。

戈涛，字芥舟，号遵园，乾隆十六年（1751）进士，历官刑科给事中，有《坳堂诗集》《坳堂杂著》。戈涛对《北学编》再加续补，增加了续编的编纂者尹会一及王仲颖；尹会一之子尹嘉铨再加续补，增加了申涵光等人。

尹嘉铨在《北学编后序》中云：

先君子续辑《北学编》，越五载而卒，又三载，崇祀乡贤。其后江苏、河南皆请以名宦祀，于是戈侍御曰："少宰公之论定矣。吾郡王仲颖先生，故醇儒也，宜同续入《北学》。"爰出传稿见示。嘉也谨奉教。因思广平申处士诗变至道，当以补遗。北平二黄公久为士林所景仰，并编列焉。其有潜德未彰，续有闻也，敢不熏沐书之！

乾隆二十九年岁次甲申，春王正月，博陵后学尹嘉铨谨识。

据此序，《北学编》续辑的署名在"戈涛续辑"之外其实应署名"戈涛 尹嘉铨续辑"才是。

《北学编》三编完成以后,到道光二十四年(1844),河北新城人孔庆钰在北京重刊是书,陈柱作序。孔庆钰号集堂,任职吏部,名见李钧《转漕日记》,称之为"侍御孔集堂吏部庆钰"。陈柱当是孔庆钰同僚。

陈柱在《重刻北学编跋》中云:

> 《北学编》一书,魏莲陆先生所辑也。嗣经尹元孚、戈芥舟两先生先后续辑,迄今百余年,板久无存,吾乡鲜知有是书者。新城孔君庆钰,携其家藏旧本入都,商欲重刻,诸同人咸怂恿之,遂付剞劂。是举也,不惟先正典型赖以不坠,而读书者亦当激发于立身制行,一以先正为法也。
>
> 道光二十四年岁次甲辰暮春下浣,东阳后学陈柱谨识。

到同治六年(1867),李嘉端在保定直隶书院(又名莲池书院)重刊《北学编》,王发桂作序。

李嘉端,字吉臣,号铁梅,直隶大兴人,直隶书院肄业,道光九年(1829)二甲第三名,官至安徽巡抚。咸丰五年(1855)任陕西关中书院山长,同治四年(1865)任直隶书院山长,同治九年(1870)任天津问津书院山长十年,直至去世。于春沚在《浴泉诗话》中称,李嘉端"五任学政,升礼部侍郎,转安徽巡抚,而宦囊如洗"。

李嘉端在直隶书院重刊《北学编》,补编孙承宗传,始于同治六年(1867)六月,成于同治八年(1869)七月。书末有同治己巳孟秋李嘉端识语云:

> 同治丁卯,既附祀北学诸贤于莲池书院,复因《北学编》原板散失,重付剞劂,读之,益深向往。独于高阳孙相国尚未之及,不无遗憾。先生为孙徵君、鹿忠节诸公领袖,亟宜补入,因取《明史》列传及徵君所撰《墓志铭》、胡统虞所撰《墓表》,节录之,作先生小传。
>
> 己巳孟秋大兴后学李嘉端谨识。

同治六年(1867)李嘉端还将北学诸贤附祀于莲池书院。不过,在同治八年(1869)正月,湖南人曾国藩就任直隶总督,驻节保定府,馆课中发生罢卷事件,同治九年(1870)二月初二,曾国藩最终迫使李嘉端离任,改任曾国藩的同科进士、新城人王振纲接任。

王发桂,保定府清苑人,直隶书院肄业,官至工部侍郎。王发桂与李嘉端为姻亲。王发桂在《补刊北学编序》中云:

> 学分南北乎?曰:否。顾亭林先生《日知录》以《论语》两"难矣哉"章,分属南北之学,似学以地殊者。曰:为学而不学者言之耳。夫学自宋儒而后,几判为二:曰经学,曰道学。尊汉儒者以道学为空虚,尊宋儒者视经学如糟粕。噫!"子所雅言,诗书执礼。"经学出于斯,道学亦出于斯。士不通经,无以致用,又乌能问所谓性道哉?畿辅传有《北学编》,魏莲陆先生辑之,尹元孚、戈芥舟两公续之。道光甲辰,新城孔君(指孔庆钰)刻于京师。予官仪部,曾与校订。登斯编者,自汉迄今,代不乏人。要皆经术湛深,事功卓著,立身制行,非托空谈。其衎祀庙廷,若汉董江都、毛苌公、宋邵康节、国朝孙徵君诸大儒,光垂史册,诚不朽矣。他若祀乡贤、名宦、昭忠等祠,及隐逸处士诸君子,其经济、学问,昭昭在人耳目间。盖合经学、道学而一之,正学也,亦实学也。吾姻友李子铁梅(即李嘉端),既奉诸贤从祀圣殿,复以此编原板无存,重付剞劂,俾从游者人手一编,庶知先贤真学问,以身体力行为要,非虚谈性命者。此则经术不至专于训诂,而精义淹通;道学不至流于异端,而躬行无愧。又何至有分门别户、党同伐异之弊哉?然则学之为北,诚如元孚先生所云,"在北言北"尔。而亭林谓"无所用心"者,乃其自甘居于是编之外者也。吾愿手是编者,心乎是编,身乎是编,将处可以师乡里,出可以佐盛治,庶有当于补刊之意,而不至为编外人欤?
>
> 同治六年丁卯六月,清苑王发桂序。

王发桂序重申"在北言北"之说,并强调北学为"实学",为"真学问","通经致用""以身体力行为要,非虚谈性命者",确乎北方学术传统。序文援引了清初顾炎武的感叹:"'饱食终日,无所用心,难矣哉!'今日北方之学者是也。'群居终日,言不及义,好行小慧,难矣哉!'今日南方之学者是也。"(《日知录》卷13"南北学者之病"条)南北之学各有短长,确乎如此。

到光绪十四年（1888），高赓恩重刊《北学编》于四川成都尊经书院，黄云鹄作序。高赓恩，字曦亭，天津北塘人。光绪二年（1876）进士充国史馆协修，奉旨上书房行走，外放四川学政，充湖南正考官，光绪二十六年（1900）赏四品京堂，入值弘德殿，授大阿哥读。著有《思贻斋诗约存》《思贻斋杂著》。

黄云鹄，字芸谷、翔云、缃芸，湖北蕲州（今蕲春县）人，黄侃之父。咸丰三年（1853）进士，官至雅州知府，累擢署四川按察使。著有《实其文斋诗文钞》。黄云鹄在《北学编序》中云：

> 吾友高曦亭督学川中，以朴学导蜀人士，刊诸书，矜式学人，最后刊《北学编》成，属云鹄一言。云鹄维学期明新，至善止矣，何分南北？"北学"云者，盖集北直一省古今学人，矜式学者，使知所效法也。孔子集群圣大成，为万世学者师表，夫人知之。然则上古诸圣人，孔子其大宗；后世诸学人，孔子其不祧之祖也。顾孔子终身自居学知，无一息已于学，何耶？兹编所录，自汉迄今，诸学人其平生所师承、所宗主，与程途所从入，及功力所至，致用于世，所成就大小，各不相侔，要无愧学人，无愧孔子之徒而已。譬如朝觐京师者，或自正阳门入，或自地安、广安、广渠、东直、西直诸门入，总期叩首阙廷而止。惟北辙南辕，逾垣由窦，则万无至阙之时矣。览是编者，如知此意，编中人人我师也。云鹄向学苦晚，谫见如是，不敢自信，敬质之海内真学者。
>
> 光绪十四年戊子十月下浣，蕲州黄云鹄谨序。

黄云鹄支持《北学编》这种"集北直一省古今学人"的做法，但同时他也强调，学术的最终目的是期于明新，至于善止，"何分南北"？亦是说，学术可以分为南北，分为地域，所有学术活动都不能离开时间与空间的维度，但南北地域之分并非学术的最终目标或最高目标。黄云鹄这一看法，与上文所引尹会一所说"学无南北，惟道是趋"、王发桂所说"学分南北乎"，是完全一致的。

《北学编》编纂刊刻简表

康熙十一年壬子（1672）	魏一鳌编纂，孙奇逢序
乾隆八年癸亥（1743）	尹会一续纂，尹会一序及凡例
乾隆二十九年甲申（1764）	戈涛、尹嘉铨续辑，尹嘉铨后序
道光二十四年甲辰（1844）	孔庆钰重刊，陈柱序
同治六年丁卯（1867）	李嘉端重刊，王发桂序，李嘉端识语
光绪十四年戊子（1888）	高赓恩重刊，黄云鹄序

三　《北学编》的编纂缘起

现在我们再来追述《北学编》的编纂缘起。《北学编》初编之序，为孙奇逢所作。孙奇逢，字启泰，又字锺元，容城人，明万历二十八年（1600）举人。明末天启时，与定兴鹿善继、新城张果中等，联合抵抗阉党魏忠贤。清兵入关，携家隐居易州五峰山。顺治七年（1650），徙居河南辉县之苏门，隐居夏峰二十有五年，清廷十一征不起。《清史稿·儒林传》列居第一，并有评语云："少倜傥，好奇节，而内行笃修。负经世之学，欲以功业自著"；"奇逢之学，原本象山、阳明，以慎独为宗，以体认天理为要，以日用伦常为实际。其治身务自刻厉。人无贤愚，苟问学，必开以性之所近，使自力于庸行。其与人无町畦，虽武夫悍卒、野夫牧竖，必以诚意接之"；"其生平之学，主于实用，故所言皆关法戒"；"国初讲学，如孙奇逢、李颙等，沿前明王薛之派；陆陇其、王懋竑等，始专守朱子，辨伪得真"。

孙奇逢是明末清初北学派的真正开山鼻祖。黄宗羲《明儒学案》卷57《徵君孙锺元先生奇逢》载："北方之学者大概出于其门。先生之所至，虽不知其浅深，使丧乱之余，犹知有讲学一脉者，要不可泯也。所著大者有《理学宗传》，特表周元公、程纯公、程正公、张明公、邵康节、朱文公、陆文安、薛文清、王文成、罗文恭、顾端文，十一子为宗，以嗣孟子之后，诸儒别为考以次之，可谓别出手眼者矣。"

中华民国间徐珂《清稗类钞》"性理类"将全国儒学划分为十八个学派，大多具有地域性质：夏峰学派、梨洲学派、二曲学派、桴亭学派、杨园学派、程山学派、睢州学派、安溪学派、平湖学派、江阴学派、无锡学派、白田学派、闽中学派、广东学派、山左学派、山右学派、两湖学派、八旗学派。徐珂综合各家各派的学术宗旨,在"诸儒学派之总纲"一篇中云:"国初讲学诸家,容城孙奇逢、余姚黄宗羲,号称南北大师。奇逢交定兴鹿忠节公继善(原文有误,应为善继)为讲友,宗羲奉山阴刘忠正公宗周为本师,皆受王守仁姚江之传。盩厔李颙起自布衣,安贫乐道,以理学倡导关中,与奇逢、宗羲相鼎足,其学亦出于姚江。嘉定陆世仪、桐乡张履祥,皆蕺山弟子,独无门户之见。南丰谢文洊,亦先姚江而后程朱。睢州汤文正公斌,源出夏峰,而能持新安、金溪之平。安溪李文贞公光地、平湖陆清献公陇其、江阴杨文定公名时、无锡高愈顾枢、宝应王懋竑,及闽中、广东、山左、山右诸学派,则一以程朱为宗。至八旗儒臣之以理学称者,则简仪亲王德沛其最著也。"①

其中概括"夏峰学派"有云:"先生其学宗明之王阳明,而归本于慎独,人无贤愚,莫不导之为善,盖孟子所谓天民也。尝言:喜怒哀乐中节,视听言动合礼,子臣弟友合分,此终身行之不尽者。弟子甚众,而新安魏一鳌、清苑高镐、范阳耿极、登封耿介、睢州汤文正公斌,为尤著。奇逢命一鳌辑《北学编》,文正辑《洛学编》,自著《理学宗传》,表以周、程、张、邵、朱陆、薛、王,及罗念庵、顾泾阳为十一子,别为诸儒考附之。盖独出己见,非依傍旧闻者比也。弟子中有漆士昌者,江陵人,尝补《理学宗传》,列奇逢于顾宪成后,为古今第十二人,虽儒者不以其说为然,而苏门教泽入人之深,门弟子信从之笃,亦可见矣。"②

中华民国间黄鸿寿在《清史纪事本末》卷22中总括"诸儒出处学问之概"亦云:"其学术以象山、阳明为宗,更和通朱子之说。为《理学宗传》,特表周、程、张、邵、朱陆、薛、王,及罗念庵、顾泾阳为十一子,别为诸儒考附之。国变后……时学派与奇逢相近者,如李颙、傅山、顾炎武、黄宗羲、王夫之、颜元、刘献廷诸人外,尚有祁州刁蒙吉包、山阴刘伯绳汋、无锡高汇旃世泰、余姚沈求如国模、仁和沈甸华昀,而专治朱学者,有若太仓陆桴亭世仪、济南张蒿庵尔岐、桐乡张杨园履祥,又仁和应潜斋㧑谦、南丰谢约斋文洊、绛州李闇章生光、昆山朱伯庐用纯诸人。派别虽不同,要皆各尊所闻,无门户之见也。"

---

① 徐珂编校:《清稗类钞》,中华书局1986年版,第8册,第3776页。
② 徐珂编校:《清稗类钞》,第8册,第3776—3777页。

【北学学派与学术史】
学派还是道统

孙奇逢在其生命的最后两年，即康熙十二年（1673），他九十岁时，开始布置编纂本门学术史传，撰写《理学宗传》《北学编》《洛学编》三书。

《徵君孙先生年谱》载：

> 顺治四年丁亥，六十四岁：五月，"纂辑《理学宗传》。先生旧与鹿先生搜录诸儒语录甚多，书帙浩繁"。康熙五年丙午八十三岁：十月，"张仲诚刻《理学宗传》于内黄，命汤孔伯与博雅校订"。（张沐，字仲诚，号起庵，上蔡人，著有《周易疏略》《书经疏略》《礼记疏略》《春秋疏略》《溯流史学钞》《图书秘典一隅解》，《清史稿·循吏传》有传。汤斌，字孔伯，号荆岘，晚号潜庵。河南睢州人。孙奇逢长男孙立雅，季男孙博雅）康熙十二年癸丑，九十岁：在夏峰。正月，"先生命魏一鳌辑《北学编》成"。十一月，"先生命汤斌辑《洛学编》成"。

《孙徵君日谱录存》亦载：

> 康熙元年壬寅，七十九岁：七月，十一日，"与二三子弟辑有《理学宗传》《宗传考》各一部"。康熙四年乙巳八十二岁：六月，初九日，"为《理学宗传序》"。十月，二十五日：示立儿家报："近年功课，料《理学宗传》一编，共得百四十余人，有主有□，有内有外，人人有悦心自得之处，日夕玩味，觉无物可以胜此。思录一清册，明岁携之北去，与诸同人其探此中义趣。"

汤斌在《汤子遗书》卷4《在内黄寄上孙徵君先生书》中载：

> 别后三日至内黄，晤仲诚（张进士名沐）。……与君侨同订《理学宗传》，挑灯商榷，常至夜分，窥管之见，不敢不竭，但学识疏浅，错谬恐多，为惴惴不安耳。

四 《理学宗传》与《道一录》

《清史稿·儒林传》称孙奇逢"至年老，乃撮其体要以示门人"。值此之际，孙奇逢直接或间接编纂《理学宗传》《北学编》《洛学编》三书，又为张沐《道一录》作序，显然出于有意的安排。《理学宗传》初稿名为"诸儒语录"，别本名为"理学传心纂要"，其编纂之意颇类朱子编纂"五子近思录"与"伊洛渊源录"，道统学脉，咸寄托焉。"理学宗传"顾名思义，"理学"是承接周程张朱，"宗"是道统正宗，"传"是"史传"。

孙奇逢在《理学宗传序》中云：

学以圣人为归，无论在上在下，一衷于理而已矣。理者，乾之元也，天之命也，人之性也。得志则放之家国天下者，而理未尝有所增；不得志则敛诸身心意知者，而理未尝有所损。故见之行事，与寄之空言，原不作歧视之。舍是，天莫属其心，人莫必其命，而王路道术遂为天下裂矣。周子曰"圣希天"，程子曰"圣学本天"，又曰"余学虽有所受，'天理'二字却是自己体贴出来"。余赋性庸拙，不能副天之所与我者，幼承良友鹿伯顺提携，时证诸先正之语。尝思之：颜子死而圣学不传，孟氏殁而闻知有待，汉隋唐三子衍其端，濂洛关闽五子大其统，嗣是而后，地各有其人，人各鸣其说，虽见有偏全，识有大小，莫不分圣人之一体焉。余因是知理未尝一日不在天下，儒者之学乃所以本诸天也。呜呼！学之有宗，犹国之有统，家之有系也。系之宗有大有小，国之统有正有闰，而学之宗有天有心。今欲稽国之运数，当必分正统焉；溯家之本原，当先定大宗焉。论学之宗传，而不本诸天者，其非善学者也。先正曰："道之大原出于天，神圣继之。尧舜而上，乾之元也；尧舜而下，其亨也；洙泗邹鲁，其利也；濂洛关闽，其贞也。分而言之：上古则羲皇其元，尧舜其亨，禹汤其利，文武周公其贞乎！中古之统，元其仲尼，亨其颜曾，利其子思，贞其孟子乎！近古之统，元其周子，亨其程张，利其朱子，孰为今日之贞乎？"明洪永表章宋喆，纳天下人士于理熙宣成宏之世，风俗笃醇，其时有学有师，有传有习，即博即约，即知即行，盖仲尼

【北学学派与学术史】
学派还是道统

效至是且二千年，由濂洛而来且五百有余岁矣。则姚江岂非紫阳之贞乎？余谓元公接孔子生知之统，而孟子自负为见知静言，思之接周子之统者，非姚江其谁与归？程朱固元公之见知也，罗文恭，顾端文意有所属矣。宗传共十一人，于宋得七，于明得四。其余有汉隋唐儒考、宋元儒考、明儒考，各若干人。尚有未尽者，入补遗。补遗云者，谓其超异与圣人端绪微有不同，不得不严毫厘千里之辨。真修之悟，其悟皆修。真悟之修，其修皆悟。诸不本天之学者，区区较量于字句口耳之习，此为学也腐而少达。又有务为新奇，以自饰其好高眩外之智，其为学也伪而多惑。更有以理为入门之障，而以顿悟为得道之捷者，儒释未清，学术日晦，究不知何所底极也。

此编已三易，坐卧其中、出入与偕者，逾三十年矣。少历经于贫贱，老困踬于流离，曩知饥之可以为食，寒之可以为衣，而今知跛之可以能履，眇之可以能视也。初订于渥城，自董江都而后五十余人，以世次为序。后至苏门，益二十余人。后高子携之会稽，倪、余二君复增所未备者，今亦十五年矣。赖天之灵，幸不填沟壑，策灯烛之光，复为是编。管窥蠡测之见，随所录而笺识之，宛对诸儒于一堂，左右提命，罔敢屑越。愿与同志者共之，并以俟后之学者。（孙奇逢《夏峰先生集》卷4）

"先正曰元亨利贞"一节，是吴澄的名言，见于虞集《道园学古录》卷44《故翰林学士资善大夫知制诰同修国史临川先生吴公（吴澄）行状》。

孙奇逢借助吴澄之言，宏观地概括了上古、中古、近古的道统源流，同时也承接《宋史·道学传》，重申了濂洛关闽四家学派。天下之事虽有万事，天下之理则只有一理，故《理学宗传》最重要的宗旨所在，是要说明天下万事"一衷于理"。"一衷于理"的道理，在孙奇逢之后，汤斌嗣有发挥，称之为"无二学""无二理"。汤斌在《理学宗传序》中云：

天之所以赋人者无二理，圣人之所以承天者无二学。盖天命流行，化育万物，秀而灵者为人。本性之中，五常具备，其见于外也，见亲则知孝，见长则知弟，见可矜之事则恻隐，见可耻之事则羞恶，不学不虑之良人，固无异于圣人也。惟圣人为能体察天理之本然，而

· 127 ·

朝乾夕惕，自强不息，极之尽性至命，而操持不越日用饮食之间。显之事亲从兄，而精微遂至穷神知化之际。盖其知明处当，乃吾性中自有之才能。参天赞化，亦吾性中自有之功用。止如其本性之分量，而非有加于毫末也。尧舜禹之相授受曰："人心惟危，道心惟微，惟精惟一，允执厥中。"其为教之目曰："父子有亲，君臣有义，夫妇有别，长幼有序，朋友有信。"此圣学之渊源，王道之根柢也。由汤文武周公孔子，以至颜曾思孟，成己成物，止有此道。在上在下，止有此学。

秦汉而后，道丧文敝，赖江都、文中、昌黎衍其端绪。至濂溪周子，崛起舂陵，直接邹鲁，程张邵朱，以至阳明。虽所至或有浅深，气象不无少异，而中所自得，心心相印，针芥不爽。盖道之大原出于天，天不变道亦不变。苟得其本心之同然，则千百世之上，千百世之下，固无异亲授受于一堂者矣。如高曾祖祢，与嫡子嫡孙，精气贯通，谱牒昭然，而旁流支派，虽贵盛于一时，而不敢与大宗同抗，盖诚有不可紊者在也。近世学者，或专记诵而遗德性，或重超悟而略躬行。又有为儒佛合一之说者，不知佛氏之言心言性，似与吾儒相近，而外人伦，遗事物，其心起于自私自利，而其道不可以治天下国家。吾儒之道，本格致诚正以为修，而合家国天下以为学。自复其性，谓之圣学。使天下共复其性，谓之王道。体用一原，显微无间，岂佛氏所可比而同之乎？

容城孙先生集《理学宗传》一书，自濂溪以下十一子为正宗，后列汉隋唐儒考、宋元儒考、明儒考，端绪稍异者为补遗。其大意在明天人之归，严儒释之辨，盖吾儒传心之要典也。八十年中，躬行心得，悉见于此。

斌谢病归田，从学先生之门，受而读之。其折衷去取，精义微言，幸承面诲，而得有闻焉。天下同志读是书者，无徒作书观也，止由此以复天之所与我者耳。吾之身，天实生之，无一体之不备。吾之性，天实命之，无一理之不全。吾性实与万物为一体，而民胞物与，不能浑合无间焉，吾性未尽也。吾性实与尧舜同量，而明物察伦，不能细大克全焉，吾性未尽也。吾性实与天地合德，而戒慎恐惧，不能如干健不息焉，吾性未尽也。试由濂洛关闽，以上达孔颜曾孟；由孔颜曾孟，而证诸尧舜汤文。得其所以同者，返而求之人伦日用之间，

【北学学派与学术史】
学派还是道统

实实省察克治,实实体验扩充,使此心浑然大理,而返诸纯粹至善之初焉,则寂然不动,感而遂通,中和可以位育,而大本达道在我矣。不然,徒取先儒因时补救之言,较短量长,横分畛域,妄起戈矛,不几负先生论定之苦心乎?陆子曰:"六经注我,我注六经。"学苟知本,六经皆我注脚。斌惟与天下学者共勉之而已矣。

(汤斌《汤子遗书》卷3)

"人心惟危,道心惟微"四句,语出《尚书·虞书》,儒家称之为"三圣心传""十六字心传"。这四句揭示了"道之性"与"人之性"二者之间的永恒张力,实为具有哲学意义的精致命题,可以作为中国哲学成立的标志。而朱子作《中庸章句集注》,序中特加申论。汤斌加以称引,显然即有承接朱子道统观的含义。

大约与为《理学宗传》作序的同时,康熙五年(1666)二月,孙奇逢为张沐《道一录》作序。"道一录"由其命名,无疑更加强调了天道或说道统的唯一性。该序云:

《道一录》者何?录《朱子晚年定论》并阳明王子《传习录》也。何以录二子也?王子时有诤论,天下士多疑之,又若疑朱陆之有异同也,故合刻之,以证夫道之一。夫一亦难言矣!唐虞三代之时,道统在上;春秋战国而后,道统在下。在上者,禹已不同于尧、舜,汤又不同于禹,文武父子也亦迥然其不同。而谓颜曾思孟果同于孔子,周程张朱果同于颜曾思孟耶?又何敢比而同之于尧舜禹汤文武?此固天下士所不敢自信者,何怪乎动辄生异同哉!

道原于天,故圣学本天。本天者愈异而愈同,不本天者愈同而愈异。夫天,大之而元会运世,小之而春夏秋冬,至纷纭矣,然皆天之元气也。诸大圣、诸大贤、诸大儒,各钟一时之元气,时至事起。汤武自不能为尧舜之事,孔孟自不能为汤武之事,而谓朱必与陆同,王必与朱同耶?天不能以聪明全畀一人,尧舜亦未尝尽尧舜之量,孔子亦未尝尽孔子之量。孔子集大成矣,聪明不尽泄于孔子也。朱子集诸儒之大成,聪明岂逐尽泄于朱子乎?阳明格物之说,以《大学》未曾错简,论其理,非论其人,何妨于道之一?曲儒以此为王子罪案,则隘矣。天下有治有乱,圣学有晦有明,皆天以聪明圉之,人力不得而与也。

　　我辈今日，亦只定我辈今日之议论。使前人言之，而后人再不敢言，则坟典者乃伏羲、神农、黄帝、颛顼、高辛之书，孔子不敢删矣。春秋乃列国侯王之史，孔子不必修矣。传注有左丘明、郑康成、王辅嗣、孔安国诸公，程朱不可出一言矣。有是理耶？道之一，正于至不一处见一，所谓"殊途而同归，一致而百虑"耳。流水之为物也，万派千溪，总归于海。适邦畿者，由陆、由山、由水，及其成功一也。

　　内黄令张仲诚，于二子有独契焉，读《传习录》与《晚年定论》，而见其道之一也，二子自当相视而莫逆矣。且于周程张朱，以证之颜曾思孟，无不一也。由颜曾思孟，以证之孔子，无不一也。由孔子，以证之文武禹汤尧舜，无不一也。仲诚谓余曰：眼前地位，已见得有个不让尧舜处在。是真知道之一者矣。

　　（孙奇逢《夏峰先生集》卷4。张沐《道一录》是否刊行不详。）

而天道或道统的唯一性，当然就与学派的地域性构成张力。

五　学派抑或道统

　　康乾时期，四库馆臣对于《洛学编》的评价，颇多宽许。《四库全书总目提要》云："《洛学编》四卷，浙江巡抚采进本。是书述中州学派，分为二编。首列汉杜子春、郑兴、郑众、服虔、唐韩愈、宋穆修，谓之《前编》。次列二程子以下十三人，附录二人；元许衡以下三人，附录一人；明薛瑄以下二十人，附录七人，谓之《正编》。各评其学问行谊。盖虽以宋儒为主，而不废汉唐儒者之所长。"

　　但是同时四库馆臣却对《理学宗传》一书，略有微词。《理学宗传》共计二十六卷，《四库全书总目提要》子部儒家类存目著录《理学传心纂要》八卷，云："国朝孙奇逢撰，漆士昌补。士昌，江陵人，奇逢之门人也。奇逢原书，录周子、二程子、张子、邵子、朱子、陆九渊、薛瑄、王守仁、罗洪先、顾宪成十一人，以为直接道统之传。人为一篇，皆前叙其行事而后节录其遗文，凡三卷。又取汉董仲舒以下至明末周汝登，各略载

【北学学派与学术史】
学派还是道统

其言行以为羽翼理学之派，凡四卷。奇逢殁后，士昌复删削其语录一卷，挽列于顾宪成后，共为八卷。奇逢行谊，不愧古人。其讲学参酌朱陆之间，有体有用，亦有异于迂儒。故汤斌慕其为人，至解官以从之游。然道统所归，谈何容易。奇逢以顾宪成当古今第十一人，士昌又以奇逢当古今第十二人。醇儒若董仲舒等犹不得肩随于后，其犹东林标榜之余风乎？"其书名为"理学宗传"，而四库馆臣所耽虑的恰是东林党人门户之异。

对此，孙奇逢本人亦可谓颇有自觉。在《北学编序》中，孙奇逢大谈特谈的正是儒者的"各有面目"，以及作为北方人的"居其乡，居其国"。孙奇逢提出，要先"尽友乡国之善士"，然后才能"进而友天下、友千古"。孙奇逢在《北学编序》中云：

> 余辑《理学宗传》成，张仲诚梓于内黄，因与汤孔伯商搜《洛学》一编，与魏莲陆商修《北学》一编。壬子冬，魏子持《北学编》索序，余谓：学术之废兴，系世运之升降，前有创而后有承，人杰地灵，相需甚殷，亦后学之大幸也。居其乡，居其国，而不能尽友乡国之善士，何能进而友天下、友千古哉？编中所载诸先生，正各有面目。其出处隐见，立言制行，虽有不同，要皆愿学孔子不待文王而兴之人，故董、韩而后，若器之、静修、伯玉，学本朱程；克恭、侪鹤、伯顺，力肩陈王。因念紫阳当五星聚东井之际，及其身不免于伪学之禁；阳明功在社稷，当日忌者夺其爵、禁其学。非两先生之不幸，诚世道之不幸也。我辈生诸贤之后，自待岂宜菲薄？
>
> 魏子蚤岁挂冠，亟亟于表章前哲自任，则其居心可知矣。编已成，实始获见王端溪公所著《海樵子》七篇，念去端溪之居周袤不越数百里，谋生与公上下不踰数十年，而闻见固陋至此，益知余《宗传》之多遗，不敢谓《北学》之无遗也。率题数语，以引其端。

然后孙奇逢又为《洛学编》作序，其文思便又经一转，重在申说圣贤之大道。原因之一可能是因为河洛本居天下之中。孙奇逢在《洛学编序》中云：

> 余惟洛为天地之中，嵩高挺峙，黄河蜿蜒，自河洛图书，天地已泄其秘，而浑庞淳朴之气，人日由其中而不知。至程氏两夫子出，斯

  道大明，人知所趋的，学者于人伦日用，至庸极易之事，当下便有希圣达天路径。是道寄于人，而学寄于天。盖洛之有学，所以合天人之归，定先后之统，关甚巨也。厥后废而复明，绝而复续，学问渊源，天中尤盛。宋兴伊洛，元大苏门。至有明，而西河八郡识大识小，各有传人。余移家夏峰，每怀思往哲，怅微言之未泯，念绝学之当传。

  汤子少负远志，壮岁即以病请，孜孜期道为己任，十年以来，余见其学日进而心日虚，洛学之与，端有所属。因念斯道在人，求之即得。表前儒以兴起后学，如射者之趋的，必期于度，如舟子之涉海，必操其舵，所谓呼之使灵，叩之使觉，千载上下，南北海心同理同，又何有于洛以暨濂与关、闽耶？盖学以希贤希圣为归，而其最初发愿，一直便到希天上。至其中道路之迂曲，识力之偏全，自不能强之同迳。其所归川流者以此，敦化者亦以此，自不得有异也。

"濂洛关闽"的概念，出自《宋史·道学传》。而"南北海心同理同"的思想，出自陆九渊。

  杨简在《慈湖先生遗书》卷5《象山先生行状》中载："又尝曰：东海有圣人出焉，此心同也，此理同也。西海有圣人出焉，此心同也，此理同也。南海、北海有圣人出焉，此心同也，此理同也。千百世之上有圣人出焉，此心同也，此理同也。千百世之下有圣人出焉，此心同也，此理同也。"（又见《宋史·儒林传·陆九渊传》，文字内容微有差异）

  孙奇逢此序，大约可以认为，他是借用陆九渊的思想，从某种角度否定了《宋史·道学传》，因之也否定了学派的地域性。或者说，道统具有绝对的意义，学派只有相对的意义。学派抑或道统？满天星斗抑或众星拱斗？道统是绝对的，学派是相对的。道统大于学派，高于学派。没有学派，道统就是空中楼阁；没有道统，学派将成一片散沙。学派（而非利益之宗派）是学术成熟化的表现，但学派之林林总总，百家百相，必以道统为祈向。北学、洛学，关学、闽学，必以道统为会归。

六　余论：学术史传的三要素

  《北学编》与《洛学编》，恰似《理学宗传》的两个夹辅的护卫。尹会一写有《续北学编序》，已见上文，此外他又写有《续洛学编序》。《北学编》所追溯的最早一位大儒是董仲舒，尹会一在此序中援引了董仲舒的名言："天不变道亦不变"。

尹会一在《续洛学编序》中云：

> 曩闻孙徵君既辑《理学宗传》，则以《北学编》属魏莲陆，而以《洛学编》属汤文正。余监抚豫疆，既得读《洛学编》，心向往之，遂援释菜国故之义，帙于大梁书院。既又商榷续袝，自徵君、文正二先生外，复得耿逸庵、张仲诚、张清恪、窦静庵、冉蟬庵诸先生，俱《洛学编》以后之遗献也。既敬其人，矣可不胪其事？余固弗及文正公之搜采该博，纪别精密，然窃有志焉，弗能已也。夫洛出书，以迄于今，块圠苞符，权舆橐钥，继继承承，数千百年，"天不变道亦不变"，后先相望，厥义惟均。自《洛学编》板于癸丑，又六十六年矣。此六十六年中，虽仅得七人，抑亦未可云不聚也。七人之内，沈潜高明，指趣不必尽同，各履其实，以要于一致，渊源有自，何多让焉！乃质之衣缝掖者。或张口咕咕，弗克置辨，并且憎其里居爵谥，嘻！亦太甚矣！先哲之就湮，后学之寡识，悠悠岁月，遂息薪传，是余之大惧也，敢弗承文正公之志而续其后哉？抑考孙徵君《北学编序》，以遗《海樵子》七篇而忧之。若予之寡昧，为忧滋甚。有能诒予以所遗者，则以似以续，昭兹来许，岂惟予拜嘉，亦学道者所深幸也。
>
> （尹会一《健余先生文集》卷2）

尹会一感慨，自康熙十二年（1673）《洛学编》刊行，至乾隆八年（1743）《洛学编》重刊，六十六年之间，后学相承，也不过只有数人，道统学脉薪尽火传，赖此一编，然而亦戛戛乎其难矣。

尝试论之，儒家著作之有史传，犹之释氏之有传灯录，具有特殊的重要性，自不待言。而儒家学术史传的编纂，大约有三个要素。第一，尊重事实。"实事求是""良史实录"，斯为我国古史传统，故尊重事实为一切史传的前提。第二，认同文献。"言之无文，其行不远"，虽然言不尽意，迹则非道，但是仍然需要依赖文字载体，不可任凭虚无，故儒家往往以著述为己任。第三，寄托主观。史传记录人的思想，不是纯客观的物体，所以必有理想之寄托，必载将来之愿望。换言之，史传不是单纯物理时间中的"过去式",而是期望于未来的不朽精神。以上三者,编纂者必须言明,不可暗中混淆。

事实即事实,理想即理想,不可忽言事实、忽言理想,以理想"默证"事实,以主观代替客观,以文献当作道体。假使三者混淆难辨,则读者易生疑惑。与人怨不能为人患,读其书而不能信其人,是史传之大弊也。

北学与先秦"燕赵"兵学刍议

——以《荀子》的兵学观为中心

黄朴民[*]

摘要：所谓先秦北学，是以先秦时期燕赵地区的观念与文化为中心的思想学术体系，而兵学则是该体系中的一个重要组成部分。考之史实，我们能够看到，燕赵兵学文化源远流长，兵学著作数量繁富，内涵丰富、体系完整、形式多样、成果丰硕，呈示出理论与实践相结合、学理与操作相统一的鲜明特征，可以这么说：赵武灵王、廉颇、赵奢、李牧、乐毅、临武君等人的论兵言辞与作战指导实践，奠定了燕赵兵学文化的坚实基础，使之成为与齐鲁兵学、吴楚越兵学、河洛兵学、三秦兵学交相辉映的兵学成就。而荀子的兵学观念及其具体主张，则可视为先秦燕赵兵学文化的集大成者，荀子本人有关"义战观""民本"战争指导原则、"礼法并用"治军思想、"六术五权"作战理论的系统阐述，独到深刻，不乏卓见，使得先秦时期的燕赵兵学完成了理论化、系统化的飞跃。在性质上，它打通了"礼"与"法"的畛域，缓解了"仁义"与"功利"的紧张；在体系建构上，它形成了系统完整的文字载体，成为先秦燕赵兵学的第一部形成规模的经典文献；在形态结构上，它初步开启了"兵儒合流"的先河，巧妙地实现了儒家军事理想与法家战争观念之间的沟通与和解，在地域文化上，它有力地推动了燕赵兵学与齐鲁兵学的融汇；在历史影响上，它基本完成了由地区性的燕赵兵学向全国性的中华兵学"预流"与转型的过渡。显而易见，作为燕赵兵学最重要的代表者，荀子的兵学思想，是北学思想宝库中一笔弥足珍贵的文化遗产！

关键词：先秦；燕赵文化；兵学理论；荀子军事思想；历史影响

---

[*] 黄朴民，中国人民大学国学院教授，原中国人民大学图书馆馆长、国学院执行院长。

一　先秦燕赵兵学的特征

　　北学，作为一个思想学术史研究的对象，应该有狭义与广义的区别，历来人们对它的内涵与外延的界定，有不同的认识。可谓众说纷纭，莫衷一是。笔者个人的看法，它的界定似不宜过于狭窄，如果仅仅局限于孙夏峰先生及其后学的思想与学术，则不免将许多原本属于北学范畴的思想文化成就排斥在外，抱残守缺，留下诸多的遗珠之憾！但是，其概念也似乎不宜太宽泛，把整个华夏北方地区的学术文化都笼统名之为"北学"，且不说这个"北"，不好确定，是黄河之"北"？还是淮河之"北"？抑或长江之"北"？而且，这实际上是泯灭了中国文化的地域特征，那齐鲁文化、燕赵文化、河洛文化、三秦文化，等等，又该如何被看待与认识？因此，倘若要将北学做个地域范围层面的恰当界定，笔者认为，北学是以先秦时期的燕赵地区文化为中心的思想学术体系，它代有传承，绵延不绝，个性突出、特色鲜明、地位重要、影响深远，到近现代，其范围仍集中于河北与京津地区。

　　有了这个基本前提，我们再来考察古代兵学与北学的关系，就可以有比较明确的坐标与充分讨论的余地了。众所周知，军事思想作为整个思想文化形态的重要组成部分，它的产生、发展、成熟，与人类社会的思想意识形态总体发展演化，有着深刻的历史与逻辑的一致性，也与地域文明的主导趋势同步。换言之，先秦时期的兵学文化，同样显示出鲜明突出的地域特征。大致而言，它在当时主要体现为三大类型：齐鲁兵学文化、三晋兵学文化和以楚、吴、越为代表的南方兵学文化。先秦时期北学中的兵学文化，无疑应该属于三晋兵学的分支，同时与齐鲁兵学亦不无纠葛。

　　北学中兵家思想，主体与侧重点，无疑立足于三晋文化。毫无疑问，在春秋战国时期，三晋处于四战之地，战略上为内线作战态势，地理上缺少天然屏障和战略纵深回旋余地（韩、魏尤甚），为了在激烈残酷的争霸兼并斗争中争取主动，求得生存和发展，这些诸侯国统治者一般都能以务实理性的精神治国经军，对内注意改革、练兵、储粮，提倡法治，广揽人才，致力于富国强兵；对外则随时权衡"国际"形势，利用矛盾，结交各国，合纵连横，纵横捭阖。从而形成了注重实效、质朴平实、致力农战、以力制胜的义化传统。

这样的历史文化背景,使得燕赵兵学文化早早趋于成熟。这种成熟,主要表现为兵学传统的源远流长,成果丰硕,并具有自己的鲜明个性。具体而言,首先是兵学著作数量繁富,形式多样。据《汉书·艺文志·兵书略》记载,可明确认定属于燕赵兵学系统的著名兵书就有"《庞煖》三篇""《儿良》一篇""《广武君》一篇"等,其兵家数量之多,并不亚于号称"甲冠天下"的齐鲁兵学。只是由于其大部分内容已经散佚,故才给人们以一种错觉:似乎燕赵地区兵学理论总结严重滞后,该地的兵书无足称道。但是,尽管如此,现存的燕赵系统的兵书仍是蔚为大观的,而当地研读兵书的风气也十分炽热,赵括在长平之战中,虽丧师辱国,杀身殒命,但是熟读兵书,则是不争的事实,只是其食古不化,胶柱鼓瑟,未知"兵无常势,水无常形"的用兵精微之道而已。又如《汉书·刑法志》等典籍所提及的先秦重要兵家中,燕赵兵家也占有相当大的比重,"吴起、孙膑、带陀、儿良、王廖、田忌、廉颇、赵奢之伦制其兵"。这里的王廖、廉颇、赵奢等人,及其乐羊、乐毅等人,均系燕赵系统的杰出兵家。尤其值得注意的是,人们在总结、揭示兵家不同流派的特点时,也往往以燕赵兵家作为具体阐释的对象,如《吕氏春秋·不二》云:"王廖贵先,儿良贵后。"将王廖、儿良分别列为"先发制人"与"后发制人"用兵理论的代表。所有这些,都表明燕赵兵学并非像有些学者所认为的那样,属于厚重少文、富于实践而缺乏理论的归纳升华,而是拥有厚实的理论积淀,具备大量的著述载体的。

其次是呈示出理论与实践相结合、学理与操作相统一的鲜明特征。与齐鲁兵学较多地关注兵学理论体系构筑的情况有所不同,先秦燕赵兵学在重视理论建树的同时,也十分强调理论与实践之间的沟通,讲求兵学理论的可操作性。众所周知,燕赵地区的政治指导思想是带有综合型特色、"礼法并用"的法家学说,其基本特点是执着功利、讲究实用。这一宗旨,决定了其理论宗旨最大限度地强调理论的可操作性。受这种实用理性的规范与制约,先秦燕赵兵学合乎逻辑地致力于理论联系实际,以操作性的有无或大小来衡量兵学自身的价值和意义。

正是由于理论与实践沟通顺畅,学理与操作性结合无间,因此当时燕赵地区名将辈出,成为战争中的主宰,廉颇、赵奢、李牧、乐毅等人便是他们中间的卓越代表;而该地的军队战斗力亦远较齐、楚诸国军队强大,当时能与号称"虎狼之师"的秦军相抗衡的，也只有赵国的军队了，秦军在战国统一战争中所遭遇的挫折，基本上都是败在赵军的刀锋之下，像阏与之战、邯郸之战，都曾经让不可一世的秦军灰头土脸，铩羽而归。

尤其重要的是，燕赵兵学能够以开放的态度，因时制宜，自我更新，所谓"与时迁移，应物变化"。它根据"变则通，通则久"的原则，主张改革，进行变通。战国前中期赵武灵王针对胡人骑兵部队机动性强，赵军与之作战屡遭失利的现实，抛弃传统战法，借鉴对手长处，实行"胡服骑射"，招纳能骑善射之士训练骑兵，旨在建立起一支机动性强、骁勇善战的强大骑兵部队。但这个改革，不但触及军事，更冲击观念，因此，曾遭到守旧势力的抵制，赵武灵王没有因此而退缩，而是迎难而上，鲜明倡导"理世不必一道，便国不必法古"（《战国策·赵策二》），终于排除阻力，把这场军队改革坚定地加以实施。改革的成功，使得赵武灵王能够凭借强大骑兵部队攻打中山国，反击胡人骑兵骚扰，经过五年的征战，不但灭亡了中山国，也极大地打击了林胡、楼烦、东胡等游牧部族的势力，拓展了赵国的疆土，巩固了边防。这一传统，延续于中国古代历史的始终，如明清时期的北学著名兵书《车营扣答合编》，其主纂者孙承宗关于新型战法的讨论，显然受到了燕赵兵学"与时俱进"精神的深刻影响，曾试图结合装备发展和时代特征有所创新和改变，对车战的临阵之法进行了多方探讨，以便更好地发扬火器的威力。就古典兵学的发展而言，这一点显得难能可贵。我国传统兵学研究因为受到军事科技发展缓慢等因素制约，一度长期徘徊于冷兵器时代而难求一振。但是在明代中晚期，随着火器技术的进步，上述停滞局面一度迎来改观，新型车兵渐受重视，战略地位越发突出。因为孙承宗等人的努力，明末对新型车战和新型战法的探讨也有日渐深入之势，传统兵学也就此迎来转型的良机，《车营扣答合编》成为这种努力的最佳注脚。

最后是内涵丰富、体系完整、观点鲜明、思维辩证，注重将厉行耕战、增强实力、推行法制、严明赏罚置放于优先的位置。具体地说，这就是在战争观上积极主战，强调通过战争的手段达到一定的政治目的，提倡"诛暴乱，禁不义"的义战；同时又主张慎战，反对穷兵黩武，"故兵者，凶器也；争者，逆德也；将者，死官也。不得已而用之"。在治军观上，主张高度集权，严格治军，追求令行禁止的效果；强调"制必先定"，在执法上做到公正公允。提倡将帅以身作则，身先士卒，把"号令明，法则审"看作克敌制胜的基本保证。在作战指导上,注重谋略和战前准备,讲究"廊庙"决策,"兵胜于朝廷",主张"权敌审将而后举兵",以实力发言,先为不可胜,强调在战争中奇正变通,争取主动权,先发制人,出其不意,守中有攻,以打歼灭战为作战的最佳选择。在战略上,特别重视处理政治与军事的辩证关系,提倡文武并用,军政合一,"兵者,以武为植,以文为种;武为表,文为里"。这些特征在《荀子》等三晋文化体系内的诸子论兵之作中都有显著的体现。

概而言之,先秦时期燕赵地区的兵学特别贴近先秦至两汉时期军队建设与战争活动的实际,突出反映了当时军队与作战的特点与规律,曾对后世兵学的发展产生了深远的影响,其在军事史上的地位实不亚于齐鲁兵学。

二 从燕赵融入主流:荀子的兵学识见

如前所述,先秦燕赵兵学固然内涵丰富、价值重大,但毕竟是一种地域性的兵学文化,它的优点很显著,然而其也存在着不足,即法家色彩过于浓烈,而未能在更高的层次上引领兵学文化向理想形态提升。更为重要的是,赵武灵王、李牧、赵奢、廉颇、乐毅等人的兵学观点,并没有条理化、系统化,换言之,他们有关兵学问题的理性认识,并未有文字作品的载体进行全面总结,虽吉光片羽,弥足珍贵,但毕竟支离破碎,未成体系。

所幸的是,荀子的出现和其兵学观念的提出,为改变这种局面,提升先秦燕赵兵学的理论高度创造了条件、提供了契机。概括而说,就是在性质上打通了"礼"与"法"的畛域,缓解了"仁义"与"功利"的紧张;在兵学理论体系建构上,大致形成了较为系统完整的文字载体,成为先秦燕赵兵学的第一部形成规模的经典文献;在兵学形态结构上,初步开启了"兵儒合流"的先河,逐步实现了燕赵兵学与齐鲁兵学的融汇;在历史影响上,基本完成了地区性的燕赵兵学向全国性的中华兵学"预流"与转型的过渡。可谓意义十分重大,影响极其深远!

作为先秦儒学的集大成者,荀子兵学思想也是先秦儒家军事思想的最系统的总结者与最权威的诠释者。作为一个相对独立、自成体系的理论形态,它的基本内涵突出地表现为三个方面。

第一,注重区分战争的性质,提倡以吊民伐罪为宗旨的"义战"。荀子根据其政治思想的原则立场,十分强调对战争的性质加以区分,把历史上和现实中的战争明确划分为正义战争和非正义战争两大类。在他看来,凡是基于吊民伐罪、拯民于水火之中的立场而从事的战争,就是正义的、合理的,应该拥护;反之,凡属于以满足统治者私欲为宗旨而进行的战争,则是非正义的、逆天背道的,应该加以谴责和反对。这是其军事思想中的一个根本性观点。

荀子认为那种拯民水火、吊民伐罪,为实施仁义而开辟道路性质的"义战",不是虚幻的想象,而是普遍存在于历史上,"是以尧伐驩兜,舜伐有苗,禹伐共工,汤伐有夏,文王伐崇,武王伐纣。此四帝、两王皆以仁义之兵行于天下也"(《荀子·议兵》)。同时,在现实生活中,"义战"也是应该成立并积极推行的。荀子进而指出,"义战"顺乎天而应乎民心,"汤武革命,顺乎天而应乎人",因此必定是所向披靡,无敌于天下;"彼王者不然,仁眇天下,义眇天下,威眇天下……以不敌之威,辅服人之道,故不战而胜,不攻而得,甲兵不劳而天下服"(《荀子·王制》)。

"义战"既然如此合乎天道人心,又这样成效显著,荀子就据此而逻辑地得出结论,从事"义战",就是用兵上的最理想境界,是任何战争指导者都应该执着追求的战争宗旨:"故仁人之兵,所存者神,所过者化,若时雨之降,莫不喜悦。"(《荀子·议兵》)

荀子既然将战争的宗旨规范衍化为仁政、德治原则的推行与实现,那么对现实生活中大量的战争活动要采取基本否定和批判的态度,在他们看来,与"义战"相比,社会生活中"不义之战"要多得多,它们给国家与人民带来的损害是非常严重的。

荀子所处的战国时代,正是战争高度频繁、激烈,其后果日益残酷,"争地以战,杀人盈野;争城以战,杀人盈城"。历史正进入从兼并逐渐显现天下统一端倪的阶段。然而荀子拿自己的政治原则与当时的战争现实进行衡量,衡量的结果是将当时的战争定性为"不义之战",予以抨击和斥责,反对动用暴力手段来解决问题,指出"仲尼之门,五尺之竖子,言羞称乎五伯"(《孟子·仲尼》),并强调倚恃武力不美妙的结果:"非贵我名声也,非美我德行也。彼畏我威,劫我势。故民虽有离心,不敢有畔虑。若是则戎甲俞众,奉养必费。是故得地而权弥轻,兼人而兵俞弱,是以力

兼人者也。"(《荀子·议兵》)

由此可见，荀子所秉持的是"义兵"至上，"礼乐"为先的基本立场，对兵家"兵以诈立，以利动，以分合为变"的观点予以全盘否定。以下的这段话典型地体现了荀子在这一问题上的坚定态度："为人主上者也，其所以接下之百姓者，无礼义忠信，焉虑率用赏庆刑罚势诈除陁其下，获其功用而已矣。大寇则至，使之持危城，则必畔；遇敌处战则必北，劳苦烦辱则必奔；霍焉离耳，下反制其上。故赏庆刑罚势诈之为道者，佣徒鬻卖之道也。不足以合大众，美国家，故古之人羞而不道也。"（《荀子·议兵》）

显而易见，荀子区分战争的性质，明确提出"义战"与"非义战"的对立范畴，这是其军事思想，特别是其战争观比较成熟的标志。先秦诸子中其他学派虽然也对战争"义"与"不义"的性质有所阐述，但就深度而言，却不如荀子。

荀子关于"义战"问题的认识，表面上看，是没有避免儒家人物易患的毛病，即"迂远而阔于事情"，显得有点天真，但在绝对的胜利之上，有一个绝对的道义。荀子的"义战观"的提出，其根本意义在于解决了燕赵兵学存在与运用的终极价值问题，对此，应该予以充分的肯定！

第二，突出军事对政治的从属关系，表现出显著的民本主义色彩。

荀子的学说与孔、孟一样，是一种以政治伦理为本位的思想体系，因此其军事思想在其整个理论建构中居于从属地位，强调军事对于政治的依附从属关系，是其军事思想的特色之一；而崇尚民本、重视民心归向对于战争成败的意义，则是荀子军事思想的基本价值取向。

荀子是先秦儒家军事思想的集大成者。他对军事从属于政治、民心归向决定战争胜负的认识可谓十分深刻与透彻。他肯定"仁义"的重要性和迫切性，强调指出"故古之人，有以一国取天下者，非往行之也。修政其所，天下莫不愿，如是而可以诛暴禁悍矣"（《荀子·王制》）。

为了达到这一理想，荀子认为，一是要提倡附民爱下，力行仁政："彼仁义者，所以修政者也。政修则民亲其上，乐其君，而轻为之死"（《荀子·议兵》）；"凡用兵攻战之本，在乎壹民……士民不亲附，则汤、武不能以必胜也。故善附民者，是乃善用兵者也。故兵要在乎善附民而已"（《荀子·议兵》）。

二是要修礼。荀子视礼为"治辨之极""威行之道""功名之总"，认为只有尊奉礼义，遵循制度，尚贤使能，教化百姓，顺从民心，才能造就军事上的强盛："故上好礼义，尚贤使能，无贪利之心，则下亦将綦辞让，致忠信，而谨于臣子矣……故藉敛忘费，事业忘劳，寇难忘死，城郭不待饰而固，兵刃不待陵而劲"（《荀子·君道》）。否则，便会民众离心，导致军破国亡："民不为己用，不为己死，而求兵之劲，城之固，不可得也。兵不劲，城不固，而求敌不至，不可得也。敌至而求无危削，不灭亡，不可得也。"（《荀子·议兵》）

由此可见，荀子始终把政治清明、民心向背视为决定战争胜负的首要条件，强调只要赢得民心，便可以无敌于天下。而争取民心的关键，在于修明政治，推行"仁政"与"礼乐"。荀子军事思想中的这种民本精神，显然具有进步意义，对后世军事思想的发展不无积极影响。

第三，文武并举，致力于国防建设；尊卑有序，提倡以"礼"治军。

儒家是"家国一体论"者，因此对国防问题予以关注是很自然的事情。他们提倡气节，严格夷夏之防，主张抵御外侮，团结民众共同对敌，追求国家安定、民众安居乐业，保持中华文化的承续性，从而奠定了儒家国防理论的基本立场。在具体国防建设指导方针问题上，儒家主张文武并举，政治与军事相互倚重，密不可分，"有文事者，必有武备；有武事者，必有文备"（《史记》卷47《孔子世家》）。深刻地阐明了政治与军事、经济建设与国防巩固之间的辩证关系，成为一条意义重大、影响深远的国防建设指导方针。

荀子沿着孔子的思路前进，在具体的国防建设措施方面，提出了不少精彩的意见。首先，要顺从民意，以民为本，积极调动普通民众参加国防建设事业，尽可能使民众与统治者的意愿统一起来。其次，主张加强国防后备力量的建设，提倡教育与训练民众，使其掌握基本的军事技能，能够从军作战，共卫社稷，维护统治者的根本利益。最后，主张以雄厚的经济实力为后盾，建设起一支能征惯战的强大军队，并注意造成一种清明和谐的政治环境，以求在战争中牢牢立于不败之地，"辟四野，实仓廪，便备用，严刑罚以纠之，存亡继绝，卫弱禁暴，而无兼并之心，则诸侯亲之矣"（《荀子·王制》）。当然荀子的国防建设主张与法家等学派还是有很大区别的，这就是它以仁义为本，而不一味推崇暴力，迷信武力，所谓"无兼并之心"和"秦之锐士不可以当桓、文之节制，桓、文之节制不可以敌汤、武之仁义"（《荀子·议兵》）云云，正反映了荀子国防观的独特性格。

荀子在治军问题上也有比较系统的主张,其基本内容是提倡以"礼"治军,重视将帅道德品质的修养,强化军队内部的等级秩序,这一切正是荀子"礼治"理论在治军问题上的具体反映。

荀子讲究"礼治",在治军上就是主张运用"军礼"来治理军队,指导各方面的工作,以期行必中矩。孔子曾就此说过一段非常著名的话:"以之田猎有礼,故戎事闲也;以之军旅有礼,故武功成也"(《礼记·仲尼燕居》)。所谓"军礼"应是军队根据西周古典文明中的"礼乐"精神而具体制定的一整套规章制度。到了荀子那里,对"礼治"的强调更达到了一个新的高度,"礼乐"成了军队强盛、战争胜利的基本保证:"上不隆礼则兵弱"(《荀子·富国》);"大国之主也,不隆本行,不敬旧法,而好诈故。若是,则夫朝廷群臣亦从而成俗于不隆礼义,而好倾覆也。朝廷群臣之俗若是,则夫众庶百姓亦从而成俗于不隆礼义,而好贪利矣。君臣上下之俗莫不若是,则地虽广,权必轻;人虽众,兵必弱"(《荀子·王霸》)。

在治军中认真贯彻"军礼"的基本前提下,荀子十分强调将帅个人的道德品质修养,对将帅品德修养问题做出了全面的阐发:"可杀而不可使处不完,可杀而不可使击不胜,可杀而不可使欺百姓"(《荀子·议兵》);"敬谋无圹,敬事无圹,敬吏无圹,敬众无圹,敬敌无圹"(《荀子·议兵》)。认为能够做到以上几点,这样的将帅已是杰出的将帅,"慎行此六术、五权、三至,而处之以恭敬无圹,夫是之谓天下之将,则通于神明矣"(《荀子·议兵》)。

三 荀子兵学观的基本特征及其历史地位

以上我们考察了荀子兵学思想的主要内涵,以下我们将在此基础上对其基本特征做出探讨,以期更好地揭示和把握荀子兵学思想的性质与得失。我们认为其基本特征可以总结为三个方面。

第一,体现出崇尚人本精神的鲜明特色,立足于人的价值本位构筑其战争观念,奠定了中国古代军事文化中的人本主义传统。

荀子兵学思想中包含有浓厚的民本主义因素。这种民本主义因素的升华,就是战争观念中的人本精神。所谓战争观念的人本精神,乃指思想家在考虑战争问题时,其逻辑起点是以人的生存和发展为中心,从战争对生命的伤害与人性的摧残这一后果去判断战争的作用,提出自己对战争的态度。同时,他们还试图从"天道"的自然规律这一层次为人本精神做出诠释。至于战争在现实生活中的特殊动因和客观合理性,荀子往往是漠然处之或有意淡化的。这样,其战争观念已自然而然地呈示出"非战"或"反战"的色彩,为中国传统军事文化中人本价值观的确立奠定了基础。

如果联系中国历史的实际情况进行考察,荀子兵学思想中这种单纯崇尚人本精神的价值取向,其优长与欠缺相结合的属性就可以看得十分清楚。它一方面促成了中国军事文化中突出慎战、追求和平这一传统的形成,有力地抑制了穷兵黩武的倾向,使中国古代军事思想的主流与安土重迁、崇尚稳定的民族文化心理能够高度吻合。这样,就保证了中华民族内向持重、热爱和平形象的长久屹立,享誉世界。另一方面,其兵学思想中的"非战"观念,也有一定的片面性,它在缺乏历史观点的前提下否定战争的立场,对历史上进行正义性战争是一个严重的阻碍,这实际上是内向性与封闭性的表现,而且很容易在战略上滋生消极防御的倾向。这种以道德来否定历史,用幻想来替代现实,拿抽象来抹杀具体的局限性,既是荀子自身的悲哀,又是整个古代军事思想发展过程中的遗憾。

第二,注重构筑用兵的理想境界,致力于解决军事与政治之间的内在关系,从而使得战争观理论趋于高度成熟。但是与此同时,这也就逻辑地带来忽略具体军事学术问题的缺陷。

荀子崇尚人本精神,这使得它总是按自己的主观愿望,对战争的性质与宗旨加以理想化的虚拟,把原本是残酷、可怖的战争改造成为合乎自己政治理念的事物,一来批判、否定现实中的战争活动,二来在军事学的范畴为自己的政治、伦理观点张目。这种既不回避战争的存在,同时又人为曲解战争性质、虚拟战争宗旨的做法,反映了荀子本人对军事活动所持的矛盾心态,既想从原则上尽量贬低、淡化军事活动在社会政治生活中的地位和意义,同时又不得不在具体论述中注意、肯定兵事的迫切性与必要性。这样,构筑用兵理想境界,也就成为其兵学思想的又一个显著特征。

荀子构筑战争理想境界的最重要标志,是他系统地提出了"义战"理论,这是一种充满理想主义色彩的战争目的论和战争方法论。它的本质,是为了在处理军事与政治问题上做出最佳的选择。荀子始终不放弃"义

【北学学派与学术史】
北学与先秦"燕赵"兵学刍议

战"的这面旗帜,高度重视军事与政治的关系,深刻认识到民心向背与战争胜负的关系,从而在总揽全局的高度,为中国古代兵学解决政治原则和政治方向的问题,从而使古代战争观理论在哲理上得到了抽象的升华。两汉以后的"兵儒合流"格局的形成,荀子对兵学性质的规范与制约,正是这方面的典型例子。由此可见,荀子兵学思想的基本特点之一,是战争观理论的高度成熟,并对后世产生极其深远的影响。如西汉盐铁会议上贤良文学所提倡的"地利不如人和,武力不如文德"(《盐铁论·险固》),"文犹可长用,而武难久行也"(《盐铁论·徭役》),"诚以仁义为阻,道德为塞,贤人为兵,圣人为守,则莫能入"(《盐铁论·险固》)等主张,就是荀子用兵理想境界在西汉时期的薪火相传、发扬光大。

同样,荀子所倡导的先教后战、崇尚礼义的治军理论,"敬谋无圹,敬事无圹,敬吏无圹,敬众无圹,敬敌无圹"的作战指导原则以及国防建设理论上的文武兼备主张等,也具有超越时空的文化意义,因而受到后人的普遍推崇和遵行。例如明成祖所说:"不可以武而废文教,亦不可以文而弛武备。文武并用,久长之术。"(《明太宗实录》卷92)又如明人倡导用儒学要义教育部队,以凝聚内部、统一意志、提高战斗力,数言,"道者,仁义、礼乐、孝悌、忠信之谓。为君者,渐民以仁,摩民以义,维之以礼乐,教之以孝悌,使民亲其上,死其长"(《武经七书直解》卷1),"倡忠义之理,每身先之,以诚感诚"(《纪效新书》卷11《胆气篇》),等等,也无一例外是荀子"辟四野,实仓廪,便备用,严刑罚以纠之,存亡继绝,卫弱禁暴,而无兼并之心,则诸侯亲之矣"的主张在明代的再现与发展。

然而,需要指出的是,荀子既然主要是以虚拟的理想主义精神去对待军事问题,那么就会合乎逻辑地相对忽略具体的军事学术问题。这一点荀子同法家相比,是有明显差异的。法家以崇尚功利为宗旨,它决定了法家兵学思想具有注重实用的特色,而注重实用的宗旨又使得其最大限度地讲求可操作性。举凡兵学思想的主要层次,如战争观、战略思想、建军理论、战术指导原则,等等,他们都有程度不同的包容与深入阐述,体现了其兵学思想的完整性和系统性。荀子则有所不同,他虽然也或多或少涉及治军、国防、作战指导方面的内容,在这一点上,他比侈谈"仁者无敌"的孟子已经高出许多了,但从总体来看,这些方面的阐述相对单薄,其真正比较深刻的内涵主要集中于战争观理论方面。出现这种情况并非偶然,这与其学说整体价值倾向是一致的,儒家突出道器之辨,强调"形而上者为道,形而下者为器"。这方面,荀子也不例外,这影响了其兵学思想,便是注重战争理论观念的构筑,讲求抽象的原则,而忽略对理论的可操作性,忽略对具体军事学术问题的展开与深化。荀子思想中的这一缺憾,对于中国古代兵学的发展,有消极的影响。它使得古代兵学在很大程度上空言"性理",虚拟"理想",局限于道德价值的判断,而严重阻碍了军事学术自身合乎逻辑的成熟,使之长期作为儒学的附庸。

第三,强调义利之辨、王霸之辨,重义轻利,崇王黜霸,反对以诡诈之道用兵,提倡"仁义之师",反映出重文轻武的文化精神。

儒家学说的中心命题之一,是强调义与利的对立,主张取义舍利,重义轻利,"义胜利者为治世,利胜义者为乱世"(《荀子·大略》)。董仲舒更将义与利的对立强调到绝对化:"正其谊(义)不谋其利,明其道不计其功。"(《汉书》卷56《董仲舒传》)这种义利之辨的观点,自然要在荀子兵学思想中得到反映,于是便构成了其"义兵"至上,"礼乐"为先的基本立场,对兵家"兵以诈立,以利动,以分合为变"的观点予以全盘否定。荀子的一段话典型地体现了儒家这一态度:"为人主上者也,其所以接下之百姓者,无礼义忠信,焉虑率用赏庆刑罚势诈除阨其下,获其功用而已矣。大寇则至,使之持危城,则必畔;遇敌处战则必北,劳苦烦辱则必奔;霍焉离耳,下反制其上。故赏庆刑罚势诈之为道者,佣徒鬻卖之道也。不足以合大众,美国家,故古之人羞而不道也。"(《荀子·议兵》)

义利之辨实质是道德与功利之辨,与它相联系的,就是王霸之辨。荀子认为以仁义治天下为王道,以武力取天下为霸道。这从《议兵》篇中他与临武君问对言辞中即可有基本的了解。临武君是站在兵家的立场来强调"兵要":"上得天时,下得地利,观敌之变动,后之发,先之至。"这是"霸道"用兵的选择,但荀子对此并不认同,他是以"王道"的原则论"兵要":"故善附民者,是乃善用兵者也。故兵要在乎善附民而已!"在荀子看来,王道是美好的,霸道则是黑暗的。这一观点推衍到兵学领域,便是以武力制人为下策,以仁义服人为上策,所以应该摒弃武力,服膺仁义礼乐,这一点,对后世影响极其深远:"古者贵以德而贱用兵"(《盐铁论·本议》),否则便是逆天悖理,必然自取灭亡:"地广而不得(德)者国危,兵强而凌敌者身亡。"(《盐铁论·复古》)

荀子重义轻利,崇王贬霸的立场与观点,在中国历史上曾产生过深远的影响，也对中国古代兵学的发展起到了不可低估的作用。应该说，这种价值取向，含有一定的合理精神。这主要表现为它多少反映了人民对减少战乱、安定生活的强烈渴望，是对那些不顾民众利益，出于满足个人私欲而推行穷兵黩武政策的统治者的控诉和批判。它不断被强调和宣扬，在客观上起着抑制统治者战争野心的作用，这正是荀子兵学思想人本精神的体现。

然而，儒家义利观、王霸观与军事活动追求功利的属性是截然相对立的。荀子对诡诈之道的否定，违背了军事斗争的一般规律，因为"因敌制胜"灵活用兵以争取最大的战争效益，正是从事战争的根本目的。而荀子耻于言利，反对霸道，实在无济于战争的取胜，无济于维护统治阶级的根本利益。遗憾的是，由于儒家思想长期占据统治地位，它的这种弊端在古代社会中很难被克服，拥有很大的市场，从而严重影响了中国传统军事文化的健康发展。宋代一些腐儒对《孙子兵法》的贬斥、攻击，称之为"盗术"，就是荀子义利观、王霸观对中国古代兵学造成消极影响的具体例证。

"平庸"的思想者有思想史的价值吗?

——《乡里的圣人:颜元与明清思想转型及华北社会》导言[*]

王东杰[**]

摘要:颜元虽然是近世思想史上的要角,但其观念的原创程度不高。他的思想特色在于把那个时代已经在相当一部分人中流行的观念推向极端,发展出一种更加激进的立场。这就为我们提出了一个具有方法论意义的问题:一位缺乏原创性的思想家具有思想史研究的价值吗?事实上,若以原创性为标准,势必要将历史上绝大多数读书人排除在思想史的论述之外,以致思想史的议题将日趋狭窄,有些重要现象也很难解释。但如果要把这些"平庸的思想者"纳入考察范围,传统思想史的方法是不够的。引入"思想是一种生活的方式"的概念,重构思想者的生活情境,在其思想和生活之间建立起有效的关联,或有助于回答此问题。

关键词:颜元;原创性;思想史;思想是一种生活的方式

颜元(1635—1704年)是中国近世学术史上的要角,任何一部讨论明清思想转型的著作,都难以绕过他的名字。可是多数读者虽似耳闻其名,却又很少留下深刻印象。就当代史学的潮流看,他实际处在不上不下的境地:往上,其影响力无法与同时代大儒黄宗羲(1610—1695年)、顾炎武(1613—1682年)、王夫之(1619—1692年)相比;往下,他也不是深受晚近史家追捧的"匹夫匹妇"。他虽似知名(在"听闻"的意义上),却又不怎么为人所知(在"了解"的意义上)。其中的主要责任当然应由史家承负,但也不能不说事出有因:颜元的思想原创程度不高,亦谈不上多么深邃,也无多少发挥空间;他的经历不算复杂,一生大半株守

---

[*] 本文为《乡里的圣人:颜元与明清思想转型及华北社会》一书的导言。
[**] 王东杰,清华大学人文学院历史系教授。

【北学学派与学术史】
"平庸"的思想者有思想史的价值吗？

乡里，平铺直叙，少作波澜。这样的一个人，若非机缘凑巧，也许最多只能在方志上留下一个名字，而很难引发后世学人的关注。

若说颜元的生命史有何与常人不同之处，最直观的大概就是其身世了。他是今河北保定博野县（清代为直隶保定府博野县）北杨村人，其父颜昹，幼时为蠡县（蠡县与博野毗邻，两县城之间直线距离不足15公里）巡捕朱九祚（本书多称朱翁）抱养，改从朱姓。明崇祯八年（1635）三月十一日，颜元出生在蠡县刘村，乳名"园儿"；十九岁中秀才，取学名"邦良"，字易直。其父与朱氏关系不好，在颜元四岁时离家出走，从此未归。不久，一直没有生育的朱九祚又娶了一房小妾，如愿生下一子，从此对颜元母子日益冷淡。颜元十二岁时，其母大约受不了朱家苛待，终于改嫁。而颜元对自己的身世一无所知，对待朱翁夫妇依然殷勤有加，克尽孝道；对于朱翁父子的刁难，也一直隐忍避让。三十四岁，其养祖母朱媪病逝，他哀毁尽礼，几至于死，令旁观者触目惊心。朱家一位老者观之不忍，对他说："尔哀毁，死徒死耳。汝祖母自幼不孕，安有尔父？尔父，乃异姓乞养者。"颜元向母亲确认此事属实后，辗转寻回本家。三十七岁时，易名为"元"，字浑然；三十九岁，朱翁去世，遂恢复颜姓，迁回杨村。[1]

颜元给人留下最深刻的印象是他的孝行。除了对待养祖父母不计嫌隙、尽职尽责，更重要的事迹是他五十岁时出关寻父，经年努力，辛苦备尝，终于找到父亲坟墓，奉主而归。在明清孝道文化中，万里寻亲是人们喜闻乐道的孝行典范，围绕这个主题产生了大量故事，腾播众口。[2] 颜元将之付诸行动，立刻名动乡关，官府、士林、细民，皆赞不绝口，至有

---

[1] 有关颜元生平的一些史实，历来言说不无讹误，陈山榜教授在实地调研的基础上，做了不少辨正。他特别指出，颜元三十七岁改名为"元"，三十九岁方归宗；故"颜元"是其三十九岁之后所用的名字。不过，本书为简便起见，一律称之为颜元或其别号习斋。此外，陈也指出，颜父本名"贾"，"昹"系朱氏所改。不过，颜元三十七岁时以父亲名义为祖父颜发所立神主，即署名为"孝子昹"，故本书亦从众，称为颜昹。参见陈山榜《颜元身世考》，《石家庄学院学报》2005年第2期；陈山榜《颜元学术思想研究中的几个误区》，载陈山榜、邓子平主编《颜李学派文库》，河北教育出版社2009年版，第3145—3152页；（清）李塨《颜习斋先生年谱》（本身以下简称《颜谱》），收在（清）颜元《颜元集》，中华书局2012年版，第736页（按，本书征引史料，除特别说明者外，皆出自《颜元集》，以下只标篇名，幸读者察之）。

[2] 参见吕妙芬《成圣与家庭人伦：宗教对话脉络下的明清之际儒学》，台北：联经出版事业股份有限公司2017年版。

"颜圣人"之目。

不过，在理论上，"孝子"是人人可为和当为的，颜元志向远大，当然不满足于此。他立志成为圣人，做个"孝子"仅是其中一部分（虽则是极为重要的部分）。在个人修身之外，他也教化乡里，移风易俗；窥见圣人本旨，直造大道。用今天的话说，他生命的意义绝不只是社会史的，也是思想史、学术史的（尽管就颜元本人观念来看，今日所谓"思想家"和"学者"这两个身份，都是他不愿接受的。不过，本书为表述方便起见，姑且从俗）。而事实也的确如此：提及其大名，我们总会想到"颜李学派"——这个以颜元及其首席弟子李塨（字刚主，号恕谷，1659—1733年）命名的思想流派。因此，讨论颜元，必须要从其观念入手，但又不能止于观念本身。实际上，他最重要的思想恰是不要思想过多，而是要付诸行动。对他来说，行动即思想。

同宋明不少大儒相仿，颜元在确立自家旨趣之前，也曾历经数次"学变"。他幼时习文应举，与一般士子并无大异，甚至一度"误入歧途"：十四五岁，沉迷道教丹法，有志修仙，"娶妻不近"；十六岁，"知仙不可学"，又耽溺闺房，加之交友不慎，"习染轻薄"；十九岁，投入当地名士贾珍（生卒年不详）门下，经其人格感召，"习染顿洗"；二十一岁，读《资治通鉴》，决意放弃功名；二十四岁，接触陆王之学，深喜好之，自号"思古人"；二十六岁，读《性理大全》，思想折入程朱一线；二十九岁，与王法乾（？—1699年）订交，始立日记以自课，二人定期集会，质问学行，考核功过，成为终身好友；三十四岁，为养祖母治丧，其间悟及朱子之误，遂毅然自辟门户，倡导回归以习行实践为主旨的"孔孟正途"；三十五岁，写下代表著作《存性编》《存学编》，改号"习斋"。①

也像宋明时期的许多大儒一样，颜元认为，儒学自孟子以后就失落其本旨，复经佛、老窜染，从此大道沦晦，必须正本清源。其言锋所向，不仅是诸儒多有诟病的科举、训诂等"俗学"，而且特别针对理学，尤其是程朱一线的理学。在这一点上，他和其时多数儒者（包括他所在的圈子）的选项不同——后者或服膺程朱，或遵循陆王，但均不出理学阵营，颜元则有意识跳出其外（至于成功与否，则是另一回事），而将汉、宋传统一并推翻，其胆识之巨，魄力之大，时人未有。但他也因此而致毁誉不一，

---

① （清）李塨：《颜谱》，第709—726页。

【北学学派与学术史】
"平庸"的思想者有思想史的价值吗?

在其生前更是弹多于赞。

颜元之学,以"习"字为宗旨。一般认为,他所说的"习",主要是"实习""习行"之意,而这又是针对朱子"半日静坐,半日读书"的工夫论,及王学兴起后儒者直面大众的"讲学"之风而发。[1] 他认为,上古三代,学术只在"六府"(金、木、水、火、土、谷),"三事"(正德、利用、厚生),"(乡)三物"(六德:知、仁、圣、义、忠、和,六行:孝、友、睦、姻、任、恤,六艺:礼、乐、射、御、书、数),外此即"异端"。[2] 这些内容不像理学家感兴趣的"性与天道",可以肆口空谈,必须身体力行。其中,他自己的日常努力,尤在"六艺",特别是习"礼"方面。同时,这个意义上的"习"字也有重实用和功利的意思。晚近学者称习斋是明清"实学"的代表人物,就是从实行、实用这两方面来说的。

不过,颜元所言"习"字,除了这个正面的、积极的、工夫论层面的用法外,还另有一重否定性的、人性论层面上的意义。[3] 他不同意朱熹(1130—1200年)把恶归咎于所谓"气质之性"的观点。在他看来,气质与义理一样,皆是天之所赋,因此不可能是恶的来源;恶是由外来的"引、蔽、习、染"作用的结果。在此,"习"作为恶的四个来源之一,和其他几项并列,并不具有更重要的地位。但如果我们把"习"的这两层意思放到一起,就可以发现,对颜元来说,"习"既是造成恶的力量,也是矫正恶的力量。恶既由外烁,也就可以由外及内地消除。颜元对"外"极为重视,为此甚至不避被人讥笑为"拿腔作势",和有宋以来"转向内在"的思想取向形成鲜明对照。

作为明清思想转向的预流者,颜元全面参与了对理学主流的反动。在本体论上,他强调气质的根本地位和本善性质,承续了明代中叶以来的"气本论"思潮;在工夫论上,他将为学方向从读书、静坐转向日常生活的躬行践履,呼应了思想界对"形上玄远"之思和内在体验之路的批判。

---

[1] 习斋反对的不是读书这种行为,事实上,他自己都没有放弃读书;他反对的是将读书当作一种修身工夫。

[2] (清)钟錂:《颜习斋先生言行录》(本书以下简称《言行录》),第685页。

[3] 参见梁启超《颜李学派与现代教育思潮》,载陈山榜、邓子平主编《颜李学派文库》,河北教育出版社2009年版。

在行为方式上,他是从晚明放达之风转向"道德严格主义"的推动者之一。① 每年年初,他要为自己规定是年所应遵守的常仪、常功。他以古礼为向导,斟酌时制,加以损益,以成新礼,希望由之改造整个社会风俗。为此,他不但亲率弟子操演,还试图通过学生向外推行,把"其家必设祠堂,家长率家众朔望为礼,子必拜父,孙必拜祖"作为招生条件。② 将之放入更大的历史语境,可以看出(颜元本人当然并非自觉),这些行动既是明代官方和士大夫发起的"礼仪下乡"运动的延续,也是清代"礼教主义"的先锋。③

和同时代多数儒者不同,颜元并非书香门第出身,而是生长在一个基层小吏和农民家庭,自己亦曾亲自耕田劳作;他日常所接触者,多以乡民为主。这种生活环境和经历构成其一生事业的底色,使其思想取向流露出一种拙朴坚毅的农家风味,其长短之处皆在于此。长处如重力行,讲实际,坚卓自砺;短处则在见书不富,眼界不宽,缺乏深湛之思。颜元到二十六岁才读到相当普通的理学教科书《性理大全》;号称为学"初从陆、王入手",但真正通读陆象山(1139—1193 年)的著作,更已迟至四十岁之后。④ 事实上,他后来大力反对以读书为治学方式,未始与此无关:他下意识中或许正因得书不易,而刻意强调不读书亦可成圣,甚而欲成圣即不应多读书,多读书反于成圣有碍。

论者每称颜学,必言"六府""三事""(乡)三物",但颜元谈说较多且真正得力者,只在"(乡)三物"中之"六艺";"六艺"中又以礼、乐、射、御居多,而其真正念念挂怀者,还在一个"礼"字;"礼"的仪

---

① 参见杨儒宾《异议的意义——近世东亚的反理学思潮》,台北:台湾大学出版中心 2012 年版;王汎森《权力的毛细管作用:清代的思想、学术与心态》,台北:联经出版事业股份有限公司 2013 年版;王汎森《明末清初的一种道德严格主义》,《晚明清初思想十论》,复旦大学出版社 2004 年版;王汎森《"儒家文化的不安定层"——对"地方的近代史"的若干思考》,《思想是生活的一种方式:中国近代思想史的再思考》,台北:联经出版事业股份有限公司 2017 年版。

② (清)钟錂:《言行录》,第 631、643 页;(清)颜元:《代族人贺心洙叔仲子吉人入泮序》,第 410—411 页。其时河北民间仍多有不设祖祠,或虽立"家祠神主"而"祭荐不行"的情形,亦可从颜元的谈话中看出,如《言行录》,第 657 页。

③ 参见科大卫(David Faure)《明清社会和礼仪》,曾宪冠译,北京师范大学出版社 2016 年版;刘永华《礼仪下乡:明代以降闽西四保的礼仪变革与社会转型》,生活·读书·新知三联书店 2019 年版;周启荣《清代儒家礼教主义的兴起——以伦理道德、儒学经典和宗教为切入点的考察》,毛立坤译,天津人民出版社 2017 年版。

④ (清)颜元:《读刁文孝用六集十二卷评语》,第 508 页。

【北学学派与学术史】
"平庸"的思想者有思想史的价值吗？

目宽广，无事不包，习斋所习又偏重在常民所需（参看第三章）。① 从所言至所行，可谓"损之又损"。晚清朱一新（1846—1894 年）已注意及此，谓颜元"于射与数，略有所得"，然"此亦艺事之常，而遂欲以此立异"，不无"虚骄"。章太炎（1869—1936 年）也说其教学"规模殊隘"②。如此，则习斋致力的学术范围有限，与其志向之辽阔高远，恰成反比。

颜元所在并非文化落后的穷乡僻壤。虽然无法和江南相比，但蠡县、博野所属保定府一带，在直隶长期是人才渊薮，明代名臣杨继盛（1516—1555 年）、孙承宗（1563—1638 年）、鹿善继（1575—1636 年），及习斋推崇备至的北学泰斗孙奇逢（时称孙徵君、夏峰先生，1584—1675 年）都是保定府人。据王余佑（1615—1584 年）说，蠡县又是保定的人文繁盛之区。③ 故颜元虽读书不多，却有不少结纳"天下善士"的机会。他深受明代士人求友之风的影响④，自称"平生以朋友为性命"。虽因条件所限，不能远足，但自少年起，耳闻家乡附近"为古圣贤者，辄造庐拜访"，往往不惜跋涉"百里"，相识后即"师之，友之，求切劘我，提相我"。行事主动，态度恳诚。⑤

在其交往的人中，颜元以"父事者五人"：刁包（1603—1669 年，保定祁州人）、李明性（1615—1683 年，蠡县人）、张石卿（？—1669 年，保定清苑人）、张公仪（？—1672 年，赵州宁晋人）、王余佑（保定新城人）；以"兄事者二人"：王五修（？—1675 年，保定新安人）、吕文辅（？—1682 年，保定清苑人）；以平辈相交者三人：郭敬公（？—1678 年，

---

① 李塨曾对"礼"做过分类，可谓无所不包（《平书订》《赠黎生序》，均在《李塨集》，人民出版社 2014 年版，第 1168、1380 页。二者大同，亦有小异），颜元所习者，基本不出"人人习之以待行"和"随时而行之礼"，对于和日常生活关系不大的"待用而行之礼"则很少留意。
② 朱一新：《无邪堂答问》，《朱一新全集》，上海人民出版社 2017 年版，第 113 页；章太炎：《菿汉微言》（与《菿汉昌言》等合刊本），《章太炎全集》第 2 辑，上海人民出版社 2015 年版，第 45 页。
③ 参见王余佑《行远社约引》，《五公山人集》，华东师范大学出版社 2011 年版。
④ 关于朋友一伦在明代思想论说中的兴起及其与王学的关系，参见吕妙芬《阳明学士人社群：历史、思想与实践》，北京师范大学出版社 2017 年版。
⑤ （清）钟錂：《言行录》，第 687、694 页；（清）颜元：《祭魏帝臣文》《送安平杨静甫作幕序》，《颜元集》第 541、406 页。

蠡县人)、王法乾、赵太若(生卒年不详,蠡县人)。①

与他们的交往对颜元的学行、品性皆有触动,弥补了其读书不多的缺陷。他首次听闻气质之外无性之说,就来自张石卿(参看第二章);知道朱子《四书集注》亦不无"支离",来自吕文辅。这些言论对他的影响未必立竿见影,甚至当时还曾引起他的驳辩,但它们暗中扎根,日后无不开花结果,成为其思想的主干(参看第二章)。此外,颜元特意拈出的"习"字,似乎受到刁包的启迪。习斋不止一次提到,刁氏曾"翻孟子之言曰:'著之而不行焉,察矣而不习焉,终身知之而不由其道者,众也!'"②按此句出自《孟子·尽心上》,原为:"行之而不著焉,习矣而不察焉,终身由之而不知其道者,众也!"刁氏将"行"与"著"、"习"与"察"、"由"与"知"分别倒置,意思顿改,凸显出"行""习"与"由"的价值。③习斋反复言及此事,可知印象之深,大约也因此强化了对"习"字的感知。

通过这个交游圈子,颜元得以伸展自己的思想触角,感受时代风向,承接更大的儒学传统。事实上,除了气本论、工夫论等,习斋的观点与时人不谋而合处还有很多。比如关中大儒李颙(1627—1705年)也注意到"习"的作用:"性因习远,诚反其所习而习善,相远者可使之复近;习之不已,相近者可使之复初:是习能移性,亦能复性。"又云:"习字则字成,习文则文成,以至百工技艺,莫不由习而成,况善为吾性所本有,岂有习之而不成者乎?"同样指出"习"的两面性,思路与颜元不无相通,只是李颙仍将自己定位在理学传统中,并未锚定此字作为打破理学体系的着力点。④

---

① (清)钟錂:《习斋先生叙略》,第620页;李塨:《颜谱》,第721、723页;王源:《颜习斋先生传》,第704—705页;陈山榜:《颜元师友考略》,《保定师范专科学校学报》2005年第1期。

② (清)李塨:《颜谱》,第723页。颜元:《存学编》,第40—41页;对刁包语的类似叙述又见《四书正误》,第243页。

③ 不过,对于刁包的第三句话,颜元的看法应不一致:比起"由之而不知其道",他可能宁愿选择"由之而不知其道",因为他是服膺"民可使由之,不可使知之"的。

④ (清)李颙:《四书反身录》,《二曲集》,中华书局2006年版,第502页。李颙又言:"讲学本为躬行,如欲往长安,不容不讲明路径,若口讲路程而身不起程,自欺欺人,其病更甚于不讲,岂不尤为可忧?"(同书,第456页)与颜元批评朱子读书讲学不是亲自去"走路",而"只效圣贤言便是走路"(《存学编》,第86页),亦是同一构思。

【北学学派与学术史】
"平庸"的思想者有思想史的价值吗？

重功利、重实效也是清初思想界的共性，比如唐甄（1630—1704 年）就批评理学劳而无功，"天实生才，学则败之矣"①。这一认知的出现，自明末已然，但明清鼎革的政治动荡无疑强化了士林朝向这个方向的反思。方苞（1668—1749 年）曾云："仆少所交，多楚、越遗民，重文藻，喜事功，视宋儒谓腐烂。用此，年二十，目未尝涉宋儒书。"② 对遗民而言，"喜事功"即是悲胜朝，其实不无追悔心态。③ 方非遗民，但显然受到遗民心境的熏陶。至于以遗民自居的王余佑，则大力指斥"南宋君臣守江非策"④，影射的意图甚明。颜元也喜欢陈说宋代国势衰弱，不过他的意思是想借此证明宋学于人无益，抑且流毒深远。

若说和同时代人相比，颜元的思想有何特色，那就是他把这些观念推向极端，发展出一种更加激进的立场。他终身热衷于与朱熹缠斗，随时不忘对之加以审判，甚至带有几分刻毒。朱熹的反对派不少，但其中态度激越如习斋者，还很少见。在笔者看来，这多少是他在现实生活中不快情绪的投射（参看第一章）。其次，无论是批判对手还是自我建树，颜元的思想都过于化约，但也正是这种简化，给了他一往无前的勇气——钱穆（1895—1990 年）称其为"北方之强"，可谓一针见血。⑤ 颜元思想的另一个特色是他认定读书有害健康；他所谓身体力行，也不仅是儒者常说的亲身实践，而且更密切地指向对"肉身"的关注（但绝非要解放欲望），这又可追溯到他的病痛经验，以及作为一个医生的职业关怀（参看第三章）。

颜元思想的极端化和简单化倾向泄露了他的某些性格特征。他早年为学，不无轻信：二十四岁接触陆王，"以为孔、孟后身也"；二十六岁服膺周（敦颐）、程、张（载）、朱，"以为较陆、王二子尤纯粹切实，又谓是

---

① （清）唐甄：《潜书（附诗文录）》，中华书局 2009 年版，第 3 页。
② （清）方苞：《再与刘拙修书》，《方苞集》，上海古籍出版社 2012 年版，第 174—175 页。
③ 此处另需注意的是方苞提到的"重文藻"一点。许多遗民面对天崩地坼的大变局，一改明末的浮华士风，提倡一种刻苦自励的生活方式，其中一项就是对文藻的摒弃（王汎森：《清初士人的悔罪心态与消极行为——不入城、不赴讲会、不结社》，《晚明清初思想十论》，第 188—247 页），但方苞笔下的这些"楚、越遗民"在这一点上则似无动于衷，说明问题尚有更为复杂的层面，值得进一步追索。
④ （清）李塨：《五公山人王先生行略》，载王余佑《五公山人集》，第 391 页。
⑤ 钱穆：《中国近三百年学术史》，商务印书馆 1997 年版，第 220 页。按钱语典出《中庸》："子路问强。子曰：'南方之强与？北方之强与？抑而强与？宽柔以教，不报无道，南方之强也，君子居之。衽金革，死而不厌，北方之强也，而强者居之。'"

孔、孟后身也"。当其时,"莫谓闻诋伊川(程颐,1033—1107年。引者注,下同)、晦庵(朱熹)者怫然怒,但闻朱陆互有长短者亦怫然怒。尝称'周元公(周敦颐)真圣人''朱文公(朱熹)真圣人',不惟举诸口,亦已笔之书"。自谓读到朱熹对陆象山、陈亮(1143—1194年)的批评后,"此时虽有以二家书进者,必摒而不观矣"①。然而,其轻信又轻疑。他后来对朱学有如仇雠,和当初的信从之笃诚其实是同一路数。

不过,颜元的性格亦不无复杂和矛盾。一方面,他自信力极强,曾放言:即便"释迦恶魁",听了自己的话也会"垂头下泪";至朱熹所言"皆不难自驳倒。若有人以不肖性辨及孔子教法进,必豁然改悟。恨吾生也晚,不获及门矣!"他初识王法乾,二人各自矜持,互传口信,皆未肯主动登门。后颜元听闻法乾自称真武大帝转世,乃"大惊曰:'吾儒有才如此,而切磋无人,致使孤立生骄,认妄为真,其如天生才之心何!'于是登门纳交,相规以正"。后听说孙承宗的侄孙孙奕渊(生卒年不详)沉溺佛道,又"惊起跌足曰:'何为然哉?其吾之罪也夫,其吾之罪也夫!'"皆是自以为大道在手、担负天下命运者才脱口而出的话。故他读刁包《用六集》中"《春秋》以天自处,口代天言,身代天工"一语,以为深合己意,"不觉喜跃"。②他的欢喜,大概就在"以天自处"四字。其高自位置,由之可见。

但颜元有时也颇不自信,甚至不惜自贬,尤其当他谈及命运之事(参看第一章)。他曾对王法乾说,想把著作献给孙奇逢,"借以回天下"。法乾道:"人自为耳。何必伊!"颜元答道:"天生材自别",有王者之才,有辅佐之才。"天生王者,其气为主持世统之气,乃足系属天下,非其人不与也。"儒者"教世"亦然,"是其人也,天下附之;非其人也,学即过人,而师宗不立"。在他看来,孙即儒教"王者",自己只能"复明此学",而"非身见之材"。③

---

① (清)颜元:《王学质疑跋》《读刁文孝用六集十二卷评语》,第496—497、508页。
② (清)颜元:《存学编》《与高阳孙奕渊书》,第40、69、455页;(清)颜元:《读刁文孝用六集十二卷评语》,第510页。刁包原文见《春王正月八则》,载《用六集》(《清代诗文集汇编》编纂委员会编《清代诗文集汇编》以下所用此书,皆系此本),上海古籍出版社2010年版,第18册,第591页。
③ (清)颜元:《存学编》,第52页;又如,《四书正误》,第166页。孙奇逢的学术路径与习斋大不相同(有关夏峰学术,参见王坚《无声的北方:清代夏峰北学研究》,商务印书馆2018年版),而颜对之一直仰若泰山,似与此认知有关。

【北学学派与学术史】
"平庸"的思想者有思想史的价值吗?

颜元的另一个矛盾之处在于,他一向提倡关注现实,反对士人做个"自了汉",但明清交替之际的政治动荡,以及由之引发的社会冲击①,甚至是身边发生的事件,如满人在河北的"圈占",只是偶尔出现在他笔下,并未成为其持续关注的一个主题。② 对于一个关心民瘼的儒者来说,这种"沉默"不同寻常。其中可能不无自保意味,但亦和他终身为朱子学所困有关。他与朱子划清界限的意识太过鲜明,在在处处与之立异,反在不自觉中为"对手"的运思方式塑造:朱子多讲读书,习斋便讲习行;然而其习行仍在书斋里进行,针对的还是读书人。再从其著作看,无论议题,还是术语、立论方式,也无不在理学的辐射范围内。他批判理学家空言心性,其实不无误解③;而他从理学传统中之所得,则远超其自己的认知。事实上,他真正系统讨论经世的著作《存治编》,是其作为理学信徒时期的作品;在突破程朱藩篱后,反而缺乏新的建树。这一点,怎么看也像是一个讽刺。

然而,20世纪以来的思想史、学术史研究,大都倾向于强调颜元思想的突破性甚至现代性:他的气质论、习行论和以致用为标准的学术取向,被不同程度地拿来同"科学""实验主义""唯物主义""民主主义"相比,乃至被视作"礼教"批判的先声,而全然不顾习斋本人就是礼教的推动者。④ 这些抽离颜元时空所在的论点,无疑歪曲乃至颠倒了习斋的本意。梁启超(1873—1929年)、胡适(1891—1962年)和侯外庐(1903—1987年)等人,皆是在借助于"颜元"这个符号,抒发自己的理想,与

---

① 比如潘平格(1610—1677年)就曾做过一段沉痛的描写:"读《孟子》'父子不相见,兄弟妻子离散,老弱转乎沟壑,壮者散而之四方',即恻然伤心。今日世界恰是如此:乱离之惨,杀戮之痛,不知多少;无辜死于兵刃,死于踩躏,死于水火,死于饥寒,死于恐怖;父子、兄弟、夫妻、老幼,或死或掳,不得一见。言念至此,锥心刺骨,泪出痛肠!"《潘子求仁录辑要》,中华书局2009年版,第223—224页。

② 关于圈占,参见秦佩珩《清代前期圈地问题阐释》,《中州学刊》1982年第3期。颜元文中提到此事,共有四处,均是一带而过,仅有一些侧面反映。见《存治编》《孝悫子传》《节白李处士传》《巡捕朱公行实》,第103、472、477、584页。

③ 参见余英时《宋明理学与政治文化》,广西师范大学出版社2006年版。在朱鸿林看来,明代地方官从朱熹著作中寻找解决实际治理问题的线索,实乃晚明清初实学兴起的动力。参见 Chu Hung-lam, "Intellectual Trends in the Fifteenth Century," *Ming Studies*, Vol. 27, 1989。

④ 陈山榜、邓子平主编的《颜李学派文库》中收录了清代以来海内外代表性的研究论著8种、论文及资料41篇,书后并附《文献索引》一份(截至2008年),颇便利用,可以看出有关的研究情形。

徐世昌（1855—1939 年）等对"颜李学派"的政治利用，未必有何本质不同。① 这一点，直到近年以来杜维明、杨瑞松（Jui‐sung Yang）等人的成果，才有所改变。他们已通过对颜元生平与思想的重新梳理，纠正了不少既存认知的偏差，为有关研究开辟了一番新景象。②

本书不是一部颜元或其思想的传记，而是由三篇论文构成的，其目的是希望在学界现有成果基础上，就一些自认思考有得的专题，略做探讨与发挥。当然，在阅读、思考和写作过程中，笔者也产生了一些贯穿性的想法，构成了将它们结集到一起的动机。

首先，从某种意义来讲，颜元的思想谈不上特别深刻，其平日讲说的道理，大都是前人已经说过的陈言；放在全国范围内看，其影响力也非常有限，虽经李塨奋力宣扬，还是没有逃脱昙花一现的命运，到了第三代就寂然无闻。若非从戴望（1837—1873 年）以来近代学人的连续误读，颜元大概至多不过是在博野、蠡县一带闻名乡里级别的圣人而已。③ 既然如此，他是否还具有思想史的研究价值？

笔者的看法是，历史上绝大部分读书人都是如同颜元一样的，甚至是比他更为"肤浅"的思想者。若以原创性为标准，势必要将他们排除在思想史的论述之外。但如此一来，思想史的议题将日趋狭窄，有些重要现象也很难解释：少数人头脑中的思想风暴，怎样成为多数人心中不问自明的"常识"？反过来，为何有些被后人认为极其精彩的言论（如黄宗羲的

---

① 关于晚清民国时期思想界和政治界对于颜李学派的认知与利用，参见王学斌《颜李学的近代境遇》，商务印书馆 2017 年版。

② 参见 Tu Wei‐ming（杜维明），"Yen Yüan：From Inner Experience to Lived Concreteness"，in *Humanity and Self‐Cultivation：Essays in Confucian Thought*，Berkeley：Asian Humanities Press，1979；杨瑞松《追寻终极的真实——颜元的生平与思想》，新北：花木兰文化出版社 2011 年版；Jui‐sung Yang，*Body，rutural and identity：A New Interpretation of the Early Qing Confucian Yan Yuan（1635‐1704）*，Leiden，Boston：Brill，2016。（需要说明的是，本书前两篇探讨的课题和杨氏著作特别是英文著作有重合之处，但本书诸文的讨论重点和思考范围，都与之有不同，读者不妨对看）商伟强调了颜元思想对朱熹的继承，质疑了其原创性。参见《礼与十八世纪的文化转折：〈儒林外史〉研究》，严蓓雯译，生活·读书·新知三联书店 2012 年版。

③ 颜元交游虽广，但足迹所履多在蠡县、博野左近，较远的出行仅有三次：一次是三十九岁，与会中同人赴曲阜，祭拜孔庙、孔墓［(清)李塨：《颜谱》，第 738 页］；另外两次分别是五十岁出关寻父与五十七岁南游中原。从后见之明来看，这三次出行具有极强的象征意味：第一次是受道，第二次是行道，第三次是传道，完美地诠释了一个圣人最重要的三个生命节点（他本人当然不是有意识的）。除此之外，他一生的大部分时间，都只是一个"乡曲之士"（当然，这并不妨碍他可以胸怀天下）。

《明夷待访录》），却难以真正变为当日公众的日常？纸面和实践之间的落差，到底如何形成？要阐明这些问题，我们的目光不能仅仅盯住少数特殊角色。如同珠穆朗玛峰只有在青藏高原才能出现，思想大师既是对其所在时代平均思想海拔的超越，也无法离开后者这一根基。

因此，若想在更广泛的社会层面了解思想的历史，我们就绝不可忽视颜元这样的基层圣贤的作用。他们既通过引用"大传统"推动了中国文化的统一，也通过自己的选择决定了经典和精英理念进入社会的渠道和运作方式，在相当程度上影响了思想的流向和力度。透过以他们为中介的视角，我们也更容易觉察，作为被教化群体的闾间小民，如何按照他们自己的想法，再次改写这些思想。经过数次转手，许多观念已经远离了其本来面貌，甚或已与其创造者的原意南辕北辙，但它们的活力也正来自此。这几种力量既和谐又冲突，一起型塑了基层社会的思想面貌，也将中国打造成为一个充满连续性的异质共同体，呈现出既统一又富有张力的文化格局。

但是，如果要把这些"平庸的思想者"纳入考察范围，传统思想史的方法是不够的。仅以颜元来说，他的观念直接来自他的生命，和他这个人融为一体，无法分为二事。这就需要我们把作为历史背景的生活提到前台，将探索的触角从理论、概念、命题转向"活着"的人，将思想史转化为融合物质与观念、理智与情感、行动与心灵、个体感受与群体价值为一体的"生活—文化"史研究。为此，笔者引入王汎森教授的"思想是一种生活的方式"的概念，希望通过重建颜元的生活遭遇，寻索他面临的切己问题，进而展示那些"陈词滥调"对他的独特意义。显然，这意义主要是实践性，而不是思辨性的。换句话说，对颜元（及其同类人）来说，思想是对生活中所遇难题的解答，是我们究竟应该如何活着的指南和索引。观念要产生力量，必须转化并融入生活本身。这不是通过讲学或著述，而是透过我们整个身体（心灵和肢体）才能达到的。这就是笔者在第二章所说的，"道成肉身"的意义，而也正是这一点赋予他那平平常常的言说以一种特殊的魅力。

在这个层次上，道既是"旧"的，也是"新"的。"旧"，是因为它早已被圣人发现，因而已经成为常言俗语，甚至面临着被过度使用的风险。但这并未使其贬值，相反，它的内在价值，也恰好就体现在其"平常性"中。相反，对于颜元那个时代的人来说，如我们今日定义的"思想家"那般，一定要讲出与众不同的"新"观点，这一追求本身就是可疑的。但道的确也是"新"的。"新"，是因为每个人都必须亲身实践和体会才能窥见其面目，不同人的体会不可相互替换，即便他们的最终所得完全相同。大道之所以"大"，就是因为它需要我们不断去重新发现和确认。思想的意义不只体现在它如何被"说"出来，更重要的是，也体现为如何被"做"出来。任何一个见道者的观念，既彼此相同，又独一无二。因此，颜元本不要说出什么"新"意，他本来无须重述圣人之言，只因异端破坏，鸠占鹊巢，此道湮灭，才使他要说的"常"理成为"新"知。

在社会学意义上，这种认知也使得圣人与"凡夫"，乃至"愚夫愚妇"之间的差别变得复杂起来。如第三章试图展示的，对颜元和他身边许多同志来说，追求"成圣"，就是努力地去做好"愚夫愚妇"。当然，此中不是没有差别：原初意义上的"愚夫愚妇"和经过努力才成就的"愚夫愚妇"，完全是人生的两个境界，后者是"如愚"而已，不能理解为真的愚笨。圣人的心中其实毫发分明，清清楚楚，但因为道的样子就是平平常常，绝不惺惺作态；践行大道，就是回到这种表面上看不到耀眼光泽的状态，这使他变得厚实。因此，重要的是不在日常生活之外去寻找真理，而是通过向"普通人"方向的复归，同时超越于"普通"的状态。

其次，笔者也希望在这些文章中，做一点思想史研究方法的新尝试——当然，所谓"新尝试"，完全是对笔者个人而言的，并不是说在笔者之前没有实践者。

第一章题为"血脉与学脉：从人伦困境看颜元的学术思想"，试图采用心理史学视角，接受了一些精神分析的基本理念。在笔者看来，思想史和精神分析有着同样的癖好，都是通过对人言说的分析，结合其过往经历，试图揭示其隐而不彰但关键性的意义系统和情感结构，因此，它们之间的合作是理所当然的。二者不同的地方似乎在于，思想史通常着眼于人的理性层面，精神分析则致力于考掘人的非理性活动。然而，认知科学研究早已表明，理性和情感的二分法并不可靠，它们毋宁是相互渗透，也相互支持（当然也存在冲突）的。[①] 因此，思想并非纯理性的作业，而是理性、情感及意志的共同结果。在此意义上，思想史和精神分析的结合又是

---

① 参见［美］威廉·雷迪（William M. Reddy）《感情研究指南：情感史的框架》，周娜译，华东师范大学出版社2020年版。

势在必行。本书正是通过对颜元的精神分析，才得以重构其生活情境，在其思想和生活之间建立起有效关联。

当然，本书也面临着心理史学的共同问题，一是如何寻找潜意识的证据？它们被刻意压制，"无迹可寻"，甚至可能"已经根本不存在"，但仍"装扮成症状、失误、说溜嘴、梦的材料，以及心智生活的种种怪异现象"突围而出。[1] 正像法国历史学家和精神分析学家德·塞尔托（Michel de Certeau，1925—1986年）说的："如果'过去'（在危机的某一决定性时刻发生并形成的事件）受到了压抑，它就会不露痕迹地回返到它不被容身的'现在'。"[2] 对于这些细节，史家必须细致爬梳。但如果它们本是当事人都难以确认乃至刻意（换一个角度看，也是无意）禁制的念头，作为旁观者且是后来人，历史学者如何敢于一锤定音，宣布自己比当事人更了解他自己？除了密集性地提供旁证，以及时刻警惕自己错误的可能，还必须老实承认，史家所说皆是自己意中"拟构"（fiction）。[3] 然而如同精神分析一样，心理史学并不因不是"科学"就应蒙受羞耻，因为"科学"也不像其字面上来得那么"科学"，同时"非科学"也并不就意味着"反科学"。

精神分析流派众多，有时相互抵牾，到底采用何种家数？笔者并非专业人士，无意加入精神分析学家的内部战团，在这方面完全取"有用"为标准：只要言之成理，而有助于对历史现象的理解，笔者都不怕"拿来"便用。当然，"拿来主义"不是亦步亦趋，它要根据文化、社会乃至个人差异，做出许多修改和调适，甚至可能改得面目全非，故人不识，那也没关系。一种理论或方法本身并无任何神圣不可侵犯之处，其是否可以成立，唯一的标准只是我们在用其释读现象时，能否得心应手。当然，笔者做得是否成功，自己未可意必，只有等待读者验收。

第二章题为"气质为何不恶：颜元的身体经验与思想建构"。笔者在这篇文章中切入的问题是：颜元为什么认为气质是善的？答案并不像表面

---

[1] ［荷］保罗·普吕瑟（Paul W. Pruyser）：《宗教的动力心理学》，宋文里译注，台北：联经出版事业股份有限公司2014年版，第294页。
[2] ［法］米歇尔·德·塞尔托：《历史与心理分析——科学与虚构之间》，邵炜译，中国人民大学出版社2010年版，第25页。
[3] 这里对"fiction"的翻译和理解，笔者采用了彭刚的解释。参见《叙事的转向：当代西方史学理论的考察》，北京大学出版社2017年版。

上看去那么简单。颜元当然会提供一些理由,但他的论证并不足以完全说明其观点的由来。事实上,这个问题最终取决于习斋怎样理解"气质"这个概念,而这就牵涉笔者对思想形成方式的一个假设。

一般说来,人的思想大致可以分为两部分:一是表述;一是思索。若用冰山做比,人之所说或所写,就是冰山可见的部分;在那之下,还有更大的部分是我们的对话者不能看到的,就是思索。笔者使用的思索一词取其广义,包含的形式多种多样:有时是反复考量、深思熟虑,但更多情况下,则是瞬间的、直觉的,尤其是在面对面的交往中,甚至是下意识的,连本人都未曾觉察,就一闪而过——在这种情况下,思索更像是一种自发性心理的提示。一部分训练有素者,可能会严格遵照逻辑的要求,分析、综合与推论,但大多数人的直觉性思索对象,通常都是些具体(其形象时而清晰、时而含糊)的意象。这些意象起到了认知语言学所谓"原型"的作用,为论者的发言提供了系统性的叙事框架,同时也是其立论的出发点和所要达致的目标。比如说到"下雨",有人也许想到自己刚刚走过的小路上湿漉漉的青苔,或许还因此滑了一跤;而另外一位则刚从沙漠旅行归来的人,他的感受和观点势必不同。这个例子当然是颇为浅显的,但许多看起来更不宜察觉的例子,原理也是一样的。

有一种情形或许有助于说明笔者这里所关心的问题:很多时候,争得不可开交的论辩双方,基本主张并无太大差异,他们可能都会承认,论题中蕴含着两个对等的、可以同时成立的命题,只是他们各自关心的侧重点不同而已。是什么使他们将自己的注意力投向不同方面?往往与他们发言前或发言过程中,头脑中闪过的事例有关。可是,发言人通常不会交代这部分内容(甚至根本没有意识到),致使对方只能在一种抽象的、中立的、去情境化的立场上(更有可能,但也更加不幸的是,从自己头脑的"原型"意象出发),去评估、理解对方的观点。这种毫厘之差造成的恶性互动,导致双方越来越忽略彼此的共识,而将侧重点的差异上升为根本点的不同。在此情形下,只有澄清大家立论时各自依据的思索"原型",他们的发言才有着落,不至彼此相错,难以折中。

不过,表达和思维之间虽然存在着映射关系,但也常常错位。除了技术性的障碍(如词不达意)之外,更重要的是,从思维到表达的路径并不完全可逆。一个说出来的观点,其背后可能有无数种与之对应的意象,而我们很难确定,到底是哪个意象决定了论者的言辞。但逆向的复原也不是

【北学学派与学术史】
"平庸"的思想者有思想史的价值吗?

全不可能,因为一个意象,特别是主导性的意象,既然决定了发言者的论述方向,便不会只出现一次,而是会不断展开。在幸运情况下,比如当论者试图举例证明的时候,这些意象可能就脱口而出,使我们把握到他为何会选择某种立场。当然,一个人在展开自己观点的过程中,有时可能会做进一步的生发,甚至离开"原型"甚远,不过,他通常都会围绕自己的出发点兜圈子;他也可能会举出很多论证效力各有不同的例子,但如果留心,仍不难发现,其中有的是可以起到统帅全部论点作用的。

如同潜意识一样,要想抓住论者头脑中可能连自己都未必察觉的内容,并不容易,对后世史家更是难乎其难。为了解决这个难题,笔者运用了社会学家查尔斯·蒂利(Charles Tilly,1929—2008年)的理论,将颜元在讨论气质之性时所运用的两种论证方式——"专业表述"和"讲故事",视作两条效力相等的平行线,通过比较它们在论述结构中的功能和地位,推断出颜元的身体经验和他的"气质"概念之间的对应关系。在此,"讲故事"就起到了关键性的举例作用,将颜元在讨论气质之性时围绕的"身体"这一主导性"原型"意象提示出来。

这就牵涉本章要指出的另一个问题:虽然属于同一思潮,但不同人介入其中的方式并不一样,这决定了他们的观念之间更为微妙的差异。虽然共享了同样的预设、命题和概念,但因为性格、经历等个人因素的互异,导致他们用来理解这些命题和概念的"意象"资源(特别是"原型"意象)各有不同,以致关注点和论述重心也随之有异,并进而带来整体论述风格的差别。

第三章题为"在乡里'作圣'——17世纪北方学者颜元的例子"。在这里,笔者的想法比较简单,主要的努力方向是两个。一是,在讨论颜元形象时,要把士人的看法和庶民阶层的看法区分开来,分头处理;虽然有时因为史料表述的限制,很难在其中做出确切分辨。二是,不能仅仅关心士大夫怎样自上而下地塑造细民,也要关注相反的过程:庶人百姓是怎样改造圣人的?这就需要把"被教化者"同样视作一种教化主体,尽管他们对此未必具有明确的自觉。进一步,从方法论的角度讲,我们不一定要刻意去寻找所谓"无名之辈",有时通过扫描"大儒"周边,也可以达到类似目的,因为"无名之辈"就存在于"名流"的生活之中。有名与否,只是幸与不幸的差别,并无不可跨越的鸿沟——事实上,如前所说,颜元本人就差点成为众多寂寂无闻者中的一员。

但是，讲述"老百姓自己的故事"，不是一件易事，首先就面临着材料的困难。为此，除了在既存文献中细心寻找他们不经意间留下的蛛丝马迹（有时直接，有时间接，但总量其实并不在少数），笔者也把民间传说引入分析范围。尽管从传统史料观的角度来看，这些传说的缺陷是相当明显的：它们都经过了文人润饰，绝非纯粹的"人民"声音；时间线索不明，很难确定它们何时出现，又经过了怎样的加工。不过，世界上原本没有完美的史料，我们也不可能获得"标准"的传说。在口头史料中，流动和变形也许表现得更为显著，但文字其实也不能真正把过去固定下来，留给我们看。像处理任何一种史料一样，只要熟悉民间故事所在的社会和文化语境，了解其文类特征和讲述格式，我们就能审慎发掘有用信息。就此而言，它和文献史料并无根本不同；如果对它的使用能够丰富史学的认知线索，史家何故弃之而不为？

地域与全国之间：论清代前中期中州夏峰北学流变*

王 坚**

摘要：清代学术由于没有形成统一的经学体系而呈现出多样图景。在清初孙奇逢南下重振中州理学的指引及汤斌、张伯行、马时芳、王鉁、夏锡畴、胡具庆、李棠阶、倭仁等大批弟子后学的努力下，以孙奇逢为开山、以会通理学各派和着力道德践履为主要特色的中州夏峰北学在省域和全国两个层面呈现出颇具差异的流变轨迹。在省域层面，与河南地域格局及学术生态相对应，一直长盛不衰，为学术主流。在全国层面，受制于理学在清朝整体地位之变动，经历清初兴盛、乾嘉低谷、道咸回暖、同治朝再次复兴之轨迹。构成学术发展的"现实"分为诸多层面，不同学术体系处于不同层面具有不同属性。与考据学注重经典处理不同，清代理学是一个集治国之道、意识形态主体、学术等于一身且不断变动的思想体系，具有整合其他一般思想体系、凝聚帝国共识、维持世道人心等意识形态功能。清朝总体格局虽使理学成为意识形态主体、治国之道，中州夏峰北学也由此成为清代意识形态建构的重要知识资源之一，但同中有异的各具体的时代格局又使其实际发挥作用不同，波动不断。在扬弃传统学术叙事基础上，尊重夏峰北学等清学各派的个性，深入探讨构成他们发展的"现实"诸多层面及攻防转换，更能推动清学史阐释模式的重塑。

关键词：中州夏峰北学；理学；清学史重构

在 20 世纪清学史研究中，主流学界目光一般聚焦于考据学派，特别是以江南为大本营，以惠栋、戴震为领军的乾嘉考据学派为史述主轴，形

---

* 本文为国家社科基金一般项目"晚清民国中州理学研究"（17BZS077）的阶段成果。
** 王坚，河北师范大学历史文化学院副院长、副教授。

塑后人认知。在这种思路指引下,清代理学成为一个相当冷僻的研究领域。直到2007年,首部《清代理学史》才得以问世。

其实,完整意义上的清学是一个集理学、考据学、西学等于一体的综合性学术体系,对之研究评价本身就是一个复杂的仁智互见的过程,以不同视野观察可能会呈现出各异的学术图景。就清代理学而言,虽不断变动,表现却并非如20世纪主流学界所认为的低谷,而是颇为悖论。一方面,持续辉煌,仍为科举考试的基本内容,在学术格局中处优势地位,"夫村塾蒙师,几无一不知有程朱章句集注者矣"[1]。重经世践履,重心从"为往圣续绝学"的形而上思辨转变到"为万世开太平"的形而下实践,致力满汉交融,却仍以理学为治国之道、意识形态主体,这与元朝汉化蒙古受挫,儒士处境低下,"九儒十丐"的局面不啻天壤之别。积极向其他领域推进,特别是古代中国最大散文流派桐城派加入,令理学实力大增。在地域分布上,主导北方及湖南、湖北、江西、四川、云南、贵州、广西等绝大部地域学术,即使在江南地区,考据学虽引人注目,但桐城派仍与之抗衡不辍。另一方面,又有些许黯淡,地位较之宋明有所衰落,起伏不断。经历清初辉煌后,乾嘉时期进入冰点。乾隆帝经筵日讲上公开质疑程朱言论[2];《朱子语类》及薛瑄《读书录》等理学经典在民间难以买到[3];为争夺话语权,考据学派"从净化语言入手来阐释古代经典著作"这一标准,贬斥宋明理学以敲打清代理学,企图用汉儒成果垄断对经学的诠释[4]。从嘉道始,随着社会危机加深,理学不断回暖,到曾国藩湘军集团镇压太平天国后更进入高潮。这一切都提示,如果以理学而非考据学视野来研究,清学史可能会以其他面貌呈现,清代中州夏峰北学为之提供了很好的样本。

作为清代理学和北方学术主流学派之一,以孙奇逢为开山的夏峰北学影响所及北方广大地区,其重要支派中州夏峰北学作为清代河南学术主流

---

[1] 萧一山:《清代通史》,中华书局1983年版,第996页。
[2] 参见陈祖武《清代学术源流》,北京师范大学出版社2012年版。
[3] 参见(清)昭梿《啸亭杂录》卷10,中华书局1980年版;柳得恭《燕台再游录》,辽海书社1985年版。
[4] 参见[美]周启荣《清代儒家礼教主义的兴起:以伦理道德、儒学经典和宗族为切入点的考察》,毛立坤译,天津人民出版社2017年版。

【北学学派与学术史】
地域与全国之间：论清代前中期中州夏峰北学流变

和屈指可数贯穿清代始终的理学流派①，学者众多，在清学史上具有重要地位，在光绪之前的清代前中期②，影响更为巨大。梁启超早在1924年发表的《近代学风之地理的分布》中，就注意到孙奇逢在北方影响巨大，为"近代北学之祖"，"清初北方学者，殆无一不被夏峰之泽"，南迁河南辉县夏峰村后在其带领下，中州理学再度兴盛，但由于认为理学日暮西山、乾嘉考据学在清中期独霸学界，漠视乾嘉之后中州夏峰北学发展。③梁启超这种思路被学界广泛接受。此后，主流学界研究虽有扩充，却仍限个别时段、个别人物。如在《清儒学案》中，就中州夏峰北学只关注过清初孙奇逢、汤斌、张伯行、张沐、胡煦等和晚清李棠阶、倭仁。④钱穆拟定的《清儒学案》在编目设置中除去掉张沐、胡煦、倭仁，其余一仍徐世昌之旧。⑤近30年来，陈祖武、靳大成、吕妙芬、杨瑞松、蒋竹山、吴建华等研究仍旧侧重上述重点人物。⑥《清代理学史》着力对清代理学的整体梳理，把夏峰北学学者分散各处，缺乏对夏峰北学及中州夏峰北学整体性的关注和系统考察。⑦总的来看，除嵇文甫在20世纪40年代把研究推进到嘉道之际的马时芳之外⑧，学界对清代中前期中州夏峰北学个别人物虽有单独研究，却疏于对该学派流变的整体性考察，遑论把他们当作一个独立完整的学术命题来加以研究，阐述其背景、过程及所蕴含的深刻意义，以更加全面地把握作为整体的清学发展之路。

---

① 关于夏峰北学、中州夏峰北学界定，参见王坚《无声的北方：清代夏峰北学研究》，商务印书馆2018年版。

② 在中国史研究中，一般以鸦片战争作为清代前中期和晚清的分界线，但学术与政治两个层面变迁并非完全同步，清代理学及中州夏峰北学直到咸丰年间才开始对近代化产生反应，为研究方便，本文把清代前中期下划到咸同之际。

③ 参见梁启超《梁启超全集》，北京出版社1999年版。

④ 参见徐世昌《清儒学案》，河北人民出版社2008年版。

⑤ 参见钱穆《〈清儒学案〉序》，《中国学术思想史论丛》卷8，安徽教育出版社2004年版。

⑥ 参见陈祖武《清代学术源流》，北京师范大学出版社2012年版；靳大成《成圣之道——清初孙奇逢理学思想述评》，载中国社会科学院文学研究所编《文学研究所学术文选1953—2003》卷3，中国社会科学出版社2003年版；吕妙芬《清初河南的理学复兴与孝弟礼法教育》，载高明士编《东亚传统教育与学礼学规》，台北：台湾大学出版中心2005年版；杨瑞松"Betwixt Politics and Scholarship: The Sun Ch'i-feng Circle in Seventeenth-Century North China"，《辅仁历史学报》2004年第15期；蒋竹山《汤斌禁毁五通神——清初政治精英打击通俗文化的个案》，台北《新史学》1995年第2期；吴建华《汤斌毁淫祠事件》，《清史研究》1996年第1期。

⑦ 参见龚书铎主编《清代理学史》，广东教育出版社2007年版。

⑧ 参见嵇文甫《嵇文甫文集》（中），河南人民出版社1990年版。

一　孙奇逢南下与清初中州夏峰北学之兴起

自两宋以来，作为二程故里、洛学渊源的中州大地虽理学积淀深厚，但金元明期间，除元代许衡外，罕有引领全国潮流的大家。直到清初，孙奇逢南迁后，重构晚明陷入困境的理学，率先为明清学术转向开辟出一条新路，以他为开山，以其弟子后学为骨干的夏峰学派异军突起。因此，孙奇逢是清代中州学术泰山北斗，中州夏峰北学为学术主流。

孙奇逢（1584—1675 年），原籍北直隶容城，晚明时因反对魏忠贤"阉党"专权乱政，营救东林党领军左光斗、魏大中、周顺昌三人名闻天下。清兵入关后，率族人及部分门人南迁，居夏峰二十五年。其间，四方学者来往不绝，几近所有中州学者迅速集聚其门下，因此又被尊称为夏峰先生。

概而言之，孙奇逢开创的是一种会通理学各派并以"理""礼"合一道德践履为指归的"新理学"学风，可以分为三个方面。[①]

第一，返本开新，会通理学各派，为当时陷入困境的中国文化开辟新路。面对晚明以来程朱陆王之争的白热化情势，率先超越宋明理学，在理学与整体儒学双重视野的互动中，在回归、重释孔孟经典基础上会通理学各派，并上溯汉唐儒学，为理学在清代发展他开辟出一条新路。在《理学宗传》中，以周敦颐、二程、张载、邵雍、朱熹、陆九渊、薛瑄、王阳明、罗洪先、顾宪成十一位理学家为大宗，建构出从上古"三代圣王"直到晚明的新道统。

第二，重构天人关系，一改宋明理学"存天理、灭人欲"思路，主张在容"人情"基础上"理""礼"合一，为清代"三礼学""实学"先驱。他更肯定个人主体性，注重在天人之分的基础上讲天人合一，"天理中未尝无人欲，人欲中未尝无天理"。坚持道德践履，"内圣之学，舍三纲五常无学术。外王之道，舍三纲五常无道术"。[②] 按照"知行合一"的思

[①] 参见李之鉴《孙奇逢哲学思想新探》，河南大学出版社 1993 年版；王坚：《无声的北方：清代夏峰北学研究》，商务印书馆 2018 年版。

[②] 张显清主编：《孙奇逢集》（下），中州古籍出版社 2003 年版，第 594 页。

【北学学派与学术史】
地域与全国之间：论清代前中期中州夏峰北学流变

路，在躬行实践中"知""行"并进，以儒家伦理纲常规范日常活动，坚持不懈，"成圣入贤"，为清代"真理学"代表。其《日谱》作为他晚年的二十余年日常修身践履的集中体现，虽多有散轶，却仍是古代中国部头最大的私人修身日记，其中蕴含的提点身心、提高修养之法被清代理学界及颜李学派在为学中广泛采用。为道德践履找到了一个现实着力点——"礼"，"以其对古礼的践履，揭开了清代复兴礼学的序幕"①。

第三，以天下大势为重，积极推进满人汉化，推动满汉交融。孙奇逢早年亲自领导乡人抵抗清朝入侵，但当大势已定后，面对清廷不断汉化却又推行圈地、剃发、逃人法等野蛮的族群压迫政策之现实，虽仍高卧不出，却率先有意识地推进汉化和清初社会秩序重建，与魏裔介、魏象枢、熊赐履等清朝大批高官，薛所蕴、曹溶、孙承泽等交往不辍，对于那些促进社会民生及文化发展方面有实绩，但道德有所欠缺的人物，多持正面评价，默许汤斌、耿介、魏一鳌、戴明说等大批弟子从政，鼓励他们"正君心"，推动清廷理学化，恢复理学在意识形态中的正统地位，按照儒家传统模式重建社会秩序，缓解高位运行的满汉矛盾，推进满汉交融。②

与清初很多学者过度注重纸面讨论，在当时并没有获得朝廷青睐不同，孙奇逢及其学派的构想得到了官方接受，"其在近世讲学诸子，风声所被，教泽所加，未有及先生者也"③。孙奇逢、汤斌、张伯行三人从祀孔庙，位居清学各派从祀孔庙之冠。1906 年清廷颁布中国第一个由政府正式宣布的教育宗旨，特别从历代"理学名臣"中挑出汤斌与王阳明、曾国藩并列为学习楷模。④ 他们与其他中州弟子后学张沐、胡煦均为《清儒学案》传主，许三礼、耿介、刘体仁、窦克勤、冉觐祖等《清史稿》皆有传，孙奇逢、汤斌、耿介、张沐、张伯行、窦克勤、冉觐祖、李来章被尊为"中州八先生"，在清代理学史上具有重要地位。

在民间，孙奇逢被尊为清初"三大儒"之首，弟子遍布南北。当时的北学界公认"夏峰，今之河东、姚江也"⑤。今人钱穆则认为"夏峰诚不

---

① 林存阳：《清初三礼学》，社会科学文献出版社 2002 年版，第 92 页。
② 参见张佐良《孙奇逢与清初社会伦理秩序重建》，《中州学刊》2015 年第 10 期。
③ （清）钱仪吉：《重刻夏峰先生集序》，载张显清主编《孙奇逢集》（中），第 1320 页。
④ 参见朱寿朋《光绪朝东华录》三十二年三月戊辰，中华书局 1958 年版。
⑤ （清）汤斌：《同门公建徵君孙先生夏峰启》，《汤斌集》（上），中州古籍出版社 2003 年版，第 285 页。

愧当时北学之冠冕"①。顾炎武、黄宗羲、李颙、张尔岐、傅山、施润章、颜元等清初学术领军皆尊之为"耆儒"老师。顾炎武更称颂孙奇逢为海内为数不多"人师",誉之"北方孔子",地位相当于汉初传《尚书》的伏生和汉末经学大师郑玄,一言九鼎。②清代学者霍炳称:"中原文献在夏峰,天下楷模亦在夏峰。"③孙奇逢弟子汤斌一生致力于以理学解决现实问题,为"有用之学",被清代学界津津乐道,黄宗羲称其是与历代名臣并驾齐驱、行"三代之道"于当时的"今世之大儒"④,方苞誉之"国朝语名臣,必首推睢州汤公"⑤。

二 马时芳、夏锡畴、胡具庆等在乾嘉时代对中州夏峰北学的坚守及推进

经历清初高峰后,乾嘉时代理学虽有所落潮,但"在当时学术观念已日趋多元化的大趋势下,仍保有一席之地和生存空间"⑥,中州夏峰北学的影响在全国与省域两个层面发生分化。在全国层面不断回潮,但在省域层面,由于马时芳、夏锡畴、胡具庆、樊执中、邓万吉等后学坚守,依然为河南学术主流。其中马时芳、夏锡畴所传两系对后世影响更大。

马时芳(1761—1837年),豫中禹州人。祖父马季吴为孙奇逢弟子赵御众外孙⑦,年轻时潜心钻研赵御众所藏孙奇逢遗稿,"因夏峰之传沟通宋明诸儒"⑧,并由此上溯至先秦诸子学。乾隆四十八年(1783)中河南乡试副榜,后屡试不中,绝意仕进。嘉庆十九年(1814)、道光七年(1827),先后出任封丘、巩县教谕,病死任上。

---

① 钱穆:《〈清儒学案〉序》,《中国学术思想史论丛》卷8,第365页。
② (清)顾炎武:《赠孙徵君奇逢》,《顾亭林诗文集》,中华书局1983年版,第371页。
③ (清)霍炳:《徵君孙先生年谱序》,《徵君孙先生年谱》卷上,载《北京图书馆珍藏本年谱丛刊》,北京图书馆出版社1999年版,第65册,第576页。
④ (清)黄宗羲:《皇清经筵讲官、工部尚书潜庵先生神道碑铭》,《汤斌集》(下),第1783—1790页。
⑤ (清)方苞:《方苞集·集外文》卷6,上海古籍出版社2008年版,第681页。
⑥ 李帆:《清代理学史》中卷,广东教育出版社2007年版,第32页。
⑦ 参见马时芳《先祖谦庵公家传》,《垂香楼文集》卷7,中华民国庆怡堂刻本。
⑧ 李时灿:《中州先哲传》卷21,经川图书馆1935年版,第17页。

【北学学派与学术史】
地域与全国之间：论清代前中期中州夏峰北学流变

马时芳为清中叶中州夏峰北学重要领军人物，他以孙奇逢及赵御众等人的思想为根基，视野从孙奇逢、王阳明、陆九渊回溯到汉唐儒学及诸子学，在复活先秦"势""理""人情"等观念的基础上，以义理的方式熔铸一炉。在其建构中，"理""势""人情"三者合一，历史成为在"势"的总体运行之中各种事物的运转作用过程；由于对诸子学特别是《老子》"术"及春秋战国丰富人性论的接受和对人性复杂性的认知，一改宋儒作风，注重"愚夫愚妇"的"人情"，不绳人从难做之事，把"理"放在"人性"的基础上会通融合。他的努力体现了清中叶不同于乾嘉考据学派的另一种"以复古为解放"的思路，也反映出清代理学本身的活力及中州夏峰北学巩固自身、纵深发展的趋势。①

马时芳由于科场受阻，活动长期限于省内，但著述十余种不下百卷，弟子后学一直延续到光绪年间，以刘凌汉、冯安常、张肇坊、刘瑞律、孙道恕、董以威、孙友信较为有名。

刘凌汉，豫中巩县人，道光十二年（1832）进士，曾任知县、府学教授。马时芳任巩县教谕时"亟称之"。其"平日为学极意省察克治，尤得力孟子三自反一语，尝有句云自反方知己过多。不事著述，门人辑平日检身警论名曰检身辑语"②。

冯安常，巩县人，道光时岁贡。治学以马时芳为宗，远尊孙奇逢、陆九渊、王阳明。其《论语辑要》一书，专录鹿继善、孙奇逢、马时芳三家切实近理之说，"间有采取其他诸家之说"汇集而成。③

张肇坊，豫北孟县人，道光时岁贡。性聪慧，喜读书，博览五经、诸子百家、稗官小说，皆能识其大略，平日好议论古人，辨其是非。④

刘瑞律，巩县人，道光时拔贡。马时芳卒于巩县任上，他约同人"为具丧葬资，徒步扶柩送至籍"，后用授馆京师所得，资助刊刻马时芳遗著流传于世。⑤

孙道恕，巩县人，光绪元年（1875）举人。为马时芳《续朴丽子》作注，取马时芳《论语义疏》与孙奇逢《四书近指》及《晚年四书近指》

---

① 参见王坚《无声的北方：清代夏峰北学研究》，第270—291页。
② 参见李时灿《中州先哲传》卷21，经川图书馆1935年版，第23页。
③ 《论语辑说提要》，《续修四库全书总目提要经部》（下），中华书局1993年版，第865页。
④ 参见李时灿辑录，申畅总校补《中州艺文录校补》，中州古籍出版社1995年版。
⑤ 参见李时灿《中州先哲传》卷21，第25页。

为《四书合辑》,"以布帛菽粟之言,为日用伦常之资。初学读之,不至堕入理障"①。

董以威,巩县人,光绪十五年(1889)举人。从刘瑞律受学,私淑马时芳、孙奇逢,历主汴源、河阳、嵩阳、东周书院。②

孙友信,巩县人,光绪八年(1882)举人。私淑孙奇逢、马时芳,笃守其学,历主东周、两程书院。以孙奇逢《读易大旨》、马时芳《易引》为主作《周易集证》,为马时芳《马氏心书》和《朴丽子》分别作注。③

夏锡畴(1732—1798年),豫北河内人,乾隆四十八年(1783)举人。"其学以居敬穷理为功,明体达用为要。接物以恕,持己以诚,其教人以立身为本,立身以有耻为本。"④弟子以任若海、王在宽、崔明楷、黄席珍较为有名。

任若海,豫北武陟人,道光元年(1821)贡生。其学以躬行实践为本,仿孙奇逢《日谱》,言行皆以日记书之,后署郑州学正,主书院。"为人严毅淳朴,不规于绳尺而人不敢干以私,与人无城府,有过则辄面折之,诚意所孚久而不忘。"⑤

王在宽、崔明楷,皆为河内人,道光时诸生。以动心忍性为念,"尝与同人为交修会,立功过谱,居家动遵礼法,晚取忧悔吝者,存乎介之意,号曰介斋"⑥。

黄席珍,武陟人,道光时诸生,与任若海等为友。"博究群集,精思力践","尝言读书须体到自家身上,要知圣贤言语皆为我说。每月吉率同人会讲阐明程朱之学"⑦。

除马时芳、夏锡畴两系外,乾嘉传播中州夏峰北学有名的还有胡具庆、樊执中、邓万吉、何昱、曹逢庚等。

胡具庆(1685—1749年),先世容城人,父官睢州时移家豫东杞县。康熙五十九年(1720)举人,乾隆七年(1742)中明通榜。其一生治学

---

① 杨保东、王国璋等修纂:中华民国《巩县志》,《中国地方志集成·10·河南府县志辑》,上海书店出版社2013年版,第298页。
② 参见李时灿辑录,申畅总校补《中州艺文录校补》,中州古籍出版社1995年版。
③ 参见李时灿辑录,申畅总校补《中州艺文录校补》,中州古籍出版社1995年版。
④ 李时灿:《中州先哲传》卷21,第16—18页。
⑤ 李时灿:《中州先哲传》卷21,第18页。
⑥ 李时灿:《中州先哲传》卷21,第18页。
⑦ 李时灿:《中州先哲传》卷21,第20页。

成果颇丰。《清儒学案》列入《夏峰学案》，视作孙奇逢私淑弟子，认为"屏除门户之见，于晦庵、阳明两家殊途同归，反复推阐，作为论辩，其义甚详。大旨以慎独为进修之要，研究经义，皆鞭辟入里"①。

樊执中（1714—1790 年），豫东项城人，乾隆十九年（1754）进士。乾隆六年（1741）与汤斌曾孙汤大山定交，私淑孙奇逢、汤斌之学。中进士后，候选在籍，主讲上蔡、项城、睢州等书院近 40 年。教人以践履笃实忠惠廉节为主，以"慎独"为切要工夫，作"二约三戒"以示诸生，因才造就，四方负笈来学者益众。②

邓万吉，项城人，乾隆四十八年（1783）举人，曾任教谕、府学教授。"生平好孙奇逢之学，年老犹日读《理学宗传》不去手，尝曰此吾家后嗣针砭也"，自书"慎独铭"以自醒。子邓玉皜，嘉庆九年（1804）举人，任陕州学正，传其学。③

何昱，豫南南阳人，乾隆三十六年（1771）进士，曾任云南知县。居家十余年，筑寻乐堂讲学，"从游者益众"。学宗程朱，笃守经训。④

曹逢庚，豫西洛阳人，乾隆五十七年（1792）举人，时年五十九，册误书八十一，明年会试，赐翰林院检讨，后不得志归主涧西书院，精于《左传》。⑤

三 王镇、李棠阶、倭仁等在道咸同时代对中州 夏峰北学的分流与再次推向全国

从嘉道之际始，理学在全国层面又迎来一个新发展期，中州夏峰北学更得风气之先，从王镇开始，迅速从省域走向全国。李棠阶、倭仁作为同治朝"理学名臣"与思想领军，身居高位，掌权辅政，道德文章备受瞩

---

① 徐世昌：《清儒学案》，第 52—56 页。
② 李时灿：《中州先哲传》卷 20，第 9 页。
③ 李时灿：《中州先哲传》卷 20，第 10 页。
④ 李时灿：《中州先哲传》卷 21，第 11 页。
⑤ 参见李时灿《中州先哲传》卷 21，经川图书馆 1935 年版。

目,与安徽吴廷栋被时人尊为"三大贤"①。李棠阶是"同治中兴""中央权力的复兴者"之一、"被作为京城中兴的一个支柱"。② 倭仁为"道光以来一儒宗"③。李鸿藻、翁同龢、徐桐等皆在政治和思想上受到他们不同程度的影响。④

王鋑(1801—1841 年),豫中新郑人,道光五年(1825)举人。早年读《理学宗传》,"慨然有心为圣人之志"⑤,遂专心致志,修身养性。后滞留京城时组织中州在京学者成立"责善会"。十五年夏获教职资格,十八年,主讲汜水成皋书院,"以所学教人,兴起者众"。二十年春任项城县学训导,"以圣学为倡,大旨使人先默坐澄心,自认本体,而后力行以求至,远近从学者甚众"。二十一年去世。⑥

王鋑是嘉道年间在全国层面复兴中州夏峰北学的先驱人物。他提倡修悟并举,"其要在廓清私念,提斯本心",精思力践,确有独得。⑦ 其《儒粹三编》,前部分以《理学宗传》为指导,著录历代理学大儒,"序夏峰于十一子之后以接宗传",后部分接受实学影响,"卷末于古人兵农钱谷诸实政无不备载。先生口讲指画原委洞悉,实可见诸行事"。全书"本末体用,包举靡遗。详加批示,使人人知所用力,而先生之精神亦焕然与古人同不朽矣"。⑧

王鋑也是嘉道年间中州学界恢复理学家讲学之风的代表人物。雍乾时代由于实施学术高压政策,晚明清初学界流行的讲学之风日趋衰竭,嘉道之际,高压政策出现部分松动,王鋑组织河南在京学者成立"责善会",仿孙奇逢《日谱》进行"会课"活动,通过相互评点"修身日记"等方式相砥砺。"责善会"成立后,他又与诸友相戒"诸友相接,须拿出本来

---

① 倭仁、李棠阶在晚清理学界的地位,参见张昭军《清代理学史》下卷,广东教育出版社 2007 年版。
② [美]芮玛丽:《同治中兴:中国保守主义的最后抵抗》,房德邻等译,中国社会科学出版社 2002 年版,第 90—92 页。
③ 徐世昌:《清儒学案》,第 5784 页。
④ 参见(清)赵尔巽《李棠阶传》,《清史稿》卷 178,中华书局 1977 年版。
⑤ (清)王检心:《例授修职郎项城县训导淡泉王先生墓表》,《觉照轩藏书》,中州文献征集处抄本,第 7 页。
⑥ 赵东阶总修:中华民国《汜水县志》,中州古籍出版社 2006 年版,第 362 页。
⑦ 李时灿:《中州先哲传》卷 21,第 45—46 页。
⑧ (清)李棠阶:《项城训导王先生墓志铭》,《觉照轩藏书》,第 4 页。

面目，不可带一点枝叶。不怕有过，只要能改，时时见得有过可改，方是好消息"①。通过讲学活动及王钤的带动，李棠阶、倭仁、王检心、王涤心等大批中州学者接受了孙奇逢学术、陆王心学。

王钤虽英年早逝，但在当时中州学界影响极大，著名后学有高钦中、高钊中兄弟及邢伊、张安雅。

高钦中，项城人，道光三十年（1850）进士，授吏部主事。太平天国及捻军起义后，主豫东西华畽畴书院，后归里组织团练，同治三年（1864）病亡。其从学王钤后，"务提斯本心，扩清私念"，王钤去世后改从倭仁，"严辨明季儒术流弊"，认为"颖悟不足恃，一以笃实践履为主"。②

高钊中，高钦中弟，光绪二年（1876）进士，曾任国史馆协修、学政。从学王钤侄王绍阳，"好读孙奇逢、张沐之书"。提督云南学政时，刊刻《理学宗传》试士，择生员优秀者入省城肄业，亲赴书院讲学和督课，"滇南知有正学，自钊中始"。③

邢伊，武陟人。"年十五即慨然有圣贤，与小学、《近思录》精思力践，黾勉若不及而原本于陆王"④，后从学王钤，与李棠阶为讲学友。

张安雅，项城人。其母高芳云为高钦中、高钊中姑姑，为清代中州少有精通理学之女性，著《形短集》。张安雅自幼读《理学宗传》，并与高钦中、高钊中等相互切磋，后绝意仕进，授徒于扶沟。⑤

李棠阶（1798—1865年），河内人，道光二年（1822）进士。历任乡试正考官、学政，中年辞职归乡，主掌豫北最高学府河朔书院13年。同治元年（1862），诏起用旧臣，再次出山后迅速官至尚书、军机大臣。⑥

在当前研究中，一般把李棠阶与倭仁、吴廷栋等划为理学"主敬派"，并与曾国藩为领军的"经世派"二分，其实这种分类有很大问题。⑦ 确实，李棠阶以理学功力深厚享誉学界，却更是孙奇逢的忠实门徒，是与马时

---

① （清）王涤心：《王淡泉先生传》，《觉照轩藏书》，第12页。
② 李时灿：《中州先哲传》卷21，第47页。
③ 季啸风：《中国书院辞典》，浙江教育出版社1996年版，第511页。
④ 李时灿：《中州先哲传》卷21，第38页。
⑤ 参见李时灿《中州先哲传》卷22，经川图书馆1935年版。
⑥ 参见李时灿《中州先哲传》卷7，经川图书馆1935年版。
⑦ 参见史革新《晚清理学研究》，商务印书馆2007年版。

芳、王钤并称的清中叶中州夏峰北学三大领军人物之一。①

李棠阶早年为任若海门人②,初入翰林"即潜心理学,尝手钞汤斌遗书以自勖",后遇王钤,为之折服"始愤然自勉",参加"责善会",与王钤、倭仁等"河南同志"相互研讨王文成、罗念庵、孙奇逢之学。③

在学术态度上,李棠阶以孙奇逢后学自居。广东学政任上,给学子开列必读书时,把孙奇逢撰《理学宗传》的重要性与孔子删定六经、朱熹《近思录》表彰北宋五子等量齐观,"同是奠定宇宙之大手段。欲识圣人门庭,当于此潜心焉"④。主讲河朔书院时,把孙奇逢像与周敦颐、二程像同挂于书院,每日参拜。积极传播王钤、马时芳学术,"服膺新郑王钤禹州马时芳。钤没,尝作诗悼怀,读马时芳《朴丽子》叹为通人"⑤。

在学术风格上,继承孙奇逢以阳明学入手、兼容并包、平分朱陆的治学思路,认为孙奇逢追求工夫缜密锲而不舍的态度,与孔子之"时习"、颜渊之"不惰""殆近之",孙奇逢晚年"造道益邃,触处洞然,随时指示,皆足见道近之益亲切,近之蕴益宏,近之趣益活泼"。⑥

鸦片战争后,李棠阶开始"多言时事",阅读《日知录》《江南志·海防》《洋防辑要图》《洋防经制》《直隶沿海舆地考》《圣武记》等经济事功之书,关心时事,注重经世致用,主动去了解西方的地理知识,"看《地理全图》,西洋所画者","看《西洋天下全图》,以地球分五大处"。⑦他支持洋务派活动。同治四年(1865)为慈禧太后几欲罢黜军机处的洋务派首领恭亲王奕䜣说情。"谓王有定难功,时方多故,不当轻弃亲贤,入对,力言王非有心之失。"对洋务派代表之一丁日昌提出的革陋规、惩蠹役、弭盗贼、选择廉能、变通科举、练兵裁兵、习工制器等"自强之术"大加肯定,并"求其详切开示"。⑧阅读冯桂芬《校邠庐抗议》,对其积极

---

① 参见王铬《〈孙徵君日谱录存〉跋》,张显清主编《孙奇逢集》(中),中州古籍出版社2003年版。
② 参见李时灿《中州先哲传》卷21,经川图书馆1935年版。
③ (清)李棠阶:《示儿贴》,《李文清公遗书》卷5,《清代诗文集汇编》598,上海古籍出版社2010年版,第379页。
④ (清)李棠阶:《劝士条约》,《李文清公遗书》卷5,《清代诗文集汇编》598,第384页。
⑤ 李时灿:《中州先哲传》卷7,第10页。
⑥ (清)李棠阶:《李文清公遗书》卷3,《清代诗文集汇编》598,第362页。
⑦ (清)李棠阶:《李文清公日记》,岳麓书社2010年版,第504、505页。
⑧ (清)李棠阶:《李文清公日记》,第1089页。

【北学学派与学术史】
地域与全国之间：论清代前中期中州夏峰北学流变

意义大力肯定，"多可采，其说夷务，尤裨时用"，"虽不尽可行，而留心时事，讲求实用"。①

李棠阶在为官讲学之余，弟子后学遍及大河南北。佼佼者如曾任左都御史、兵部尚书的毛昶熙，曾任山西巡抚的卫荣光，曾任广东巡抚的马丕瑶，曾任知府的原峰峻、冯端本，曾任知州的王格正，曾任同知的王兰广，曾任大梁书院监院的于锦堂，及晚清中州名儒和铃、原随风、张钦、魏俊、赵振先等。②

倭仁（1804—1871年），驻防开封八旗蒙古人，道光九年（1829）进士，官至尚书、大学士，兼同治皇帝师傅。他虽为旗人，但由于驻防中州，在学术上却首先是一位深受中州夏峰北学浸润的"中州学者"，日后成为著名理学家"与河南的这种地缘关系是不容忽视的"③。倭仁早年参加王鋆组织的"责善会"，受其影响，学问由王学入手，仿孙奇逢《日谱》，提斯本心，致力躬行践履，王鋆、李棠阶等离京后受到唐鉴等影响，由陆王转向程朱，后与恭亲王奕䜣争论同文馆事宜，被塑造成晚清保守派代表。④但不论如何变化，更深层次看，倭仁为学路径却还是走中州夏峰北学作"修身日记"以检点身心，由对伦理纲常躬行实践来提高修养"成圣入贤"的老路。即使转向后，仍作《日记》检点身心不辍，与李棠阶仍亲密无间，咸同之际积极推进其二次出山⑤，李棠阶二次出山后上的第一份奏折《条陈时政之要疏》提出整饬朝政的十条意见就是与倭仁协商后的结果。

在王鋆、李棠阶、倭仁等的努力下，中州夏峰北学全面复苏，影响一直波及晚清近代，形成了巨大的社会力量。其他重要的还有豫北王九龄、王汝谦、王辂、王士杰祖孙四代及郭程先；豫西王检心、王涤心兄弟及豫中苏源生。

王汝谦，武陟人。其父王九龄为乾隆五十三年（1788）举人，服膺孙奇逢学术，王汝谦少承家训，为李棠阶学友、当地名师。其子王辂、孙王

---

① （清）李棠阶：《李文清公日记》，第1106页。
② 分别参见李时灿《中州先哲传》卷6、卷7、卷15、卷16、卷21，经川图书馆1935年版。
③ 李细珠：《晚清保守思想的原型：倭仁研究》，社会科学文献出版社2000年版，第9页。
④ 参见李时灿《中州先哲传》卷7，经川图书馆1935年版。
⑤ 参见费行简《近代名人小传》，中国书店1988年版。

士杰也受家学影响，光绪年间《孙徵君日谱录存》《李文清公遗书》付梓，王骆为主要负责人。①

郭程先，辉县人，咸丰十年（1860）进士。② 其《洛学补编》在《洛学编》及尹会一《续编》基础上，增宋至清8人。其《明儒咏》以《理学宗传》会通理学各派为宗旨，收录明儒120余人，以孙奇逢为明代儒学"集大成"，"盖为学之道总以圣贤为准的，如普天之下会极归极于京师"。③

王检心（1804—1869年），豫南内乡人，道光五年（1825）举人，曾任知县、道员。原名立人，因参与王鋆等组织的"责善会""会课"活动"益洞彻于天人内外体用之本在于吾心"而改名。为学尊中州夏峰北学教导，晚年回乡建菊潭书院，为南阳府著名书院。④ 其《易经说约》以孙奇逢《读易大旨》为指导，其《传心要语》录从上古圣王及孔子、颜渊、曾参、子思、孟子、二程、张载、邵雍、朱熹、陆九渊、薛瑄、王阳明、孙奇逢历代大儒言论，以孙奇逢为清代理学唯一正宗，"孙子慎独之学，直接孔子之统"，为历代集理学之大成。⑤

王涤心，王检心胞弟，道光十二年（1832）举人，曾任知县、道员。学风与胞兄相似，晚年主讲菊潭书院。⑥ 其编纂《洛学拾遗》共收录学者61位，是继汤斌《洛学编》之后对洛学学脉的最大增补。

苏源生（1808—1870年），豫中鄢陵人，道光二十年（1840）河南乡试副榜，诏举孝廉方正，不就。从学嘉兴钱仪吉于大梁书院，后主讲文清书院十五年，从学者数百人。⑦

四 清代前中期中州夏峰北学为河南学术主流的原因之探讨

从地域层面看，与江南等地不同，中州夏峰北学与清代前中期河南地

---

① 参见李时灿《中州先哲传》卷21，经川图书馆1935年版。
② 参见朱保炯、谢沛霖编《明清进士题名碑录索引》，上海古籍出版社1980年版。
③ （清）郭程先：《明儒咏·序》，河南省新乡市图书馆藏本，第6页。
④ 参见李时灿《中州先哲传》卷21，经川图书馆1935年版。
⑤ （清）王检心：《传心要语》，道光十九年刻本，河南省新乡市图书馆藏。
⑥ 参见李时灿《中州先哲传》卷21，经川图书馆1935年版。
⑦ 参见李时灿《中州先哲传》卷21，经川图书馆1935年版。

【北学学派与学术史】
地域与全国之间：论清代前中期中州夏峰北学流变

域格局及学术生态相对应，呈现出独树一帜的发展轨迹，一直为河南学术主流。与江南抗衡的地域学术自信为其不断推进提供了学术动力。

一般认为，两宋以后随着经济重心南移，北方学术不可避免地衰落。其实就清代而言，由于从明朝以来开始具体实施、在清廷不断强化的学分南北的地域考量和制度设计①，南方学术虽不断推进，却对北方没有绝对优势。在官方，作为帝制中国尊崇儒学的最高礼遇，清代及中华民国北京政府时代从祀孔庙的清儒中，南北方旗鼓相当（北方：汤斌、孙奇逢、王建常、张伯行、颜元、李塨；南方：陆陇其、张履祥、陆世仪、顾炎武、黄宗羲、王夫之）。在清初，面对明清鼎革，北方学术更引领全国学术潮流。清初学界公认的"三大儒"，北方就居其二（孙奇逢、李颙）。

早在清初，孙奇逢在重构理学的基础上，也以《中州人物考》命汤斌编《洛学编》，上溯汉唐儒学，以二程洛学为中心重建中州学统。孙奇逢认为伊洛地区位于"天地之中"，汇聚天地学术之精华，汉唐即人文荟萃，二程创建洛学，"人知所趋舍"。二程之后，许衡、曹端、薛瑄、吕坤、杨东明、尤时熙、孟化鲤、张信民、吕维祺等不断把中州理学发扬光大，"学问渊源，天中尤盛。宋兴伊洛，元大苏门，至有明而两河八郡各有传人"②。在孙奇逢笔下，中州学界"获得一种可以和江南文化抗衡的价值感"③。从此传承从二程开端、中经孙奇逢重构的中州理学传统，成为清代中州理学家的重要的学术追求。

清代中州夏峰北学名家在政、学两界的榜样力量，为其绵延不衰提供了现实动力。

两汉以来，作为帝制中国的主流意识形态，儒学不仅仅是一种知识、学术、思想，更是治国之道，儒生不但是学者，更是帝国官僚之主体。儒学发展不但需切合实际的理论建构，更需能够使其见之于行事并对社会影响巨大的"实干家"，徒事空言而无法解决现实问题则为大忌。对中州夏

---

① 在宋代科举兴盛后，其制度设计就在"全国一盘棋"和"地域平衡"两种考量中徘徊，自洪武三十年（1397）"南北榜事件"后，"地域平衡"成为更重要的考量，明清两朝特别注重以均衡各地的科名数额来达到政治势力的合理分配，巩固中央集权统治。相关研究参见何炳棣《明清社会史论》，徐泓译注，中华书局2019年版。
② （清）孙奇逢：《〈洛学编〉序》，《汤斌集》（下），第1933页。
③ 吕妙芬：《清初河南的理学复兴与孝弟礼法教育》，载高明士编《东亚传统教育与学礼学规》，第181页。

峰北学来说，孙奇逢、汤斌、张伯行、李棠阶、倭仁等名家的榜样力量，特别是孙奇逢、汤斌作为两大偶像，为清代政、学两界所敬仰。关于孙奇逢的学术成就，上文已有述，下面介绍汤斌作为"理学名臣"的重要地位。

康熙帝早年对汤斌十分青睐，以"从孙奇逢学，有操守"① 出任江宁巡抚。汤斌就任后，就开始大刀阔斧地改革。勤政恤民，清廉自律，剔除吏弊，禁绝苞苴，僚属皆洗心供职。权要"以部费为名，索金累巨万，布政使屡以为言，公弗许"②。整饬风俗。"吴俗奢靡，裁之以礼。立嫁娶丧葬定式，申赛会博戏之禁"③。注重教化、注重民生。复社学以训子弟，讲《孝经》以敦人伦，表扬名宦以风厉来者，禁毁"淫祠"。对那些有利民生的事情，"皆奏请行之"。④ 根据当地水灾实情，免除江南一带赋税，下令打开官仓救助受灾民众。会淮扬水灾，倡属捐济，令无流播。吴地楞伽山五通神祠赛祷无虚日，公取淫鬼像投之石湖，以杜蛊惑，又奏请旨各省淫祠通行严禁。

汤斌对江苏风尚大刀阔斧的改革，获得朝野一致认可。此后，在清代文人文集、笔记和方志中，只要提到毁"淫祠"，几乎都离不开汤斌禁毁五通神祠。直到同光年间，陈康祺还说"吴俗崇信巫鬼，汤文正公抚苏，攘斥异端，觉牖惛诞，其革除五通神，至今妇稚能道之矣"⑤。

以书院为阵地，几乎长时期垄断河南大多书院教席，具有一呼百应的组织能力，是其不断延续的重要组织原因。作为两宋以来重要的教育机构，书院在学术文化发展中扮演着重要作用。就清代河南来说，"清代学术对书院的影响主要由孙奇逢发端"，其弟子后学得其真传后，分讲于河南各大书院，为清初河南书院振兴出力颇多。⑥ 清代河南著名书院大多为中州夏峰北学学者长期执掌，影响和培养了大批学者。

乾隆年间，尹会一巡抚河南时，续修《洛学编》，加孙奇逢、汤斌、

---

① （清）赵尔巽:《清史稿》卷265《汤斌传》，第9930页。
② 彭绍升:《故中宪大夫工部尚书汤文正公事状》，载钱仪吉编《碑传集》卷16，中华书局2008年版，第461页。
③ 《中国地方志集成 省志辑·江南5 乾隆江南通志3》，凤凰出版社2011年版，第150页。
④ 耿介:《汤潜庵先生斌传》，载钱仪吉编《碑传集》卷16，第449页。
⑤ 陈康祺:《郎潜纪闻初笔二笔三笔》，中华书局1984年版，第826页。
⑥ 王洪瑞:《清代河南书院的地域分布特征》，《史学月刊》2004年第10期。

耿介、张沐、张伯行、窦克勤、冉觐祖七人，祭祀于清代河南最高学府大梁书院。陈宏谋河南巡抚任时，又在祭祀上述七人的许州七子祠中增祀李来章，为中州理学"八先生"。当外省、其他学派学者主掌河南书院，面对强大地域学统，也意识到必须予以尊重、阐扬。道光年间，阮元弟子、南方考据学者钱仪吉主掌大梁书院，在他的主持下，大梁书院刊刻大批孙奇逢的著作供学子研习，他对孙奇逢学术地位也充分肯定。清末，江西陈宝箴任河南河北道，创办"致用精舍"，聘请王辂主讲，捐资刊刻孙奇逢、李棠阶的著作。江苏邵松年任河南学政，聘湖南黄舒昺主持明道书院，试图再造中州理学辉煌，编纂包括孙奇逢、汤斌直到李棠阶、倭仁等 10 位学者的《国朝中州名贤集》及《洛贤语录》等。

清代理学较之考据学等其他清学体系的优势，即作为集治国之道、意识形态、学术思想等于一身之"个性"，也是清代中州夏峰北学绵延不断的重要学术原因。

在 20 世纪主流清学史中，往往把考据学与理学等量齐观而浓缩为"汉学""宋学"。其实，两者并非出于同一层级。清代考据学本质上是一种以经典文本为依据、以研究其流变为根本、以考据辨伪等为基本方法的经典处理技术之汇集。清代理学则不仅具有学术意义，更充当治国之道、意识形态主体。换言之，考据学只是一种"经典处理术""书本上的学问""标训诂名物为宗"，且考证范围"不出训诂、小学、名物、制度"[①]。理学是一个集治国之道、意识形态、学术思想等于一身的思想体系，并非仅具有一般学术意义而更具有整合其他一般思想体系、凝聚帝国共识、维持世道人心等意识形态功能。这种"个性"使其与一般学术体系不同，在意识形态、治国之道层面，其他学术体系均无法与其并列。

正是如此，清代理学发展与其他学术体系面临不同的境遇。在与皇权的关系问题上，其他学术体系虽有更多自由，获得皇权的青睐却也相应较低，作为一个以"平天下为己任"的儒生，他们有所欠缺。理学虽有更多枷锁，但有意识形态地位的庇护，其地位为其他学术体系忌惮和敌视，因而也成为他们进一步推进的头号"假想敌"和攻击对象。反应于清代学术格局，即使在考据学全盛的乾嘉时代，考据学派虽不断茁壮成长，对理学

---

① 方东树：《汉学商兑》，载徐洪兴编校《汉学师承记：外二种》，中西书局 2012 年版，第 215、248 页。

也攻击不断，但并不能获得完全的学术优势。戴震指责理学家以理杀人说提出后，由于其说存在把宋明理学义理系统中"欲"的意义从"私欲"扩大为人的所有情感和欲望之情况①，乾嘉学界批评意见颇多。不光章学诚、彭绍升、翁方纲等，连与戴震交好的程晋芳也批评其说轻"理"重"欲"，过于强调"情"之作用，如果不加抑制，社会将面临巨大危机，该文后被收录于《皇清经世文编》卷2《学术二儒行》，广受学界关注。②戴震去世后，弟子要求将《孟子字义疏证》收入戴震文集，也被纪昀等考据学派主流集体拒绝。江藩的《国朝汉学师承记》不但遭到桐城派方东树的反对，龚自珍也反对，不得已又作《国朝宋学渊源记》。因此认为乾嘉以来学界"家家许郑，人人贾马，东汉学烂然如日中天矣"的观点与历史实际是不相符的。

就中州学术而言，康雍时期，考据学派对中州夏峰北学几无影响，反而后者迅速扩张，仅孙奇逢有案可稽的弟子门人就有近三百人；到乾嘉时期，考据学派进入全盛，大师辈出，但中州夏峰北学在河南仍声势不减，即使在后人看来"如日中天"的惠栋、钱大昕、赵翼、戴震等考据大师，中州夏峰北学亦置之不理，而是按照孙奇逢开拓的理路继续推进，反倒是考据派学人虽对中州夏峰北学不甚满意，却不得不把孙奇逢列为清代"宋学"之首。终清一朝，情况依然如是。

五 清代前中期中州夏峰北学的全国影响起伏原因之探讨

从全国层面看，中州夏峰北学经历了清初兴盛、乾嘉低谷、道咸回暖、同治朝再次复兴之轨迹。从深层次观察可见，中州夏峰北学的全国影响受制于理学在清朝整体地位之变动，取决于与清朝总体格局和各具体时

---

① 宋明理学家讲究"存天理，灭人欲"，但要克、制、灭的"欲"或"人欲"，指的仅仅是人不道德的"私欲"，对于包括"食色，性也"之类"饮食男女"生存的基本情感和欲望，他们并不反对。对此辨析，参见冯友兰《新理学》，载《三松堂全集》第4卷，河南人民出版社2001年版。

② 乾嘉学界对戴震的批评，参见高翔《近代的初曙：18世纪中国观念变迁与社会发展》，故宫出版社2013年版。

【北学学派与学术史】
地域与全国之间：论清代前中期中州夏峰北学流变

期格局变迁的契合程度及其"有用性"之高低。换言之，清朝总体格局虽使理学成为意识形态主体、治国之道，中州夏峰北学也由此成为清代意识形态建构的重要知识资源之一，但同中有异的各具体时期格局又使其实际发挥的作用不同，波动不断。

从清朝的总体格局来看，清朝除是一个族群众多、版图辽阔的大一统的皇权帝国。清朝总体格局的形成与维护并非一蹴而就，大而言之，可分为三大阶段。

第一阶段，从明季崛起东北到康熙中叶统一关内外。其时，清廷具有不断汉化的制度设计与推行族群压迫的两面性。一方面，入关前后不断汉化。皇太极时，接受汉族帝制，在八旗制度外建六部、内三院、都察院等机构，作为立国之本的八旗被扩编为满洲八旗、蒙古八旗和汉军八旗。入关后，全面接受明帝国制度设计，八旗制度也在皇权主导下不断改造。[①]另一方面，入关后又采取诸如剃发、圈地、投充与"逃人法"等残酷的压迫政策，激起汉人不断反抗。在镇压中，清军滥杀无辜。

第二阶段，从康熙后期到乾嘉之际，皇权对八旗贵族形成压倒性优势，特别是雍正朝设立军机处，权力日益集中于皇帝。随着八旗贵族制衰败，八旗内部不断汉化，版图也不断向边疆地地区拓展。在统治模式上，清廷采取"因俗而治"的策略，全盛时代的疆域按照各地的不同情况实行各异管理模式：内地十八省，下辖府州县厅，西南几省还保留一些土司土官；北方的盛京、吉林、黑龙江、伊犁、乌里雅苏台为五个将军辖区；内蒙古六盟、西套蒙古和察哈尔，下设盟旗，但由中央理藩院直辖；西宁及西藏办事大臣统辖青藏地区，"这样的统一范围和程度是以往任何朝代从来没有达到过的"[②]。

第三阶段，从嘉道始，内忧外患不断加剧，清朝由盛转衰，统治重心不断向内地收缩。为应对内忧外患，各种势力不断崛起，力求富国强兵。

与帝国格局相对应，清廷全力展开各种调控。在第一阶段，在满汉交融、缓和族群矛盾及稳固皇权、削弱八旗贵族权力等问题上，理学家集团与皇权具有高度共识，并成为清朝入关后巩固皇权、满汉交融进而缓解族群压迫的急先锋，理学也因而成为治国之道、意识形态主体。学界对此已

---

① 参见杜家骥《八旗与清朝政治论稿》，人民出版社2008年版。
② 葛剑雄：《中国历代疆域的变迁》，商务印书馆1997年版，第158—159页。

有众多研究，兹不赘述。① 孙奇逢及其弟子更是一马当先，成就卓著，声动朝野，清初中州夏峰北学影响巨大也就不难理解。

到第二阶段，在内地日渐稳定、皇权对八旗贵族取得压倒性优势的情况下，理学与皇权深层次张力不断暴露，虽仍为治国主导思想，但两者关系却不如清初亲密。理学在清朝致力于满汉交融，"汉文化对旗人（主要是满人）的熏陶是全方位的，既表现为政治理念和伦理道德，也表现为生活习俗与信仰"②。到18世纪中叶，绝大部分满人已不会骑马、狩猎，满语也大幅退步。为首崇满洲，清廷保护"国语骑射"传统，以延缓满人汉化。

清代理学虽致力满汉交融，但其内核中蕴含的华夷之辨思想虽非主流，却使皇权颇为抵触。雍正朝，湖南儒生曾静受清初吕留良华夷之辨思想的影响，游说川陕总督岳钟琪起兵反清，事迹败露，雍正帝钦定吕留良为"大逆"，亲撰《大义觉迷录》进行全面批驳，将吕留良的著作尽行焚毁，并剖棺戮尸，祸及子孙门人，罹难之酷烈，为清代文字狱之首。

理学也在某种程度上成为皇权强化的绊脚石。理学产生于两宋士大夫与皇帝"共天下"之格局，既主张"得君行道"，又坚持道统高于治统，寄希望以相权限制君权。对于程颐宣称"天下重任，惟宰相与经筵：天下治乱系宰相，君德成就责经筵"之言论，乾隆帝公开斥为"无君"，"此尤大不可也"。③

对理学的意识形态地位冲击更为严重的是清廷对边疆地区的不断开拓。在制度设计上，清朝改造少数族群制度及"黄教"、伊斯兰教等而非行省制、儒学来治理，在中央政府中，用理藩院而非六部管理。特别是乾隆帝欲作集文治武功于一身的一代圣王，对于文治，理学家尚能够勉强应付，对于"十全"武功，就基本上爱莫能助。乾隆帝兼容并包儒家、萨满教、藏传佛教，重用满人歧视汉人官员，乾隆朝中后期完全改重满人，在军机处、六部及地方督抚层面，满人占据绝对优势④，主政军机处的傅恒、

---

① 参见高翔《讲"理"：易代之际抉择传统——文化冲突与清初社会重建》，《中国社会科学》（英文版）2013年第2期；朱昌荣《程朱理学官僚与清初社会重建——基于学术思想史与社会史结合的考察》，《历史研究》2013年第4期。
② 刘小萌：《清代北京旗人社会》，中国社会科学出版社2008年版，第597页。
③ 王钟翰点校：《清史列传》卷18，中华书局1987年版，第1326页。
④ 参见徐雪梅《清朝职官制中的满汉差异问题研究》，博士学位论文，南开大学，2009年。

阿桂、和珅皆是满人，和珅更是权倾朝野二十余年。儒学地位相对下降，对理学有所疏离，颇青睐"黄教"，也就不难理解。

正是由于清中期帝国格局远非单一思想体系能够驾驭，不光理学，就是整个儒学，在开拓中作为不大，处于被动的地位，面对藏传佛教、萨满教等的冲击，作为帝国意识形态、治国之道的有效性大打折扣，推进难度剧增。所以经历清初高峰后，理学虽不断转向，积极提倡经世致用，把内圣外王理想转变为对国计民生的关注及对社会经济的行政实践，在各项经济领域采取一些有建设性的措施，对清代走向全盛起到至关重要作用。① 但"理学无用论"仍应运而生。

就中州夏峰北学来说，情况更是雪上加霜。一方面，由于孙奇逢会通理学各派的思路为回潮的程朱理学和崛起的考据学派所不喜，首位从祀孔庙的清儒陆陇其虽称颂孙奇逢为"君子""一代伟人"，却也批评由于其会通朱陆，"天下学者多被他教得不清楚"。② 在《四库全书》编纂中，孙奇逢的《夏峰先生集》被列于禁毁，《理学宗传》删改后以《理学传心纂要》收录，且评价不高。③ 汤斌由于刚正不阿，得罪权臣明珠、余国柱，被他们构陷病逝后长期蒙冤。汤斌死后，康熙帝还不释怀，认为汤斌辜负圣恩，为"伪道学""言行皆背"。④ 直到雍正十年，在汤斌去世四十五年后，才初步平反，入祀贤良祠，乾隆元年（1736），谥文正。但面对奏请汤斌从祀孔庙的呼声，乾隆帝明确拒绝，并下旨"增祀之事，议论纷如聚讼，亦无实济政要，故不为也"⑤。另一方面，由于身处内陆中心地域格局等的限制，乾嘉中州夏峰北学领军人物对帝国的新格局，特别是边疆不断开拓的新格局反应迟钝，因而普遍在野，虽也著述颇多，但活动范围局限于省内或本籍，全国影响有限。

到第三阶段，从嘉道始，在应对内忧外患中，理学家集团表现突出，曾国藩、李鸿章、左宗棠等镇压太平天国、捻军起义，掀起洋务运动，启

---

① 参见刘凤云《自序》，《权力的运行轨迹：17—18世纪中国的官僚政治》，党建读物出版社2013年版；黄克武《理学与经世：清初〈切问斋文钞〉学术立场之分析》，《"中央研究院"近代史研究所集刊》1987年第16期。
② （清）陆陇其：《三鱼堂日记》卷8，中华书局2016年版，第20、25页。
③ 参见（清）永瑢《四库全书总目》卷97，中华书局1965年版。
④ 参见《清圣祖实录》卷163，《清实录》，中华书局1985年版，第5册；中国第一历史档案馆整理《康熙起居注》，中华书局1984年版，第2册。
⑤ 《清高宗实录》卷629，《清实录》第17册，第17页。

动中国现代化。满人汉化势如破竹，清廷在鸦片战争前后完全以中华正统自居，贬斥西方侵略者为"夷狄"，编《筹办夷务始末》，推进洋务运动。考据学的弊端日益暴露，"汉宋合流"呼声不断兴起。中州夏峰北学亦顺势复兴。随着孙奇逢、汤斌师徒在道光三年（1823）、八年（1828）从祀孔庙，他们作为"先儒"及清代"真理学"代表的地位被皇权确认并被不断张扬，著作也获官方资助出版，获得更多士人阅读、认同。从王錂开始，再次迅速从省域走向全国，李棠阶、倭仁更在同治朝掌权辅政，倭仁以八旗蒙古之身，竟为晚清理学一代大师，更是理学史上仅有。

六 各学派的不同流变轨迹、深层原因之探讨与清学史重构

与宋明学术不同，清代始终没有形成统一的经学体系，即便把理学作为治国之道、意识形态主体，其作用也大打折扣，"提倡理学只是作为一种统治术，一种把'以夷制夷'的传统策略反向运用的'以汉制汉'的特殊手段"，朱维铮认为是由分裂的文化心态导引出的分裂的文化政策所致。[①] 其实，更深层的原因在于清朝的多样性远非单一思想体系能够驾驭，特别是作为统治族群的满人和在帝国中具有举足轻重地位的北方、西北、青藏等少数族群远非单一的儒学形态所能够驾驭。而以汉治汉、学分汉宋等清廷政策，又客观上助推了清代学术的分裂。反映在思想学术方面，清学更多呈现出各派多元互动而非一家独霸之图景，各学派都经历了比以往更加剧烈的各层面转换，都有自己的中心与边缘，长短处更全面展现。以清代前中期中州夏峰北学观之，其流变，特别是在其中心地域有自身发展逻辑，与考据学演变并非同步；其派学者也没有感觉到后世所谓考据学派"如日中天"之情况，所以并不关注也不参与汉学、宋学两大派及相互争论，而是基本置身事外。因此，清学史中，对他们的叙事不应仅是考据学叙事的陪衬。

早在近代清学史建构的初期，学界就对此进行了初步探索。章太炎在《清儒》中，对考据学派在各层面攻防转换有比较明确的意识，他指出考

---

① 参见朱维铮《中国经学史十讲》，复旦大学出版社2002年版。

【北学学派与学术史】
地域与全国之间：论清代前中期中州夏峰北学流变

据学派流变在空间层面是从"太湖之滨，苏、常、松江、大仓诸邑"后逐渐扩及全国，并区分出吴、皖两派；在时间上是从清初"草创未精博，时糅杂元、明谰言"到乾隆朝"学著系统"，并与桐城派争论。[①] 刘师培的《南北考证学不同论》及梁启超的《近代学风之地理的分布》对之进一步发展推进。但他们囿于"江南中心论""考据学中心论"之束缚，忽视清代其他学派的"个性"，描述的只是清学个别学派而非全部，是"静止"描述而非"动态"呈现，且对各派的不同流变轨迹及深层次因素没有明确的说明。

从根本来讲，任何学派发展都处于不断变动的过程中，学术问题从来都不是靠学术而是靠现实变迁来解决的，而构成学术发展无法回避的"现实"分为诸多层面，不同学术体系处于不同层面、具有不同属性。清代前中期中州夏峰北学在省域和全国两个层面呈现出颇具差异的流变轨迹，很大程度上就在于构成"现实"的各层面相互缠绕及其回应的不同。20世纪以江南、考据学为中心的清学史叙事模式，在一定程度上是建立在对清学分裂、多样图景及其构成的"现实"的掩盖基础之上的。在扬弃传统学术叙事的基础上，扩充视野，尊重包括夏峰北学等清学各派的"个性"，深入探讨构成他们学术发展的"现实"的诸多层面及攻防转换，化"静"为"动"，进行跨学科综合、深层次探讨，应更有助于清学史阐释模式之重构。

---

① 章太炎：《检论·清儒》，《章太炎全集（訄书初刻本、訄书重订本、检论）》，上海人民出版社2014年版，第482—484页。

【北学与南学】

南北平民儒学泰州学派与颜李学派比较

张海晏[*]

摘要：泰州学派与颜李学派，是明清之际南北平民儒学的两支区域性的思想流派，均具有异端倾向，同被归属于早期启蒙。二者在平民色彩、体制之外、百姓日用、批判意识、推崇礼仪和"奇"与"实"等方面的相似相近，彰显了平民儒学的共同特点与总体风貌；其在思想学术侧重上的微殊，又呈示了区域文化、地方风尚的印记。而双方在学术上的南来北往、传播互动，则是一个生动有趣而有待全面梳理的历史课题。

关键词：泰州学派；颜李学派；异端；实学

明中后期主于南方的王门后学——泰州学派，与清初揭橥于北方燕赵大地的颜李学派有颇多相似之处，这两支平民儒学流派都注重百姓日用之学，皆具有异端倾向，且均被侯外庐先生归为"早期启蒙思潮"。对二者进行比较研究，当不无意义。

一 平民色彩

泰州学派是王阳明心学学派中重要的一支，袁承业在所编《明儒王心斋先生师承弟子表》中虽自谓"搜罗未广，遗漏颇多"，但著录了自王艮至五传弟子多达四百八十七人，其中以进士为官者十八人，以贡士为官者二十三人；载入《明史》者二十余人，编入《明儒学案》者三十余人。袁氏在该表序中说："心斋先生毅然崛起于草莽鱼盐之中，以道统自任，一

---

[*] 张海晏，中国社会科学院历史研究所研究员。

时天下之人,率翕然从之,风动宇内,绵绵数百年不绝。"① 王艮的传道对象,有隶仆,有农,有贾,有尧竖、陶工,也有士大夫、缨绥诗书之士。泰州学派成员中,虽有部分高官,但多为普通劳动者,其中不乏社会底层贫民。就其学术谱系,《明史·儒林二》载:"(王)艮传林春、徐樾,樾传颜钧,钧传罗汝芳、梁汝元(何心隐),汝芳传杨起元、周汝登、蔡悉。"

泰州学派创立者王艮(1483—1541年),系布衣出身,十一岁时因乏束脩之资,贫不能学,遂辞塾师,在家乡参加煮盐劳动。家乡安丰是个盐场,当地居民另编灶籍,灶丁身份颇低,被称作"亭子",类似囚徒。他十九岁起商游四方,客山东。他所经之商,据说是贩卖私盐。② 明政府严禁私盐贩卖,"犯私盐者罪至死",但当时在两淮一带,"私贩盛行"。(《明史·食货志四》)他经理财用,人不能及,自是家道日裕。正德十五年(1520),三十八岁的王艮拜师阳明,至嘉靖七年(1528)阳明死,绝大部分时间都在阳明门下。灶丁出身的王艮,虽后经商发迹致富,但始终不失仗义疏财、为百姓排忧解难的平民本色。

泰州后学中可以朱恕、韩贞为例,《明儒学案·泰州学案一》载:

> 朱恕字光信,泰州草偃场人。樵薪养母。一日过心斋讲堂,歌曰:"离山十里,薪在家里,离山一里,薪在山里。"心斋闻之,谓门弟子曰:"小子听之,道病不求耳,求则不难,不求无易。"樵听心斋语,津津有味。于是每樵必造阶下听之。饥则向都养乞浆,解裹饭以食。听毕则浩歌负薪而去。③

> 韩贞字以中,号乐吾,兴化人。以陶瓦为业。慕朱樵而从之学,后乃卒业于东崖。粗识文字。有茅屋三间,以之偿债,遂处窑中,自咏曰:"三间茅屋归新主,一片烟霞是故人。"年逾三纪未娶,东崖弟子酿金为之完婚。久之,觉有所得,遂以化俗为任,随机指点农工商贾,从之游者千余。秋成农隙,则聚徒谈学,一村既毕,又之一村,

---

① 侯外庐、邱汉生、张岂之主编:《宋明理学史》(下),人民出版社1987年版,第447—448页。
② 参见侯外庐主编《中国思想通史》第4卷(下),人民出版社1960年版。
③ (清)黄宗羲:《泰州学案一》,《明儒学案》(下),中华书局2008年修订版,第719页。

【北学与南学】
南北平民儒学泰州学派与颜李学派比较

前歌后答,弦诵之声,洋洋然也。①

与之相近,颜李学派的开山颜元(1635—1704年),直隶(今河北)博野县北杨村人,字易直,又字浑然,因书屋名曰"习斋",世人尊称习斋先生。二十岁时,讼后家道衰落,旋回乡务农,"耕田灌园,劳苦淬砺。初食萄秋如蕨藜,后甘之,体益丰,见者不以为贫也"②。他二十二岁时,以贫为养老计,乃学医。二十三岁时,见七家兵书,学兵法,究战守事宜,尝彻夜不眠。二十四岁时,开私塾授徒,并始为人治病。他与孙徵君、刁文孝等辈往还,深喜陆王学说,以为圣人之道在是,亲手摘抄要语一册,反复体味。是年自名其斋为"思古斋",自号"思古人",举井田、封建、学校、乡举、里选、田赋、阵法,作《王道论》,后更名"存治编"。二十六岁,得《性理大全》读之,深为周、张、程、朱等人学说所折服。农圃忧劳中必日静坐五六次,读讲《近思录》《太极图》《西铭》等书。乘间静坐,主敬存诚,人群讥笑之,乃毫不介意。三十四岁时出现人生转折,始弃程朱旧说。颜元的生平事迹载于《颜斋记余》《颜习斋先生见闻录》《颜习斋先生言行录》和《颜习斋先生年谱》等,其中有大量关于师友弟子言行的记录。颜元幼年的启蒙老师吴洞云,善骑射、剑戟、军事和医术。家乡诸友者皆耕读并重、躬行力学,且兼究天象、地理、医术及兵略等各种实用技艺。

该派另一创立者李塨(1659—1733年),字刚主,号恕谷,直隶(今河北)蠡县曹家蕞人。出自耕读世家,二十二岁始因力田不足养亲,便兼习医卖药,并开馆授徒。三十一岁时,李塨遵父临终遗嘱,以《瘳忘编》《恕谷集》二书为贽,至习斋正式拜颜元为师,遂为嫡系传人,他感言:"咫尺习斋,天成我也,不传其学,是自弃弃天矣。"③

戴望《颜氏学记》④著录有颜氏弟子一百零八人、私淑二人,李氏弟子九十七人。这其中多为城乡平民子弟、布衣学者,绝少有参加举子业而

---

① (清)黄宗羲:《泰州学案一》,《明儒学案》(下),第720页。
② (清)李塨纂、王源订:《颜习斋先生年谱》(上),《颜元集》(下),中华书局1987年版,第711页。
③ (清)冯辰、刘调赞:《李恕谷先生年谱》卷1,载《李塨文集》(下),河北人民出版社2011年版,第696页。
④ (清)戴望:《颜氏学记》,刘公纯点校,中华书局1958年版,第252—273页。

步入仕途者。

有趣的是,不仅颜元、李塨师徒二人均力田务农而兼习医卖药,泰州学派中人亦每与传统医术有不解之缘。王艮二十三岁时客居山东,有疾从医家受倒仓法,既愈乃究心医道,此后并以医术治病救人。后学颜钧收徒讲学,为招徕落榜的举子,在南昌同仁祠张贴《急救心火榜文》,以学治人心病,可谓深得泰州学派医道并用、身心兼治之神韵。何心隐则与阮中和多有来往,阮曾医治火疾多人。①

二 体制之外

传统读书人多以科举做官为正途,所谓"学而优则仕"之谓也。而这两派学者,要么未卒举子业、要么蔑弃科考,要么始终为布衣、要么早早致仕还乡,总之,他们成了体制外的知识分子。

泰州学派中,王艮年少因家贫而辍学,无缘科举。后来他要求五个儿子:"皆令志学,不事举子业。"②作为泰州学派重要一员的王艮族弟王栋(1503—1581年),字隆吉,号一庵,泰州姜堰镇人。他曾师事王艮,得家学真传,先后任县训导、教谕、州学正等职,算是王艮同辈族人中唯一一位非布衣者。

而进士出身的徐樾,听王艮讲学后"随即欲解官善道",王艮因此断他为"有志之士",拟授之以秘不外传的"大成之学"。③

何心隐三十岁时应江西省试,得第一名。后闻王艮良知之学,遂弃科举,从颜钧学"心斋立本之旨"。

罗汝芳是颜钧的得意弟子,嘉靖三十二年进士,除太湖知县,后迁刑部主事,历宁国知府。后进京讲学于广慧寺,"朝士多从之",权相张居正恶其讲学,以潜住京师的罪名,勒令致仕。

李贽二十六岁中福建乡试举人,历二十余年的宦游生活,使他深感管

---

① 参见侯外庐主编《中国思想通史》第4卷(下),第960页。
② (明)耿定向:《王心斋先生传》,《耿定向集》(下),华东师范大学出版社2015年版,第546页。
③ (明)王艮:《又与徐子直》,《王心斋全集》,江苏教育出版社2001年版,第53页。

束之苦。在姚安居官三年以后，厌恶簿书生活，"久之，厌圭组，遂入鸡足山，阅龙藏不出。御史刘维奇其节，疏令致仕以归"①。

再看颜李学派，颜元十九岁时考中秀才，二十岁时讼后家落，回乡力田，二十一岁时阅《资治通鉴》，废寝忘食，遂厌弃八股。

李塨十九岁参加科考，进县学生员第一名，二十一岁时，造访颜元，自此深以习斋学习六艺为是。三十二岁时，赴京参加乡试，中举人，却深感时文害世，自此不再务举业。三十七岁至三十九岁时两次南下，到浙江桐乡佐理政事。沿途拜访学者，宣传习斋学说，并学乐于毛奇龄。四十六岁时，应河南郾城知县温益修之请，往郾城佐政。五十一岁至五十二岁时，应汉军旗人杨慎修之聘，两次到陕西富平佐县政，曾建议实行选乡保、练民兵、旌孝节、重学校、开水利等措施。五十四岁时，他又到济南，任知府幕僚，不久即归。六十岁时被选为通州学政，上任后不久，因病告归。六十一岁和六十二岁时，为了讲学会友，传播习斋学说，又曾两次南游。七十二岁出任《畿辅通志》总裁。直隶巡抚李光地曾请李塨做门客，被他谢绝。李塨一生虽多次任幕僚，但主要身份还是一介布衣书生，游学大江南北，以研习学术为鹜。

三　百姓日用

王阳明"良知说"已有圣凡无别的平等倾向，所谓"良知良能，愚夫愚妇与圣人同"②。王艮沿此世俗化路线更进一步，提出"百姓日用是道"的命题。阳明殁后，王艮主要在家乡安丰场讲学，自立门户，广收弟子，创立泰州学派，四方从游日众，相与发挥百姓日用之学甚悉。

《王艮年谱》"四十六岁"条载：

先生言百姓日用是道。初闻多不信，先生指童仆之往来，视听持

---

① （明）袁中道：《李温陵传》，载钱伯城点校《珂雪斋集》（中），上海古籍出版社1989年版，第720页。

② （明）王阳明：《答顾东桥书》，载陈荣捷《王阳明传习录详注集评》，台北：台湾学生书局1983年版，第181页。

行，泛应动作处，不假安排，俱自顺帝之则，至无而有，至近而神……①

他还讲：

百姓日用条理处，即是圣人之条理处。圣人知，便不失；百姓不知，便会失。②

王艮的"百姓日用是道"是讲："圣人之道""君子之道"体现在百姓日常生活中，它不仅具有道德意蕴，还被赋予了人的生命权、生存权的合理诉求，饮食男女、百姓日用皆是"道"。在王艮的思想中，"修身""安身""保身"成了王艮思想中的最大念想，念兹在兹，孜孜以求。

王艮的"百姓日用"之学，除了彰显人民本位的学术立场和挺立"百姓日用"的生命主体外，其另一维度则是以身体力行的方式向下层传播传统的礼义教化，以提高"愚夫愚妇"的文化教养。

王艮讲解《大学》时有关"格物"的主张称为"淮南格物说"，其是把"格物"之"格"解为"格式之格"，解为"絜矩"。认为身是"矩"，天下国家是方，方由矩来，天下国家方否，全在身是否正；身是本，天下国家为末，"物格致知"是"知本"，"诚意正心修身"是"立本"，本末一贯，爱人治人礼人就是"格物"；"安身"是本，安家、安国和平天下是末。这里，王艮把吾身与天下国家之关系，比之于矩与方、本与末，既是从道德修养讲的，也是从价值论讲的，这无疑彰显了作为感觉体的个人的核心地位和重要作用。这里尤其值得注意的是"安身"的概念。其以"身"指称个人、自我，意味着首先把人理解为物质性存在，人由感觉器官组成并天然具有感官欲求；这所谓"安"，就其语境言，当首先指安家立业、衣食无忧，而后是正心诚意、安身立命，此正对应先贤所说的"衣食足而知荣辱"。他说："安其身而安其心者，上也；不安其身而安其心者，次之；不安其身又不安其心，斯其为下矣。"③"知安身而不知行道，

---

① 《王艮年谱》"四十六岁"条，《王心斋全集》，第72页。
② （明）王艮：《王心斋语录》，《王心斋全集》，第10页。
③ （明）王艮：《王心斋语录》，《王心斋全集》，第17页。

知行道而不知安身，俱失一偏。故'居仁由义'，大人之事备矣。"①

王艮这种对个人存在价值的特别强调，是其"淮南格物说"的精神实质之所在。用他的经典表达，这叫作："立吾身以为天下国家之本"②，"治天下有本，身之谓也"③，"知修身是天下国家之本，则以天地万物依于己，不以己依于天地万物"④。

他又作名篇《明哲保身论》⑤，强调三点。其一，明哲保身，是人的良知良能，先天具有，圣凡皆然。这是把"保身"这种生存本能也纳入"良知良能"的范畴。其二，能爱身，必爱人；则人必爱我，吾身保矣；如利己害人，人将报我，则吾身难保。这种由利己推及利他，又以利他为手段最终实现利己之目的，从而形成"我为人人，人人为我"的人己兼得的社会和谐；而"忘本（身）逐末（天下），本乱而末难"，是把"利己"作为道德考量的出发点。此所谓"明哲保身"，可解读为："明哲"，理性也；"保身"，利己也。其三，由于气禀物欲之偏，凡人不能由己及人的推展"仁"，遂与圣人有别；而补救的方法就是学，学明哲保身的道理。其四，"君子之学"就是"以己度人"的学问，即"己之所欲，则知人之所欲；己之所恶，则知人之所恶"。这显系从孔子的"忠恕之道"而来。

如果说过泰州学派的"百姓日用是道"旨在肯定百姓生产、生活的重要性与合理性，偏重于日常伦理的意涵，那么，颜李学派对"六德""六行""六艺"及"三事""六府""之道"的强调，则接近于实用科学，他们注重的是生产技能的传授。在颜、李看来，所谓"六德"即智、仁、圣、义、忠、和，"六行"即孝、友、睦、渊、任、恤，"六艺"即礼、乐、射、御、书、数。而"三事"即正德、利用、厚生，颜元将其与"六德""六行""六艺"相对应，说："六德即尧、舜所为正德也，六行即尧、舜所为厚生也，六艺即尧、舜所为利用也。"⑥ 至于"六府"，即指水、火、金、木、土、谷。李塨《瘳忘编》曰：

---

① （明）王艮：《王心斋语录》，《王心斋全集》，第18页。
② （明）王艮：《王心斋语录》，《王心斋全集》，第4页。
③ （明）王艮：《复初说》，《王心斋全集》，第28页。
④ （明）王艮：《王心斋语录》，《王心斋全集》，第6页。
⑤ （明）王艮：《明哲保身论（赠别瑶湖北上）》，《王心斋全集》，第29—30页。
⑥ （清）颜元：《习斋记余》，《颜元集》（下），第439页。

>　　六府三事，此万世亲民之至道也。言水，则凡沟洫漕挽，治河防海，水战藏冰，醝榷诸事统之矣；言火，则凡焚山烧荒，火器火战，与夫禁火改火诸燮理之法统之矣；言金，则凡冶铸泉货，修兵讲武，大司马之法统之矣；言木，则凡冬官所职，虞人所掌，若后世茶榷抽分诸事统之矣；言土，则凡体国经野，辨五土之性，治九州之宜，井田封建，山河城池诸地理之学统之矣；言谷，则凡后稷之所经营……诸农政统之矣。至三事，则所以经纬乎六府者也。①

颜元晚岁应聘主教于广平府肥乡县的漳南书院，立教宗旨定为"宁粗而实，勿妄而虚"。在书院分设"文事""武备""经史""艺能""理学""帖括""六斋"，分斋教习礼、乐、书、数、天文、地理、兵法、战术、历史、时务、诗文、水学、火学、工学、象数以及程朱陆王之学、八股举业等，其中囊括了许多实用学科。

这类平民儒学，在哲学理论上尽管似乎"卑之无甚高论"，但其下接地气，贴近大众生活、关切百姓利益的学术特色是十分鲜明的，这与"存天理、灭人欲"的程朱理学和官方意识形态形成了鲜明对照。

四　批判意识

《明儒学案·泰州学案一》曰：

>　　泰州之后，其人多能以赤手搏龙蛇，传至颜山农、何心隐一派，遂复非名教之所能羁络矣。②

泰州学派的批判精神，除了对作为官方哲学的朱子学进行批判外，更多体现在对黑暗时政的现实批判。颜钧在《耕樵问答急救溺世方》中云：

>　　今天下四十余年，上下征利，交肆搏激，刑罚灭法，溢入苛烈。

---

① （清）李塨：《瘳忘编》，《李塨文集》（上），第99页。
② （清）黄宗羲：《泰州学案一》，《明儒学案》（下），第703页。

【北学与南学】
南北平民儒学泰州学派与颜李学派比较

赋税力役,科竭蔀屋。逐溺邦本,颠覆生业。触变天地,灾异趵突。水旱相仍,达倭长驱。战阵不息,杀劫无厌。海宇十室,九似悬罄。圩野老稚,大半啼饥。①

他指出这种"近代专制,黎庶不饶"惨状的根本原因,实乃"责在君臣"。他提出"大赉以足民食,大赦以造民命,大遂以聚民欲,大教以复民性"的救治方案,以救民于水火。②

面对地方政府强迫人民缴纳额外的封建赋役,所谓"皇木银两",何心隐"移书诮之",遂被下狱,同志营救,方得脱身。万历七年(1579),张居正以宰相之尊,采取横暴手段,诏毁天下书院,禁聚徒讲学。何心隐写万言长文《原学原讲》,针锋相对,说明"必学必讲","必不得不学不讲"的道理,并拟"上书阙下",声言要入都"持正义,逐江陵(张居正)去位,一新时局"。统治者称他为"妖人""逆犯""盗犯""奸犯",要四处缉拿。他在祁门学生家中被捕,押解到武昌狱中。在押解途中上书二十余通。李贽评价何心隐说:"何心老英雄莫比。观其羁绊缧绁之人,所上当道书,千言万语,滚滚立就,略无一毫乞怜之态,如诉如戏,若等闲日子。今读其文,想见其为人。其文章高妙,略无一字袭前人,亦未见从前有此文字。但见其一泻千里,委曲详尽……"③

颜李学派发起于"天崩地解"的明清易代之后,他们的批判锋芒聚焦于宋明理学,把它作为天下大乱的思想祸源。

颜、李认为理学是集空疏无用之学之大成者,谈天论性,聪明者如打诨猜拳,愚钝者似捉风听梦,有害无用,贻害无穷。他们把主攻目标锁定于此,批判更是不遗余力:

> 宋元以来儒者却习成妇女态,甚可羞。"无事袖手谈心性,临危一死报君王",即为上品矣。④

---

① (明)颜钧:《耕樵问答·急救溺世方》,《颜钧集》,中国社会科学出版社1996年版,第53页。
② (明)颜钧:《耕樵问答·急救溺世方》,《颜钧集》,第53—54页。
③ (明)李贽:《续焚书·与焦漪园太史书》,《李贽全集注》,社会科学文献出版社2010年版,第3册,第86页。
④ (清)颜元:《存学编·学辩》,《颜元集》(上),第44页。

> 训诂、清谈、禅宗、乡愿，有一皆足以惑世诬民，而宋人兼之，乌得不晦圣道，误苍生至此也！①
>
> 千余年来率天下入故纸堆中，耗尽身心气力，作弱人，病人，无用人者，皆晦庵为之，可谓迷魂第一、洪涛水母矣。②
>
> 纸上之阅历多，则世事之阅历少；笔墨之精神多，则经济之精神少。宋明之亡，此物此志也。③

理学不仅背叛先贤、污染社会、萎靡精神、危殆社稷，而且，在颜、李看来，理学简直就是杀人的工具：

> 果息王学而朱学独行，不杀人耶！果息朱学而独行王学，不杀人耶！今天下百里无一士，千里无一贤，朝无政事，野无善俗，生民沦丧，谁执其咎耶！④

颜、李曾被笃守宋学者视为异端邪说，离经叛道，但他们反其道而行之，说宋儒才是异端。他们据以清算传统、颠覆宋学的理论武器和价值准则，就是古圣先王和百姓日用。崇古与务实在他们那里是一体二面，崇古即是务实，务实就是崇古。他们批判以宋学为核心的中古思想传统，原因是其既"不古"又"无用"：明虚理、记空言、尚浮文，谈天论性，引经据传，著书立言，"心口悬空之道，纸墨虚华之学"⑤，"浮言之祸甚于焚坑"⑥，"而道亡学丧，通二千年成一骗局矣"⑦。

颜元亦讽阳明"良知说"："王子以致良知为宗旨，以为善去恶为格物，无事则闭目静坐，遇事则知行合一。"⑧ "阳明近禅处尤多……所谓与贼通气者。"⑨

---

① （清）颜元：《习斋记余》卷3，《颜元集》（下），第439页。
② （清）颜元：《朱子语类评》，《颜元集》（上），第251页。
③ （清）《恕谷先生年谱》卷2，载《李塨文集》（下），第716页。
④ （清）颜元：《习斋记余》卷6，《颜元集》（下），第494页。
⑤ （清）颜元：《习斋记余》卷3，《颜元集》（下），第439页。
⑥ （清）颜元：《存学编》卷1，《颜元集》（上），第40页。
⑦ 《颜习斋先生言行录》卷上，《颜元集》（下），第633页。
⑧ （清）颜元：《存学编》卷1，《颜元集》（上），第44页。
⑨ （清）颜元：《存人编·第四唤》，《颜元集》（上），第136页。

梁启超认为颜元对中世纪传统学术的颠覆性，古往今来，罕有其匹。他说：

> 至于破坏方面，其见识之高，胆量之大，我敢说从古及今未有其比。因为自汉以后二千年所有学术，都被他否认完了。他否认读书是学问，尤其否认注释古书是学问，乃至否认用所有各种方式的文字发表出来的是学问。他否认讲说是学问，尤其否认讲说哲理是学问。他否认静坐是学问，尤其否认内观式的明心见性是学问。我们试想，二千年来的学问，除了这几项更有何物？都被他否认得干干净净了。
>
> 弟子王源说颜元"开二千年不能开之口，下二千年不敢下之笔"，此非虚言。（《居业堂文集》卷8《与婿梁仙来书》）

"异端"一词，其来有自。《论语·为政》："攻乎异端，斯害也已。"在后世历史记载中，"异端"一词更是屡见不鲜。它一般用来指称思想学说上的异己者、另类、异类。譬如，曾被统治者斥为"伪学"的王阳明，就用"异端"概念指称佛、老，还认为"良知学"源自儒学正脉孔、孟，非此即为"异端"。此外，他还讲："或问异端。先生曰：'与愚夫愚妇同的，是谓同德；与愚夫愚妇异的，是谓异端。'"（《传习录》下）王艮发挥此说，曰："圣人之道，无异于'百姓日用'。凡有异者，皆谓之'异端'。"① 而在颜、李那里，"实学"乃"真学""正学""圣学"，反之则为"伪学""虚学""异端"。颜元在《朱子语类评》中曰："朱先生必欲盖读《诗》《书》而思求道理，全废三事、三物，是又别出一种异端之说也。"②

应该说，从思想的发生看，正宗观念在先，异端观念在后；己或同己为正宗，异己则为异端。异端观念的流行，在思想发展史上体现出一种排他性和同质化的倾向，这本是思想学说竞争与角力的文化现象。而历史上思想界的正宗与异端之争，往往被世俗政权主导和裁夺，"定于一尊"。于是，但凡具有较强的进步性、批判性和人民性的思想学说往往被定性为异端邪说，而招致无情打压；而那些被官方树为正宗的思想学说与思想家，

---

① （明）王艮：《王心斋语录》，《王心斋全集》，第10页。
② （清）颜元：《朱子语类评》，《颜元集》（上），第257页。

均难逃被重塑、被盗改和被变质的厄运，原有的人文精神和批判锋芒于是也就荡然无存。

侯外庐的《中国思想通史》，特别青睐具有现实批判精神和人民本位立场的激进或异端思想家，如先秦墨家，汉代王充，唐代柳宗元，宋代王安石、叶适、陈亮，明代王艮、何心隐、李贽，明清之际早期启蒙思想家黄宗羲、王夫之、顾炎武、方以智、傅山、颜元以及清代戴震、龚自珍等。

泰州学派和颜李学派虽大体属于儒学学派的分支，而儒学自汉武帝"罢黜百家，独尊儒术"以来又成了中古社会的官方意识形态，但二者因其具有的人民性、批判性和启蒙性而被朝廷官府和儒学正宗视为异端另类。他们则奋起反抗，争取儒学的正宗地位，但在强大的国家机器的打压下，难免陷入被边缘化的尴尬境地。有的则索性反其道而行之，以异端自居，如李贽在给焦竑的信中说："又今世俗子与一切假道学，共以异端目我，我谓不如遂为异端，免彼等以虚名加我，何如？"① 李贽不仅欣然接受这顶异端的帽子，而且，在异端的路上越走越远，自谓"弟异端者流""区区异端之徒"。

五　推崇礼仪

泰州学派和颜李学派之所以属于儒学学派，不仅是从儒学传承的学术谱系看，也是或更是从对待礼乐教化的态度来讲。《汉书·艺文志·诸子略》云：

> 儒家者流，盖出于司徒之官，助人君顺阴阳教化者也。游文于六经之中，留意于仁义之际，祖述尧舜，宪章文武，宗师仲尼，以重其言，于道为最高。

章太炎解读说："《艺文志》云：儒家出于司徒之官。此特以周官司徒掌邦

---

① （明）李贽：《焚书·答焦漪园》，《李贽全集注》，中国社会科学出版社2010年版，第1册，第18页。

教，而儒者主于明教化，故知其源流如此。"① "儒"是否出于周代司徒之官，不无疑问，但该派推重礼仪教化，可以说是儒学千古不变的学派传统。

王艮的"百姓日用"之学，除了人民本位的学术立场和挺立"百姓日用"的生命主体外，其另一维度则是以身体力行的方式向下层传播礼义教化。《年谱》"五十二岁"条载：

> 夏五月，修撰林东峰大钦，给谏沈石山，访先生于泰州。复会金山。时江都令王卓峰惟贤同登金山东峰，乘兴直跻山顶，卓峰追弗及，气喘，先生携手缓步，气定而复行东峰，竟先登。先生曰："子察否？"东峰曰："何察？"先生曰："同行气喘弗顾，非仁也。"无何，东峰又跣足坐地，先生曰："隶从失瞻，非礼也。"东峰敛容以谢。②
>
> 东乡吴怡偕数友来学，时同志有燕安气，先生不知言其过，托闻阳明公事语诸友曰："昔先师与诸友游一寺中，有太守见过，张席行酒。酒罢，先师叹曰：'诸君不用功，麻木可惧。'诸友竟不自知跪请，先师曰：'第问汝止。'"诸友乃转问先生，曰："太守行酒时，皆燕坐不起，果皆麻木。"时燕安者闻之皆惭悚，若无所措。先生教人，大率在言外令人自觉自化。③

王艮将历史上的治理模式分为三种不同类型，即羲皇景象、三代景象和五伯景象。他虽向往"羲皇景象"，但往者不可追，故退而求其次，追慕三代之治。他在《王道论》曰：

> 夫所谓王道者，存天理，遏人欲而已矣。天理者，父子有亲，君臣有义，夫妇有别，长幼有序，朋友有信是也。人欲者，不孝不弟，不睦不姻，不任不恤，造言乱民是也。存天理，则人欲自遏，天理

---

① 章太炎：《国学讲演录》，华东师范大学出版社1995年版，第168页。
② 《王艮年谱》"五十二岁"条，《王心斋全集》，第73页。
③ 《王艮年谱》"五十二岁"条，《王心斋全集》，第73页。

必见。①

这是认为，唐虞三代的王道理想，就是"存天理，遏人欲"。这乍看起来与他一贯倡导的"百姓日用是道"不合；然而，他说的"天理"少了最具专制等级意味的"三纲"，而他所谓"人欲"是指"不孝不弟，不睦不姻，不任不恤，造言乱民"之类的不端行为，而不是理学家所说的人们的物质欲望。他认为，"苟养之有道，教之有方，则衣食足而礼养兴，民自无恶矣"，刑罚也就全无存在的必要。

颜李学派亦颇重礼仪。李塨说：

> 古人之学，礼、乐、兵、农，可以修身，可以致用，经世济民，皆在于斯，是所谓学也。②

李塨平日自立课程，一日习礼，三日学乐，五日习律，七日习数，九日习射，书则随时学习。

颜元将历史的演变划分为"事物世界"与"文墨世界"，其据以颠覆宋学的理论武器和价值准则，即是古圣先王和"百姓日用"。传说中三代的价值理念和治理模式特为其所重，而尤其推重古礼，可以说，到了唯古是从、唯古是尊的地步。

不过，在崇信古礼与经世致用之间，难免存在抵牾与紧张。正如梁启超所说："所谓'礼'者，二千年前一种形式，万非今日所能一一实践。既不能，则实者乃反为虚矣。"③

然而，这类平民儒学学派对礼仪的特别推重，从侧面表明了，生活在社会底层的劳动者，在诉求生存权、生命权等基本人权的同时，还有着更高的精神追求。他们渴望道德人格上的平等，使生命有道德的尊严，突破传统"礼不下庶人，刑不上大夫"的道德垄断和人格歧视。他们这种对礼仪教化的仪式感、在场感，不是达官贵人和道学先生惯常的道德作秀，而有着崇古向善、希贤慕圣的真情实感。

---

① （明）王艮：《王道论》，《王心斋全集》，第64页。
② （清）郭金城：《存学篇序》，《颜元集》（上），第37页。
③ 梁启超：《清代学术概论》，中华书局2010年版，第42—43页。

六 "奇"与"实"

如果要用几个字来标识这类平民儒学的思想色调，也许非"奇"与"实"二字莫属。

而就泰州学派来说，则首先是"奇"。《年谱》载王艮二十七岁"默坐体道，有所未悟，则闭关静思，夜以继日，寒暑无间，期于有得"。二十九岁，"一夕梦天坠压身，万人奔号求救，先生独奋臂托天而起，见日月列宿失序，又手自整布如故，万人欢舞拜谢。醒则汗溢如雨，顿觉心体洞彻，而万物一体、宇宙在我之念益切不容已"①。

拜师阳明后，嘉靖元年（1522）年末或次年春②，为向北方传播王学，王艮制蒲轮车远游京师，深衣、五常冠、笏板、蒲轮，一应俱全。他一路招摇，车上挂长幅："天下一个，万物一体，入山林求会隐逸，过市井启发愚蒙。遵圣道天地弗违，致良知鬼神莫测，欲同天下人为善，无此招摇做不通，知我者其惟此行乎？罪我者其惟此行乎？"③王艮此行轰动京城，"都人以怪魁目之"④，且惊动了最高统治者。在京的同门欧阳德等认为他太过招摇，易出乱子，劝他南返，遂匿其车，解其衣冠，将其留京一月。最后多方动员，才把王艮叫回。王艮回到会稽，王阳明三日不见，以裁抑其志。王艮长跪认错，知过而改。

王艮的教学，常用禅宗式的心理暗示，除话语交流和互动中的妙语机锋外，还辅之以面部表情和肢体语言，以收点拨开悟之效。《王心斋语录》载："先生于眉睫之间，省觉人最多"⑤，"学者有积疑，见先生多不问而解"⑥。

颜钧自称"山中农夫""布衣素夫""山谷之匹夫""樵农""樵夫"，

---

① 《王艮年谱》"二十九岁"条，《王心斋全集》，第68页。
② 据黄宣民先生考证，"《年谱》记入嘉靖元年壬午（1522）王艮四十岁时，但从时人的一些记述看，时间则应在次年癸未（1523）春"。详见侯外庐、邱汉生、张岂之主编《宋明理学史》（下），第425页。
③ 《王艮年谱》"五十六岁"条，《王心斋全集》，第70—71页。
④ （清）黄宗羲：《泰州学案一》，《明儒学案》（下），第710页。
⑤ （明）王艮：《王心斋语录》，《王心斋全集》，第13页。
⑥ （明）王艮：《王心斋语录》，《王心斋全集》，第19页。

世人称之为"江湖大侠""儒侠""当代畸人"。嘉靖十九年（1540），他从泰州回江西，在南昌张贴《急救心火榜文》，宣讲他的救世补蔽的思想。这"急救名利心火"的招贴，招徕落榜的举子登门求救，听讲者多达一千五百余众。三十年（1551），时任云南布政使的徐樾战死于云南元江叛乱，曾师事徐樾的颜钧，闻讯即孤身赴滇寻其尸骸，往返数年，几经奔波，终于寻获樾的碎骸，归葬于泰州开山王艮墓旁。嘉靖三十六年（1557），颜钧以"知兵法"的"异人"身份受到总督胡宗宪的礼聘，与门人程学颜同往宁波总督府，参与"征剿海寇"。舟山一役，倒溺千百倭寇于海。此后，继续讲学于大江南北。嘉靖四十五年（1566），六十三岁的颜钧，在扬州买船南归时，被南都提学耿定向派人诱往太平府（今安徽马鞍山）讲学，三日即遭逮捕，解往南京监狱，遭严刑拷打，几死，《自传》讲他"刑棒如浆烂，监饿七日，死三次，继遭瘟痢……"后因查无实据，被强加"盗卖官船"的罪名，罚交"赃银"三百五十两。后经弟子罗汝芳变卖家产，发起募捐，携众门人持隆庆普赦哀诏，前来营救。隆庆三年（1569），颜钧出狱，被发边充戍。后两广总兵俞大猷聘他为军师。俞用其计擒海寇，破古田壮族起义军韦银豹等部。俞欲授以官，颜钧谢绝，遂归故里永新。史传，颜钧于讲学会中突然兴起，遂就地打滚，曰："试看我良知！"此举为士友传为笑柄。后学李贽为其辩解道：

> 所云山农打滚事，则浅学未曾闻之；若果有之，则山农自得良知真趣，自打而自滚之，何与诸人事，而又以为禅机也？夫世间打滚人何限，日夜无休时，大庭广众之中，谄事权贵人以保一日之荣；暗室屋漏之内，为奴颜婢膝事以幸一时之宠。无人不然，无时不然，无一刻不打滚，而独山农一打滚便为笑柄也！伺老恐人效之，便日日滚将去。予谓山农亦一时打滚，向后绝不闻有道山农滚者，则虽山农亦不能终身滚，而况他人乎？即他人亦未有闻学山农滚者，而何必愁人之学山农滚也？此皆平日杞忧太重之故，吾独憾山农不能终身滚滚也。当滚时，内不见己，外不见人，无美于中，无丑于外，不背而身不获，行庭而人不见，内外两忘，身心如一，难矣，难矣。本知山农果有此乎？不知山农果能终身滚滚乎？①

---

① （明）李贽：《焚书·答周柳堂》，《李贽全集注》，第 1 册，第 220—221 页。

又据贺贻孙《颜山农先生传》载：

> 先生豪宕不羁，轻财好施，挥金如土，见人金帛则诟曰："此道障也。"索之，无问少多，尽以济人。罗公为东昌太守，先生来，呼之曰："汝芳为余制棺，须百金。"尽取其俸钱出，即散与贫者。又命之曰："汝芳为余制棺，须白金。"太守故廉，不能更具百金，则早起，睍其尚寝，跪床下白之。先生诟怒，不得已，称贷以进。取之出，又散与贫者。①

这里，我们不仅为颜钧乐善好施的豪气所感动，也为这对师徒间的真笃情谊所震撼。

再看颜李学派，古云"燕赵多慷慨悲歌之士"，颜元也云："吾燕士古称慷慨悲歌"②，李塨亦有"燕赵悲歌愁人耳"③的诗句。所谓"慷慨悲歌"，可以宽泛地理解为某种特有的勇气、豪气、胆气和侠气，浩然之气，气若长虹，回肠荡气。起于燕赵大地的颜李学派也具有这样一种精神气质。

颜元父亲为蠡县朱家养子，故其幼年姓朱氏。三岁时清朝入关侵掠，其父被掳，其母改嫁。他二十多岁方知实情，改还本姓。五十岁后出关寻父，历尽坎坷，困苦难状，经一年余，负王父遗骸千里归葬，尽了传统社会一个孝子应尽的孝道。临近五十的颜元，为延续子嗣，买女为侧室，然该女既痴且颠，遂知为媒人所欺。后退人索金，该女旋被媒人转卖他人。弟子李塨闻讯面陈其非，颜元悔过立改，尽出原金赎女归其父。

自然，奇则奇矣，而颜李学派的精神特质更涵盖于一个"实"字。该学派注重"实用""实事""实政""实征""实功""实得""实践"和"实学"。在这一长串冠以"实"字的流行语汇中，"实学"一词最具概括力，在他们的著述中屡有所见，如讲"空言相结之不固，不如实学之相交者深乎"④，"只因实学既失，二千年来，只在口头取胜，纸上争长"⑤，

---

① （清）贺贻孙：《颜山农先生传》，《颜钧集》，第83页。
② （清）颜元：《习斋记余》，《颜元集》（下），第404页。
③ （清）李塨：《恕谷诗集·乙巳季夏忧旱》，《李塨文集》（下），第542页。
④ （清）颜元：《存学编》卷2，《颜元集》，上册，第57页。
⑤ （清）颜元：《存学编》卷3，《颜元集》，上册，第85页。

"实学不明,言虽精,书虽备,于世何功,于道何补"①。在颜、李那里,"实学"又谓"真学""正学""圣学",与之相对立的是"虚学",亦被称作"伪学""异端""泡影学问"和"纸上学问"。他们讽刺那些向虚处用功的腐儒,侈谈心性,游说方外,目中无人,目中无物,"聪明者如打诨猜拳,愚钝者似捉风听梦","无事袖手谈心性,临危一死报君王"。②

颜元三十八岁时与书陆世仪书信论学③,信中讲明自己的学说宗旨及著述《存学编》《存性编》的目的,言及"实文""实行""实体""实用""实绩"诸概念,强调"率皆实文、实行、实体、实用,卒为天地造实绩,而民以安,物以阜"。④

众所周知,经世致用思想渊源久矣,而在明末清初形成高潮。从地域来看,当时有两个中心:一是江浙一带,黄宗羲、顾炎武、唐甄、魏禧、陆世仪等是其代表;另一是河北、山西、陕西一带,孙夏峰、李颙、傅山、颜元、李塨、王源等是其代表。颜李学派是明末清初以来盛行的经世致用学风的一种极端发展。

平民儒学之"实"与"奇"是一而二、二而一的关系,"实"而实得出奇,"奇"而奇得实在。当然,如果非要在泰州学派和颜李学派之间分出个子丑寅卯,似乎可以说,前者是"奇而实",后者是"实而奇"。这也多少反映出南北学术各自的传统风尚。

七 传承与互动

言及"实学",人们自然想到注重"实效"、"实绩"、"百姓日用"、经世致用的学问。其实,陆王心学也曾以此自封。王阳明讲:

> 圣门之实学——夫在物为理,处物为义,在性为善,因所指而异其名,实皆吾之心也。心外无物,心外无事,心外无理,心外无义,

---

① (清)颜元:《存学编》卷3,《颜元集》,上册,第76页。
② (清)颜元:《存学编》卷1,《颜元集》,上册,第40、51页。
③ (清)李塨:《颜习斋先生年谱》上卷,《颜元集》(下),第737页。
④ (清)颜元:《存学编·上太仓陆桴亭先生书》,《颜元集》(上),第47页。

心外无善。①

在心学看来，既然世间一切事理均源于心，"致良知"的学问自然是最实用的学问，即胡宗宪所谓"良知皆实理，致知皆实学"②。

论及心学这种向内用功、向虚处开刀的主体性转向，学界一般归之于综合儒、释、道的学术路数。其实，宋明心学与魏晋玄学有着比较直接的传承关系。

玄学家嵇康在《释私论》开篇伊始提出"越名教而任自然"，说：

> 夫称君子者：心无措乎是非，而行不违乎道者也。何以言之？夫气静神虚者，心不存于矜尚；体亮心达者，情不系于所欲。矜尚不存乎心，故能越名教而任自然；情不系于所欲，故能审贵贱而通物情。物情顺通，故大道无违；越名任心，故是非无措也。

这里所谓人心之"自然"，排除了私意、情欲、外在的礼俗规定和名物教化，是一种天赋自发的道德本能。这与王阳明"不虑而知，不学而能"（《传习录》中《答聂文蔚》）、"无善无恶心之体"（《传习录》下）的良知，有着某种形式上的相似。阳明虽不一般地全盘否定名教的教化作用，但他反对礼教中仪式化和虚伪化的道德作秀，认为只求仪节形式，无异于逢场作戏。

> 若只是那些仪节求得是当，便谓至善，即如今扮戏子，扮得许多温清奉养的仪节是当，亦可谓之至善矣。（《传习录》上）

魏晋玄学思潮曾被时贤称作一场"净化运动"③，而瑞士学者耿宁称："王阳明开启了中国在十九世纪末西方文化大举入侵前的最后一次哲学心

---

① （明）王阳明：《与王纯甫》，《王阳明全集》（上），上海古籍出版社2012年版，第134页。
② （明）胡宗宪：《重刊阳明先生文录叙》，载《王阳明全集》（下），第1322页。
③ 汤用彤：《汉魏学术变迁与魏晋玄学的产生［遗稿］》，《中国哲学史研究》1983年第3期。

灵运动。"① 虽则二者的历史时代与问题意识不尽相同,但都诉诸人的自然心灵和天然本能,用以净化被政治玷污的社会风习。无论是魏晋名士还是"阳明禅",因其崇尚心力,自然表现出狂放的一面。

王艮师承阳明,开始讲良知之学,但由于身世气质的原因,亦继续谈其"格物",所谓"淮南格物"。他既是行为乖张、特立独行的狂士,又下接地气,注重社会民生。至于泰州后学,"多能以赤手搏龙蛇""遂复非名教之所能羁络"②的颜山农、何心隐、李卓吾一辈,更彰显出文人中难得一见的侠士、斗士的勇敢者精神。作为泰州学派的外围,著名者有自幼接受王学熏陶并深受罗汝芳、李贽影响的文学家汤显祖及受业于王门后学黄体仁并与焦竑、李贽等王学士人交往的科学家——徐光启等。

顾炎武《日知录》卷18"朱子晚年定论"条讲泰州之学:

> 一传而为颜山农(钧),再传而为罗近溪(汝芳)赵大洲(贞吉)。近溪之学,一传而为何心隐(本名梁汝元),再传而为李卓吾(贽)陶石篑(望龄)。昔范武子论王弼何晏二人之罪深于桀纣,以为一世之患轻,历代之害重,自丧之恶小,迷众之罪大。

顾氏这里所抱持的道德成见,我们不敢苟同。但不容否认,他确也暗示出:泰州学派与玄学名士在精神气质和历史角色上有着相通相近之处。

再看颜李学派的思想来源。余英时先生说:

> 顾炎武、黄宗羲、李颙诸人虽重经世而仍守读书穷理的旧传统,即颜氏最钦佩的孙奇逢(1584—1675年)与陆世仪(1611—1672年)也取径不异:孙氏宗阳明而从事于武备、农事种种实物;陆氏宗朱子而讲求天文、地理、水利、农田、兵法,只是颜氏独树一帜,专在"经世致用"一点上立足,其他一概弃而不道,这可以说明他何以终能形成一个独立的学派。③

---

① [瑞士]耿宁:《人生第一等事——王阳明及其后学论"致良知"》(上),倪梁康译,商务印书馆2014年版,第6页。
② (清)黄宗羲:《泰州学案一》,《明儒学案》(下),第703页。
③ 余英时:《清代学术思想史重要观念通释》,《中国思想传统的现代诠释》,江苏人民出版社1989年版,第256页。

【北学与南学】
南北平民儒学泰州学派与颜李学派比较

孙奇逢（1584—1675年），字启泰，号锺元，直隶保定府容城县人，万历举人。后迁居河南辉县夏峰村讲学，学者称之为"夏峰先生"。与东林党人来往密切，东林党人左光斗、魏大中、周顺昌因党祸被捕入狱，孙奇逢多方营救，虽然未果，但其勇于主持正义的义举，闻名遐迩。其父曾受学于王阳明弟子邹守益。孙奇逢以陆王心学为主，又兼采程朱理学，晚年亦服膺刘宗周的学问。《清儒学案》中说他："先生之学，原本象山、阳明，以慎独为宗，以体认天理为要，以日用伦常为实际，不欲判程、朱陆、王为二途，以《朱子晚年定论》为归。"[1] 他的《理学宗传》从儒家道统出发综合宋明理学与心学，认定王阳明乃朱熹的学术传人。

江南大儒陆世仪（1611—1672年），字道威，号刚斋，江苏太仓人，少从刘宗周讲学。"专宗程朱"，"学期于经世，与亭林（顾炎武）相近"[2]。归而凿池十亩，筑亭其中，不通宾客，自号桴亭。他崇尚实学，博及天文、地理、河渠、兵法、封建、井田，于经世之学无不该通。颜元从好友刁文孝处得闻太仓陆桴亭究明六艺之学，言性善即在气质、气质之外无性，深以为同调。

陆世仪的业师刘宗周（1578—1645年），字起东，别号念台，山阴人，讲学于山阴蕺山，并开创蕺山学派，学者称蕺山先生。万历二十九年（1601）登进士，因上疏弹劾阉党魏忠贤而被革职为民。南明弘光朝，复起为左都御史，弘光覆亡，浙江失守，他出避郭外，绝食二十日而死。刘宗周一生对阳明心学的态度有三变："始而疑，中而信，终而辩难不遗余力。"[3] 同时，刘氏还与陈宪章开创的岭南心学亦有学术渊源。黄宗羲青年时遵父嘱师事刘宗周，晚年著《明儒学案》，旨在为王门争求儒学正统。

由上可见，兴盛于北方的颜李学派与活跃于南方的王门心学也有着某种学术联系，同时亦受到程朱理学和经世致用之学的影响。当然，更与其所从出的燕赵大地的地域文化传统以及所处的清初文化政策和历史语境有绝大的关系。

关于颜李学派的流脉，梁启超指出："同时服膺颜氏学且能光大之者，

---

[1] 徐世昌：《夏峰学案》，《清儒学案》，中华书局2008年版，第1册，第2页。
[2] 徐世昌：《夏峰学案》，《清儒学案》，中华书局2008年版，第1册，第143页。
[3] （清）黄宗羲：《子刘子行状》，《刘宗周全集》，浙江古籍出版社2012年版，第9册，第41页。

北有王昆绳,南有恽皋闻、程绵庄,而其渊源皆受自恕谷。"①恽皋闻,名鹤生,江苏武进人,虽学问见识绝好,又笃信颜李之学,但入门时年事已高,非年富力强的理想后继者。②晚岁归常州,戴望从之,辑成《颜氏学记》。

程绵庄,名廷祚,江苏上元人,从恽皋闻颜李之学,读《存学篇》后题词:"古之害道出于儒之外,今之害道出于儒之中。习斋先生起燕赵,当四海倡和翕然同风之日,乃能折衷至当而有以斥其非,盖五百年间一人而已。"③程廷祚与李塨一番书信往返后,成为学术知己,李塨并有传之其人的热望。然而,程两次进京后始变,变得怕担待"共诋程朱"的罪名,不敢攻击理学,且开始"不以颜李之书示人"。这让李塨颇感失望。何以北京之游后,程廷祚的态度就发生改变了呢?胡适认为,是他见到了在京的安徽同乡、"当代名儒"方苞。李塨多年前曾寄信方苞,恳请他接受颜李之学,继往开来,发扬光大。但方苞无此抱负,且在遭受政治陷害后,寄身于提倡程朱理学的朝廷,对颜李学派避之唯恐不及。方苞在李塨长子死后,给李塨写信,恶毒地说这全是攻击朱子的报应。在李塨死后,又不请自来,作《李刚主墓志》,曲说历史,诬及死友,以断清瓜葛。据胡适研究,程廷祚在对待理学的态度上前后有变,但他始终是一个颜李学派的大师,不过是一个变换过的颜李学,已不是原始的形态了。他作为《儒林外史》作者吴敬梓的好友,也使这部名著深深感染上颜李之学的印记。胡适认为,戴震乃受到程廷祚的影响,堪为颜李学派在南方的传人。戴震间接受颜李学派的影响不假,如戴望、梁启超已指出的那样,但戴震的实学已转入训诂考据一路,与颜李倡导的实学已非一物。④

其实,颜李学派在南传的过程中入乡随俗地发生了转变,就传播者李塨本人,两次南游后遂开启了训诂之转向。颜元曾告诫李塨勿受阎若璩、毛奇龄等人的影响,只在书本上做考据功夫,所以在颜元给钱煌的信中,深辨考证之学,同时亦讽劝李塨。⑤

李塨一度想把颜李学派的大本营迁到江南,拟与时滞留京师的南人方

---

① 梁启超:《中国近三百年学术史》,东方出版社1996年版,第166页。
② 参见胡适《颜李学派的程廷祚》,《胡适文集》,北京大学出版社1998年版,第10册。
③ (清)戴望:《绵庄》,《颜氏学记》,中华书局1958年版,第225页。
④ 参见胡适《颜李学派的程廷祚》,《胡适文集》,北京大学出版社1998年版,第10册。
⑤ 参见(清)颜元《习斋记余·寄桐乡钱生晓城》,《颜元集》(下),中华书局1987年版。

苞互换田宅。后因连遭横祸，终放弃南迁的计划。就颜李学派的内在理路而言，正如钱穆先生所说："言孔孟不得不牵连而治经义，治经义不得不为考覈训诂而走上南方学者之路。政治事业既无发展，则晚年仍不得不为传注著述，此亦当时情势使然，不得尽责人事也。"① 这些从反面说明，颜李学派确与燕赵这块北方大地有着不解之缘，它生于斯，长于斯，最终也沉寂于斯。

当然，关于南学与北学的异同与短长，以及双方在历史时空中南来北往的学术互动，是一个宏大而复杂的学术课题。这里只是对明清时期的泰州学派和颜李学派这两支平民儒学做一点比较研究，以期在同中求异、异中求同的跨文化视野中，略收管窥蠡测之功。

---

① 钱穆：《中国近三百年学术史》（上），商务印书馆 2005 年版，第 236 页。

南北朝士族的书学与家学

——以象山王氏、临淄崔氏墓志书体为例

沈睿文*

摘要：本文揉合已有的研究结论，推定南京象山琅琊王氏和临淄北朝崔氏墓志书体不仅是这两个士族家学（书学）的体现，同时也是这两个士族的道教信仰使然。而不同场合需相应地运用不同书体则是琅琊王氏墓志文书体与《兰亭序》不同的另一原因。

关键词：北朝崔氏；琅琊王氏；道教信仰；书体

士族作为一个综合性的概念，有多方面的历史内涵：政治上的累世贵显，经济上人身依附和劳动占有，以及文化上的家学世传，是几个最基本的衡量界标。缺乏其中任何一个要素，都不能构成完整意义上的"士族"。文化上的优势是士族唯一可以凭借的立身之资，也是其门户得以延续的最为可靠的保证。为维持这一优势，便有必要在学术上构筑壁垒，确保自身在文化上的垄断地位。① 这就是所谓的家学。钱穆认为，门第中人最需要具有的品行，莫过于两大要素，一是能具有"孝友之内行"，二是能具有"文史学业之修养"，此两种希望，"并合称为当时共同之家族。其前一项之表现则成为家风，后一项表现则成为家学"。②

魏晋南北朝时期的家学内容十分丰富，最为突出、最具代表性的、被广泛注重的家学可谓书学。书法是士人最基本的修养，也是作为家学的一

---

* 沈睿文，北京大学考古文博学院副院长，北京大学中国考古学研究中心、考古文博学院教授。

① 参见陈爽《世家大族与北朝政治》，中国社会科学出版社1998年版。
② 钱穆：《略论魏晋南北朝学术文化与当时门第之关系》，《新亚学报》1964年第2期。

个基本的构成部分。书法世代相传往往出现在这些高门士族之中①，在这些家族中，隶书便成为家学传承的重要内容。南北朝时期，南京琅琊王氏和临淄崔氏墓地墓志的发现便是两个绝佳的例证。

一　象山琅琊王氏墓志文书体

琅琊王氏在当时出了不少有名的书法家、画家。例如，王廙多才多艺，能章楷，传钟法。尤工于草隶飞白，祖述张、卫遗法。其侄子王羲之、王彪之，儿子王胡之，从孙王献之，曾孙王裕之，玄孙王韶之，在他的熏陶和影响下，也都是有名的书法家、画家，从而使得王氏一门成为有着独特书学传统的门阀。史载，"时议者以为（王）羲之草隶，江左中朝莫有及者，献之骨力远不及父，而颇有媚趣。桓玄雅爱其父子书，各为一袠，置左右以玩之"（《晋书》卷8《王羲之传》）。

南渡以后，琅琊王氏择葬于南京象山（今南京市鼓楼区幕府山西南）。到目前为止，象山琅琊王氏墓地已经发掘了11座墓葬②，所出墓志文的书体都属于隶书，书写也大体一致（图1—图8），几乎没有太大的差别。琅琊王氏书法在江左居最高地位，故有着良好书学传统的王氏，其去世的家族成员的墓志文的书写恐亦多为善书的家族成员所为，而作为高门士族雇用优秀刻工也属自然。从这个角度来讲，象山王氏墓志文书体应能较好地体现书写者的书法水平。换言之，墓志文书体的多样性应也是该门阀士族书学的如实体现。

---

① 王元军《六朝书法与文化》，上海书画出版社2002年版，第240页。
② 参见南京市文物保管委员会《南京人台山东晋兴之夫妇墓发掘报告》，《文物》1965年第6期；南京市文物保管委员会《南京象山东晋王丹虎墓和二、四号墓发掘简报》，《文物》1965年第10期；南京市博物馆（袁俊卿）《南京象山5号、6号、7号墓清理简报》，《文物》1972年第11期；南京市博物馆《南京象山8号、9号、10号墓发掘简报》，《文物》2000年第7期；南京市博物馆《南京象山11号墓清理简报》，《文物》2002年第7期。案，象山墓地共公布了11座墓葬的资料，据华国荣《南京六朝的王氏、谢氏、高氏墓葬》一文透露，2000年南京市博物馆又在象山探到16座该家族的墓葬，载巫鸿主编《汉唐之间的视觉文化与物质文化》，文物出版社2003年版，第283—293页。

图 1　象山王兴之夫妇墓志（左，王兴之；右，宋和之）

资料来源：南京市文物保管委员会《南京人台山东晋兴之夫妇墓发掘报告》，《文物》1965 年第 6 期，图版贰 – 1，图版贰 – 2。

图 2　象山王丹虎墓砖志

资料来源：南京市文物保管委员会《南京象山东晋王丹虎墓和二、四号墓发掘简报》，《文物》1965 年第 10 期，页 45 图三一。

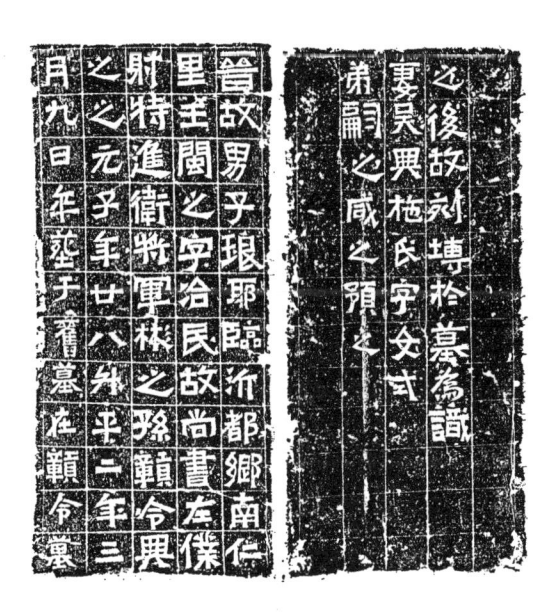

【北学与南学】
南北朝士族的书学与家学

图3 象山王闽之墓志拓片正面（左）、背面（右）
资料来源：南京市博物馆（袁俊卿）《南京象山5号、6号、7号墓清理简报》，《文物》1972年第11期，页25图三、图四。

图4 象山夏金虎墓志拓片
资料来源：南京市博物馆（袁俊卿）《南京象山5号、6号、7号墓清理简报》，《文物》1972年第11期，页28图七。

图5 象山王仚之墓志拓片
资料来源：南京市博物馆《南京象山8号、9号、10号墓发掘简报》，《文物》2000年第7期，页8图一一。

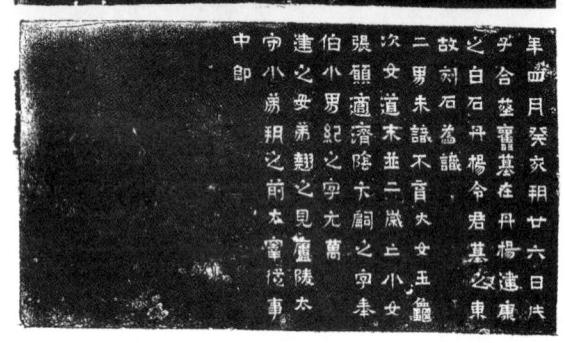

图6　象山王建之墓志拓片正面（上）、背面（下）

资料来源：南京市博物馆《南京象山8号、9号、10号墓发掘简报》，《文物》2000年第7期，页14图二七、二八。

图7　象山王建之妻刘媚子墓志拓片

资料来源：南京市博物馆《南京象山8号、9号、10号墓发掘简报》，《文物》2000年第7期，页16图三一。

图 8　象山王建之妻刘媚子砖志拓片

资料来源：南京市博物馆《南京象山 8 号、9 号、10 号墓发掘简报》，《文物》2000 年第 7 期，页 17 图三二。

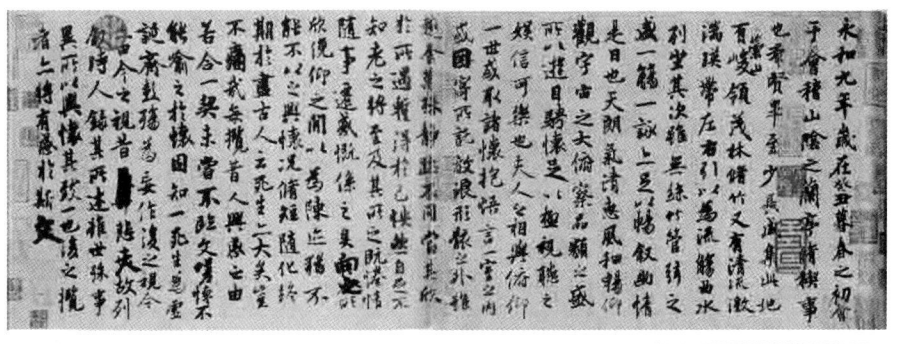

图 9　王羲之《兰亭序》冯承素神龙本

资料来源：https://www.sohu.com/a/236615819_200821。

南京象山琅琊王氏墓地的清理发掘，所出墓志书体引起郭沫若的重视，由此引起关于《兰亭序》（图9）真伪的一次大讨论①，当时在社会上的影响极大、波及面也广。墓志文书体与《兰亭序》书体不同是引发上述讨论的焦点和导火线所在②，象山琅琊王氏墓地所出墓志都无一例外地跟传世《兰亭序》的书体迥异。面对这种状况，究竟孰是孰非，应该如何对待？

我们认为对这个问题的认识有两个关键点。其一是这批墓葬主人的宗教信仰问题；其二是要了解古代不同书体须运用于相应场合的问题。这两点在当时炽烈的《兰亭序》大讨论中并没有引起足够的重视。此下从这两个角度，揔合先贤时彦的成果略做铺陈，以期对此形成一个完整的认识。

关于琅琊王氏家族的宗教信仰，陈寅恪在其名篇《天师道与滨海地域之关系》中考证道："六朝人最重家讳，而'之''道'等字则在不避之列，所以然之故虽不能详知，要是与宗教信仰有关。……殊不知此类代表宗教信仰之字，父子兄弟皆可取以命名，而不能据以定世次也。""夫琅邪王氏为五斗米世家，读史者所习知。""而后来琅邪王氏子孙之为五斗米教徒，必其地域熏习，家世遗传，由来已久。"③通过对名讳细节的考辨，陈氏为我们发覆出琅琊王氏家族世崇五斗米教的真相。

之所以说这是解读这批墓志文书体的一个关键，缘于书法是当时道教徒一门必须拥有的技巧，该技巧甚至成为他们跻身上层社会的工具。如《魏书》载北魏"太祖以其（崔浩）工书，常置左右"（《魏书》卷35《崔浩传》）。此言崔浩之所以被北魏太祖皇帝起用便与崔浩的善书有莫大的关系。同样，陈寅恪也曾专文讨论天师道与书法之关系，他梳理了史载较为系统地考察了两晋南北朝天师道徒尚书的情况。《晋书》卷8《王羲之传》载：

---

① 案，1965年的《文物》就有11篇专文讨论《兰亭序》，郭沫若《由王谢墓志的出土论到〈兰亭序〉的真伪》（《文物》1965年第6期）一文首发其端。今从唐代《兰亭序》习字文书在西域的发现，可知《兰亭序》确有其事。详见荣新江《〈兰亭序〉在西域》，《国学学刊》2011年第1期；后收入所撰《丝绸之路与东西方文化交流》，北京大学出版社2015年版，第185—199页。

② 案，关于该讨论的相关背景，可参见毛万宝《文章千古事　得失寸心知——论启功在〈兰亭序〉研究中的矛盾表现》，《书画艺术》2008年第3期。

③ 陈寅恪：《天师道与滨海地域之关系》，《陈寅恪集·金明馆丛稿初编》，生活·读书·新知三联书店2001年版，第9、18、21页。

（王）羲之既去官，与东土人上尽山水之游，弋钓为娱。又与道士许迈共修服食，采药石不远千里。……有七子，知名者五人。玄之早卒，次（子）凝之，亦工草隶，仕历江州刺史、左将军、会稽内史。王氏世事张氏五斗米道，凝之弥笃。孙恩之攻会稽，僚佐请为之备。凝之不从，方入靖室请祷，出语诸将佐曰："吾已请大道，许鬼兵相助，贼自破矣。"既不设备，遂为孙恩所害。……

时议者以为羲之草隶，江左中朝莫有及者，献之骨力远不及父，而颇有媚趣。桓玄雅爱其父子书，各为一袠，置左右以玩之。始羲之所与共游者许迈。

《云笈七签》载：

（陶）隐居先生讳弘景，字通明，丹阳人也。宅在白杨巷南冈之东。宋初土断，仍割秣陵县西乡之桐下里，至今居之。……十三世祖超，汉末渡江，始居丹阳。七世祖浚，交州刺史璜之弟，仕吴为镇南将军，封句容侯食邑二千户，与孙皓俱降晋，拜议郎散骑常侍尚书。……祖隆，身长七尺五寸，美姿状，有气力，便鞍马善骑射，好学，读书善写，兼解药性，常行拯救为务。……父讳贞宝，字国重。……亦闲（娴）骑射，善藁隶书，家贫，以写经为业，一纸直（值）价四十。书体以羊欣萧思话法，深解药术。……（先生）尤好五行阴阳，风角炁候，太一遁甲，星历算数，山川地理，方国所产，及医方香药分剂，虫鸟草木，考校名类，莫不该悉。善隶书，不类常式，别作一家，骨体劲媚。琴棋骑射，亦皆领括。[①]

又《南齐书》卷33载僧虔论书道：

郗愔章草亚于右军。郗嘉宾草亚于二王，紧媚（过）其父。[②]

---

① （宋）张君房辑：《云笈七签》，齐鲁书社1988年版，第588页上栏—中栏、第589页下栏。

② 《南齐书》，中华书局1972年版，第597页。

又《太平御览》卷666引《太平经》云：

> （郗愔）心尚道法，密自遵行。善隶书，与右军相埒。手自起写道经，将盈百卷，于今多有在者。①

《真诰》卷19《翼真检第一》载：

> 三君（即杨君羲、许长史谧、许掾翙）手迹，杨君书最工，不今不古，能大能细。大较虽祖效郗法，笔力规矩并于二王，而名不显者，当以地微，兼为二王所抑故也。掾书乃是学杨，而字体劲利，偏善写经画符，与杨相似。郁勃锋势，殆非人功所逮。长史章草乃能，而正书古拙，符又不巧，故不写经也。（陶）隐居昔见张道恩，善别法书，叹其神识。今睹三君迹，一字一画便望影悬了，自思非智艺所及。特天假此监，令有以显悟尔。②

又同书卷2《翼真检第二》"孔璪贱时"条云：

> 楼（惠明家）钟（义山家）间经，亦互相通涉。虽各摹符，殊多麁略。唯加意润色，滑泽取好，了无复规矩锋势，写经又多浮谬。至庚午岁，（陶）隐居入东阳道，诸晚学者渐效为精。……时人今知摹二王法书，而永不悟摹真经，经正起隐居手尔。亦不必皆须郭填，但一笔就画，势力殆不异真，至于符无大小，故宜皆应郭填也。③

道家写经及画符一定由能书善画者来担任。除了陈寅恪所言写经为一种功德之外，恐怕还与便于道教的宣传和传教有关。如三夷教之摩尼教便是借助其书画艺术传播经教的典型。对于民众来讲，显然以书画的形式来传教更为直观、生动。寻求简单的、直指人心的方式是一个宗教能否获得广大

---

① （宋）李昉等编：《太平御览》，中华书局影印本1960年版，第2974页上栏。
② ［日］吉川英夫、［日］麦谷邦夫编：《真诰校注》，朱越利译，中国社会科学出版社2006年版，第569页。
③ ［日］吉川英夫、［日］麦谷邦夫编：《真诰校注》，朱越利译，第580页。

民间基础的一个重要条件。中土佛教后来发展起来的俗讲便与此不无关系。

要之，上文所列的人物都是两晋南北朝时期信仰天师道的道家人物，都有一个"善书"的共同特点，而且他们擅长的书体多是隶书。当时的书体并非只有隶书一体，尚有草书、楷书、行书等体。故此颇疑隶书一体为当时天师道众专用之主要书体。①

实际上，道教对书体有着严格的要求，如严禁作草书示人。《云笈七签》卷39所载《太上老君说一百八十戒》，其中第十戒即为"不得作草书示人"。另《无上秘要》卷45《玉清下元戒品》，亦谓"道学不得为草书""道学不得教人为草书"；卷44《有洞真中元品之戒》云："学士及百姓草伪意，罪。"而《大征仙君功过格》云："荐亡符简文字等，一字差错为一过，脱漏一字为一过。符文差错脱漏为十过，修写书篆不如法为五过。"② 这可能是上述道教徒习用隶书的缘故。因为隶书书写工整易识，不至于让信徒误读、误会经文。

另外，在古代，不同场合要求书者使用不同书体。唐人封演便已注意到这个问题。封氏在所撰《封氏闻见记》卷2《文字》中载：

> 故秦时书有八体：一曰大篆，史籀所作也；二曰小篆，李斯、赵高、胡毋敬所作也；大小二篆，皆简策所用。三曰刻符，施于符传。四曰摹印，亦曰缪篆，施于印玺。五曰虫书，为虫鸟之形，施于幡信。六曰署书，门题所用。七曰殳书，铭于戈戟。八曰隶书，施于公府。皆因事出变而立名者也。③

唐张彦远《法书要录》卷1载宋王愔《文字志三卷》上卷目中有"古书有三十六种"④，钱锺书曾考订道：

---

① 案，我们注意到司家山谢氏墓葬所出墓志文书体不统一。谢温、谢琎墓志文书体为楷书体，书写随意，字体大小不一，显得凌乱，不易辨认。而谢角昆墓志文书体为隶书，运笔挺劲，结构谨严，上承汉碑的风格。很可能，它们并没有成为谢氏家族门风的一个内容。或许这种状况正与谢氏跟道教信仰无涉有关。
② 王元军：《六朝书法与文化》，第240页。
③ （唐）封演著，赵贞信校注：《封氏闻见记校注》，中华书局2005年版，第6页。
④ （唐）张彦远：《法书要录》，人民美术出版社1964年版，第24—25页。

张彦远《法书要录》卷一载宋王愔《文字志》上卷目《古书有三十六种》，中如"署书""藁书"等，略同宗炳，而"龙书""龟书"等，又启庾元威。同卷王僧虔录宋羊欣《采古来能书人名》："钟繇。……书有三体：一曰铭石之书，最妙者也；二曰章程书，传秘书、教小学者也；三曰行狎书，相闻者也"；又"卫觊。……子瓘……采张芝法，以觊法观之，更为草藁，草藁是相闻书也"。已明言书体与文体相称，"铭石"之书不同于"行狎"之书，亦即钟繇一手所书而"碑"与"帖"殊体也。岳珂《宝真斋法书赞》卷七《王廙〈问安〉、〈王秋〉二帖》赞曰："启以楷书，告以章草；情敬之分，于此焉考。""启"指《问安帖》，呈君上者（"臣廙言……伏承圣体胜常"云云）；"告"指《王秋帖》，示子者（"告藉之等……念汝独立"云云）；致"敬"之奏当书以楷书，申"情"之牍遂无妨书以草体耳。又卷九《李西台启诗帖·赞》："谢学士以启而用楷法，寄同院同年以诗而用行书，又以见待人处己，虽小节皆有体也"；亦可参观。①

钱锺书在此专文对当时书体与文体相称的现象做了详细的梳理。② 读者可自参看。

无怪乎，周一良进而辨证道："兰亭是否出于羲之，不敢妄论，然从东晋时书法而言，尺牍与碑刻之风格，即使同出一人之手，亦确可有所不同。此点从《兰亭论辨》中所收墓志及写本显然可以窥见，而有关史料更可以证明。"并认为"同一人之书法因用途之异而可以有所不同"③。如此，则南京象山琅琊王氏家族墓地所出墓志文书体或即为王氏家族丧葬所专用。这些有着道教信仰的人，以专用之书体来书写墓志文，或许还有其美好的宗教意愿在。

---

① 钱锺书：《钱锺书集·管锥编》二二六《论书体与文体相称》，生活·读书·新知三联书店版2001年版，第423—424页。
② 参见钱锺书《钱锺书集·管锥编》二二六《论书体与文体相称》，生活·读书·新知三联书店2001年版。
③ 周一良：《王羲之书札》，《魏晋南北朝史札记》，中华书局1985年版，第92—93页。

二　临淄北朝崔氏墓志文书体

与琅琊王氏相同的情况也见于北朝第一门阀崔氏。《魏书》卷24《崔玄伯附次子崔简传》载：

> （崔玄伯）尤善草隶行押之书，为世摹楷。玄伯祖悦与范阳卢谌，并以博艺著名。谌法钟繇，悦法卫瓘，而俱习索靖之草，皆尽其妙。谌传子偃，偃传子邈；悦传子潜，潜传玄伯。世不替业。故魏初重崔卢之书。又玄伯之行押，特尽精巧，而不见遗迹。子浩，袭爵别有传。
>
> 次子简，字冲亮，一名览。好学，少以善书知名。太祖初，历位中书侍郎、征虏将军，爵五等侯，参著作事。卒。（《魏书》卷24《崔玄伯附次子崔简传》）

同书卷35《崔浩传》载：

> 太祖以其（崔浩）工书，常置左右。……浩既工书，人多托写《急就章》。从少至老，初无惮劳，所书盖以百数……浩书体势及其先人，而妙巧不如也。世宝其迹，多裁割缀连以为模楷。（《魏书》卷35《崔浩传》）

陈寅恪论道："清河崔氏书法在北方，琅琊王氏书法在江左，俱具最高地位。"[①] 崔浩家世之信仰，自属天师道无疑。这不仅受其母系外家信仰的影响，而且跟他父系旋踵于滨海地域亦有一段因缘。[②] 后来因崔浩之故，又改宗寇谦之新天师道，并以之为崔氏一族之主要信仰。

[①] 陈寅恪：《崔浩与寇谦之》，《陈寅恪集·金明馆丛稿初编》，第141页。
[②] 参见陈寅恪《天师道与滨海地域之关系》，《陈寅恪集·金明馆丛稿初编》，生活·读书·新知三联书店2001年版。

从已经发掘的山东临淄北朝崔氏墓葬①所出墓志文（图10—图16）来看，显然印证了陈寅恪的上述论断。这批墓志文都统一使用漂亮的楷隶书体，在北朝墓志文书体中显然别树一帜，跟南京象山琅琊王氏者也不同。

图10　崔鸿墓志拓片

资料来源：山东省文物考古研究所《临淄北朝崔氏墓》，《考古学报》1984年第2期，页225图六。

---

① 参见山东省文物考古研究所《临淄北朝崔氏墓》，《考古学报》1984年第2期；临淄市博物馆、临淄区文管所《临淄北朝崔氏墓地第二次清理简报》，《考古》1985年第3期；河北省博物馆、文物管理处《河北平山北齐崔昂墓调查报告》，《文物》1973年第11期。

【北学与南学】
南北朝士族的书学与家学

图11 张玉怜墓志拓片

资料来源：山东省文物考古研究所《临淄北朝崔氏墓》，《考古学报》1984年第2期，页226图七。

图12 崔混墓志拓片

资料来源：山东省文物考古研究所《临淄北朝崔氏墓》，《考古学报》1984年第2期，页231图一二。

图 13　崔鹎墓志拓片

资料来源：山东省文物考古研究所《临淄北朝崔氏墓》，《考古学报》1984 年第 2 期，页 232 图一三。

图 14　崔德墓志拓片

资料来源：山东省文物考古研究所《临淄北朝崔氏墓》，《考古学报》1984 年第 2 期，页 235 图一六。

【北学与南学】
南北朝士族的书学与家学

图15　崔博墓志拓片
资料来源：山东省文物考古研究所《临淄北朝崔氏墓》，《考古学报》1984年第2期，页237图一八。

不仅如此，现已发掘的博陵崔氏崔昂夫妇墓①所出三方墓志（图17—图19），我们同样可以看到楷隶书体的运用。从墓志文书体来看，相比较而言，崔氏家族内部书体的稳定性和一致性要比琅琊王氏高。这也表现出崔氏家族内部在书法方面的独特性，表明以该书体为核心的书学同样已成为北朝崔氏家学的一项重要内容了。

辽宁朝阳后燕建兴十年（395）昌黎太守清河东武城崔遹墓②墓表字体方整清秀，兼有汉隶风格（图20）。这进一步说明崔氏门阀家学、门风的稳定性。

---

① 河北省博物馆、文物管理处：《河北平山北齐崔昂墓调查报告》，《文物》1973年第11期，第31页图四、第35页图五。
② 参见陈大为、李宇峰《辽宁朝阳后燕崔遹墓的发现》，《考古》1982年第3期。

图 16　崔猷墓志拓片

资料来源：临淄市博物馆、临淄区文管所《临淄北朝崔氏墓地第二次清理简报》，《考古》1985 年第 3 期，页 220 图八。

【北学与南学】
南北朝士族的书学与家学

图17 崔昂前妻修娥墓志拓片

资料来源：河北省博物馆、文物管理处《河北平山北齐崔昂墓调查报告》，《文物》1973年第11期，页31图四。

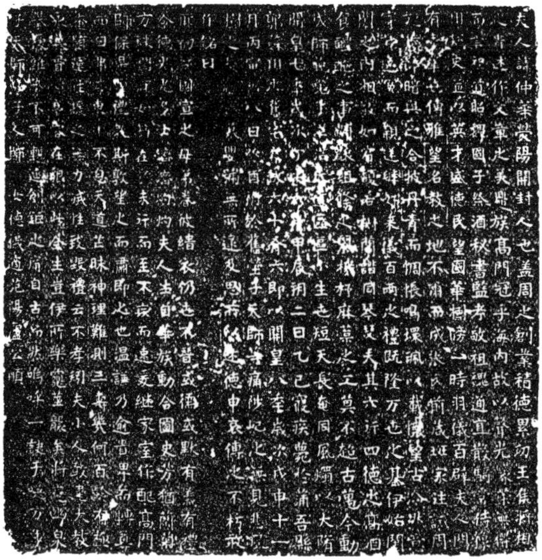

图18 崔昂继室仲华墓志拓片

资料来源：河北省博物馆、文物管理处《河北平山北齐崔昂墓调查报告》，《文物》1973年第11期，页32图五。

图 19　崔昂墓志拓片

资料来源：河北省博物馆、文物管理处《河北平山北齐崔昂墓调查报告》，《文物》1973 年第 11 期，页 38 图二六。

图 20　崔遹墓表刻石拓片

资料来源：陈大为、李宇峰《辽宁朝阳后燕崔遹墓的发现》，《考古》1982 年第 3 期，页 270 图一。

三　小结

　　门阀士族除了特殊的名望和政治地位之外，它们总是要树立、标榜家族内部的某种特殊性。这就是所谓的"门风"，事实表明这种门风多具有长期的稳定性。这种稳定性不仅使得门阀士族内部的凝聚力得以加强，而且也让它们在社会上独树一帜。恐怕这是门阀士族之所以有影响力并得以长久保持的一个原因所在。从墓葬考古材料来看，门阀士族总是在某些方面采取一些独特的家族符号。

　　在北朝崔氏、琅琊王氏等这些有道教信仰的家族中，隶书成为家学的重要内容得以世代传承。[①] 而通过墓志文的书写，这种独特的家学也得以进入丧葬系统，成为门阀士族在墓葬的独特的家族符号。换言之，墓志文书体实是南北朝时期士流高门以书法相标榜风气的忠实体现。

---

① 参见王元军《六朝书法与文化》，上海书画出版社2002年版。

北学与浙学的互动及比较研究[*]

张宏敏[**]

摘要： 本文所说的北学、浙学是指河北、浙江地区的思想学术，进而主张荀子、董仲舒为"北学开山宗师"，王充为"浙学开山"，它们是两地富有地域文化特色的人文传统与理性精神。在不同的历史时期，两地因为人口的迁移、人才的流动、文化的融合而在思想学术领域有着千丝万缕的联系，比如汉代王充对荀学、董学的推崇与借鉴，促成荀学、董学一直成为浙学发展的"暗流"。南宋浙学通过批判董学、接受荀学而有以经制事功、义利并举的学术特质。明代学术思潮是阳明学，阳明学在北方的传播有"北方王门"，且北直隶之保定府则谓河北阳明学的策源地，保定既有阳明祠、阳明像，又有众多阳明良知心学的信奉者，直至清代中后期。明清之际，夏峰北学与梨洲南学，为北学与浙学的典范形态；而李塨游学桐乡、杭州，并与王复礼、毛奇龄、万斯同、胡渭、邵廷采等结交论学，一方面促成了颜李学派在浙西、浙东的传播，另一方面也将浙派考据学的方法论带回河北，丰富了北学的学术内涵。故而，阳明学是明清北学发展的"暗流"。清代浙派考据学者对北学两部重要经典《荀子》《春秋繁露》的校雠，使得荀学、董学在近代浙学变革中发挥作用，这可以从章太炎推崇荀学、蔡元培提出"罢黜百家，独尊儒术"的说法中得以证实。总之，在源远流长的历史文化长河中所形成的北学、浙学，交涉互动、互学互鉴、取长补短，由此形成了你中有我、我中有你、兼容并包的学术格局，同时也具有了以"求实""批判""会通"为基本精神的共同特质，既促

---

[*] 基金项目：本文系浙江省社会科学规划重大课题暨浙江省哲学社会科学领军人才培育专项课题"浙学的创造性转化和创新性发展研究"（编号：21QNYC02ZD）的阶段性成果。

[**] 张宏敏，浙江省社会科学院哲学所副所长、副研究员，兼任浙江省哲学社会科学重点研究基地浙学研究中心副秘书长。主要研究方向：中国哲学与浙江学术思想史。

成了"多元一体"式的中华地域文化共同体的形成,也影响了独具特色、博大精深的中华文明的进程和学术思想的发展。

关键词:北学;浙学;阳明学;颜李学派;考据学;经世致用

本文所说的北学、浙学是指河北、浙江地区的思想学术,进而主张荀子、董仲舒为"北学开山宗师"①,王充为"浙学开山",魏一鳌的《北学编》、尹会一的《续北学编》、刘鳞长的《浙学宗传》则是北学、浙学学术谱系得以完成的标志性文献。南方之浙学、北方之北学,是两种富有地域文化特色的人文传统与理性精神。本文赞成学界前辈关于"浙学"与"北学"概念的界定。"浙学"概念最早是由南宋大儒朱熹提出,作为一种地域儒学,是指渊源于东汉、酝酿形成于两宋、转型于明代、发扬光大于清代的浙东经史之学,包括东汉会稽王充的"实事疾妄"之学、两宋金华中原文献之学、永嘉经制之学、永康事功之学、四明心学以及明代王阳明良知心学、刘蕺山慎独之学和清代以黄宗羲、万斯同、全祖望为代表的经史之学。② 而"北学"则是指以燕赵之学为核心的北方之学抑或以河北地区为核心的北方之学,内容包括诸子学、经学、理学、考据学等学科。③

---

① 康振海:《"北学"的学派与学统》,《中国社会科学报》2020 年 8 月 25 日。
② 当代浙学研究倡导者吴光先生的观点,参见吴光《"浙学"的基本精神》(《浙江学刊》1992 第 1 期)、《试论"浙学"的基本精神兼论"浙学"与"浙东学派"研究现状》(台北:《中国文哲研究通讯》1994 年第 1 期)、《简论"浙学"的内涵及其基本精神》(《浙江社会科学》2004 年第 6 期)、《浙学的时代价值》(《浙江日报》2017 年 2 月 13 日)、《浙江儒学通总论:从王充到马一浮》(《浙江社会科学》2020 年第 6 期)等系列文章。关于浙学研究的现状,请参见拙编《浙学研究综合报告》(浙江人民出版社 2020 年版)以及拙文《浙学及其周边演绎:区域学术与共同价值》(《中国社会科学报》2020 年 9 月 7 日)。
③ 当代北学研究倡议者梁世和先生的观点,参见梁世和《北学与燕赵文化》(《河北学刊》2004 年第 4 期)、《北学:燕赵文化之"体"——访河北省社会科学院研究员梁世和》(《中国社会科学报》2018 年 10 月 26 日)、《"北学"引起学界关注》(《光明日报》2019 年 9 月 7 日)、《北学宗师孙奇逢的整合哲学》(《中国社会科学报》2020 年 8 月 25 日)。河北省儒学会副会长高士涛先生也是当代北学研究传播的重要推动者,比如,发起成立"河北儒学会"、创办会刊《河北儒学》、召开一年一度的"河北儒学论坛",建"北学研究"微信群等。而关于北学研究最新学术成果的集中展示,可参见《中国社会科学报》2020 年 8 月 25 日的"'北学'的重估与奋扬"专版文章——《"北学"的学派与学统》《先秦两汉燕赵学术精神与北学学术传统》《北学的崇实精神》《多元文化碰撞融合视野下的北学》《魏晋南北朝北学源流》等,还有唐元的《儒家北学发展史》(人民出版社 2020 年版)。

一 经学之辨：两汉时期的北学与浙学

　　基于以上界定，浙学与北学作为两种区域思想学术，在中华传统思想发展史的交涉与互动中，最早可以从浙学的开山王充以及王充对荀子、董仲舒的评议谈起。

　　出生于东汉时期会稽郡上虞的王充，自谓出自"孤门细族"。但根据《论衡·自纪篇》，王充祖上乃王孙氏之族，世居魏郡元城（今河北省邯郸市大名县）；因几世从军有功，封食于会稽阳亭。王充本人的学术思想属于古文经学传统，同时也是一个儒家学者，进而对先秦及西汉的北学代表人物荀子、董仲舒有所评论。基于"天"为自然之天，王充主张的"元气自然""天道无为"的天道观，与荀子提倡的"天行有常""明于天人之分"的天人观有颇多相似之处；荀子思想中有无神论传统，而王充基于元气、精气、和气等自然气化论，主张生死自然的无神论，认为有生即有死，人所以能生是由于精气血脉的存在，"人死血脉竭，竭而精气灭，灭而形体朽，朽而成灰土，何用为鬼？"① 这就否定了鬼神存在的迷信学说进而反对谶纬神学中的"灾异说""瑞应说"等。

　　王充尽管批判西汉时期盛行的谶纬神学及"天人感应说"，但是对"北地儒宗"董仲舒则予以高度评价。根据董仲舒研究的资深专家周桂钿先生的最新研究，在王充看来，董仲舒可以跟孔子并列，"文王之文在孔子，孔子之文在（董）仲舒"，王充《论衡》中62次提到董仲舒，仅有两次对董仲舒表示怀疑，其他60次是表扬。② 董仲舒继承发展了先秦儒家"德主刑辅"的思想，提出"大德而小刑"的社会治理原则，用儒家的仁德教化去代替法家的严刑酷法；而稍晚于董仲舒的王充，也继承了孔孟儒家包括西汉儒者董仲舒主张的"文武并用""德主刑辅"的治国之策，进而提出了"治国之道，所养有二：一曰养德，二曰养力"的"德力具足论"。③ 儒家的"德"与法家的"力"，刚柔并举，相辅相成，方为完整的

---

① （汉）王充：《论衡》，岳麓书社2015年版，第254页。
② 参见周桂钿《董子其人其学》，《光明日报》2020年8月22日。
③ （汉）王充：《论衡》，第123页。

"治国之道",显然,这是一种"德法并举"的社会治理模式。

学界通行的观点是,汉武帝接受了董仲舒"罢黜百家,独尊儒术"的文教建议;近来,有学者考证,董仲舒的建议并非"罢黜百家,独尊儒术",从历史实际看,董仲舒的著述中,并无"罢黜百家,独尊儒术"的论述,董仲舒也无权实现"罢黜百家,独尊儒术"[①]。而"罢黜百家,独尊儒术"的提法,则是近代浙学家蔡元培(浙江绍兴人)在1910年所著的《中国伦理学史·绪论》中的提法:"我国伦理学说,发轫于周季。其时儒墨道法,众家并兴。及汉武帝罢黜百家,独尊儒术,而儒家言始为我国唯一之伦理学。"[②] 由近代浙学家蔡元培首提"罢黜百家,独尊儒术",这也可谓汉代浙学、北学互动所关注的经学视阈下的"治国之道"在近现代的反响。

此外,唐代经学家啖助(724—770年,字叔佐,河北赵州人),善《春秋》;唐玄宗天宝末年,他出任浙江台州临海县县尉,也间接促成了北学之经学在浙南台州地区的传播。众所周知,啖助的经学代表作是《春秋集传集注》《春秋统例》;而《春秋集传集注》《春秋统例》系未定稿,而其修订完稿则是在啖助高足陆淳(?—806年,字伯冲,江苏吴县人)、啖助之子啖异(生卒年不详)共同前往浙东越州(绍兴)造访时在越州刺史府任职的赵匡(生卒年不详,字伯循,山西永济人,因师从啖助,故与陆淳、啖异系同门师兄弟关系)后,由赵匡在越州补充修缮的。

而事情的具体经过是这样的:啖助去世后,陆淳认为应该把先师的遗著《春秋集传集注》《春秋统例》整理出来,使啖氏"《春秋》学"发扬光大。于是,他与啖助之子啖异将两书遗稿抄录出来。这时,陆淳又想到了与先师啖助"《春秋》学"观点相似的赵匡。而此时的赵匡,随时任越州刺史兼御史大夫、浙东观察史陈少游(724—784年,山东高唐人)在浙东任职。于是,陆淳、啖异带着啖助的遗稿前往浙东(越州)造访赵匡;而赵匡又对啖助的遗稿进行加工、补充,然后由陆淳最后编纂定稿。对此,陆淳在《修传始终记》中记载:"是冬也〔按:指大历五年(770)冬〕,赵子(赵匡)随使府(越州刺史府)迁镇于浙东。(陆)淳痛师学

---

① 参见秦进才《董仲舒与"罢黜百家,独尊儒术"关系新探》,《衡水学院学报》2020年第5期。

② 蔡元培:《中国伦理学史》,广西师范大学出版社2010年版,第2页。

之不彰,乃与先生之子(陕)异躬自缮写,共载以诣赵子。赵子因损益焉,淳随而纂会之,至大历乙卯岁〔即大历十年(775)〕而书成。"① 据此可知,赵匡对先师陕助遗著《春秋集传集注》《春秋统例》的修缮,是在浙东越州刺史府完成的。这就是北学"《春秋》学"经师陕助与浙江之间的学缘。

二 义利之辨：宋元时期的北学与浙学

在中国思想史上,南宋理学家朱熹第一次提出了"浙学"的概念:"近世言浙学者多尚事功"②,"浙学却专是功利"③。因为南宋浙东学派高扬"义利并举"的价值观、"工商皆本"的经济观和"经世致用"的学术观,所以朱熹就用"事功""功利"这些带有贬义嘲讽性质的词汇来指称浙东永康、永嘉之学。南宋浙学的主体是以永嘉(郑伯熊、薛季宣、陈傅良、叶适)、永康(陈亮)、金华(唐仲友、吕祖谦)之学为代表的浙东学派,崇尚事功与经制。而南宋时期浙学与北学的互动,则可以从浙东学派学者对荀子、董仲舒的评议谈起。

唐仲友作为南宋浙东经制之学的提倡者,或许是受"北学开山宗师"荀子的礼制之学影响,格外推崇荀学。比如,南宋淳熙八年(1181)任台州知府时,唐仲友使用公使库公帑开雕《荀子》("台州公使库本"),版心下署蒋辉、王定等刻工姓名,卷后附唐仲友本人所撰"《荀子》后序"一篇。④ 因推崇荀学之故,朱熹弹劾唐仲友的第四、六状书云:"(唐)仲友以官钱开荀、扬、文中、韩文四子……所印四子曾送一本与臣(朱熹),臣不合收受……"⑤ 唐仲友刊刻《荀子》《法言》《文中子》《韩昌黎集》"四子书",而朱熹编刊《四书集注》,其中朱编《孟子》有"性善论",

---

① 关于《春秋集传集注》《春秋统例》的编纂经过,笔者参阅了舒大刚先生主编的《中国历代大儒·盛唐三贤：陕助·赵匡·陆淳》(吉林教育出版社1997年版)中的相关文字。在此,谨致谢忱!
② (宋)朱熹:《香溪范子小传》,转引自《范浚集》,浙江古籍出版社2014年版,第278页。
③ (宋)黎靖德编、王星贤点校:《朱子语类》,中华书局1986年版,第2967页。
④ 参见刘桂荣编著《论荀辑要》,安徽师范大学出版社2016年版。
⑤ 朱熹状文载《晦庵先生朱文公文集》卷18至卷19,明万历三十三年刻本。

而唐刻《荀子》中有《性恶》篇；再加上唐仲友另刻的"三子"学说，与朱熹所主张的道德理想主义形同水火，唐仲友送这"四子书"给朱熹，实际上是抬出"古人"与他"论战"，故而朱熹要把唐仲友刊刻《荀子》宣传"性恶"作为"罪状"来弹劾他。①

叶适作为南宋永嘉学派的集大成者，提倡事功之学，不知何故，对北学大儒荀子、董仲舒之学则多予批判。叶适撰有《辩〈孔子家语〉为荀氏之传》之专文，尤其在《习学记言序目》卷44中对《荀子》中的《劝学》《荣辱》《非十二子》《仲尼》《儒效》《君道》《议兵》《天论》《礼论》《解蔽》《正名》《性恶》《总论》篇予以评析②，进而批判了荀子的诸多观点，实则，全面研读叶适的著作并深入分析他的思想特质后，就会发现他对荀子的思想多有传承、发展。再有，义利之辨，是传统儒家价值体系的一项重要议题："义"注重全局、整体利益与道德诉求，"利"则考虑个体利益与自由追求。孔子认为君子应"见得思义""以义为上"；《周易》以为"利者，义之和"；《荀子》有"义与利者，人之所两有也"的主张。这是说，先秦儒家的义利之辨明确主张"义利合一""公私兼顾"的价值取向。而北学大儒董仲舒则把儒家的义利之辨推向了一个极端，其有名言："正其谊（义）不谋其利，明其道不计其功。"③董氏之论被"后世儒者"继承，进而把儒家的义利观演变成"道义为上"的"绝对利他主义"，这种论调也被朱熹的理学思想所融摄；而南宋浙学家叶适，则对董氏的"正其谊（义）不谋其利，明其道不计其功"之论提出批评："'仁人正谊不谋利，明道不计功'，此语初看极好，细看全疏阔。古人以利与人而不自居其功，故道义光明。后世儒者行（董）仲舒之论，既无功利，则道义者乃无用之虚语尔；然举者不能胜，行者不能至，而反以为诟于天下矣。"④ 在叶适这里，先秦儒家包括荀子提倡的"义利合一"的价值主张得以"正名"。实则在叶适之前，王充亦有"义利合一"的思想，

---

① 有论者以为唐仲友刊刻《荀子》的目的是将"印好的书籍运回老家书坊发卖，中饱私囊"，这才是唐仲友刻《荀子》遭朱熹弹劾的真相。详见李致忠《唐仲友刻〈荀子〉遭劾真相》，《文献》2007年第3期。
② 参见（宋）叶适《习学记言序目》，中华书局1997年版。
③ 《汉书·董仲舒传》，载袁长江等编校《董仲舒集》，学苑出版社2003年版，第441页。
④ （宋）叶适：《习学记言序目》，第324页。

其《论衡·刺孟》篇就批评了孟子空谈仁义道德而不讲求功利的虚伪性。①

南宋永康学派创始人陈亮与朱熹之间关于"义利王霸"的论辩，曾震动一时。朱熹在"甲辰四月"《与陈同甫书》中指责陈亮主张的"义利双行，王霸并用"之道②；陈亮不服，在"又甲辰秋"《答朱元晦秘书书》中以荀子的"王霸义利之辨"为基调，回信辩白，甚至将"义利双行，王霸并用"的标签原物奉还给了朱熹："而来教乃有'义利双行，王霸并用'之说……自孟荀论义利王霸，汉唐诸儒未能深明其说。本朝伊洛诸公，辩析天理人欲，而王霸义利之说于是大明。……谓之杂霸者，其道固本于王也。诸儒自处者曰义曰王，汉唐做得成者曰利曰霸，一头自如此说，一头自如彼做；说得虽甚好，做得亦不恶。如此却是'义利双行，王霸并用'；如（陈）亮之说，却是直上直下，只有一个头颅做得成耳。"③这里，陈亮借用荀子的义利观、王霸论阐释了自己对"王霸义利之辨"的理解。

元明之际的浙学家刘基对荀子也有关注，其寓言政论集《郁离子·蝼蝈第七》中有《荀卿论三祥》文："楚王好祥，有献白乌、白鹇鸽、木连理者，群臣皆贺，荀卿不来。王召而谓之曰：'寡人不佞，幸赖先君之遗德，群臣辑睦，四鄙无事，鬼神鉴格而降之祥，大夫独不喜焉，愿闻其故。'荀卿对曰：'臣少尝受教于师矣。王之所谓祥者，非臣之所谓祥也。臣闻王者之祥有三，圣人为上，丰年次之，凤凰、麒麟为下。而可以为祥可以为妖者，不与焉。故凡物之殊形诡色，而无益于民用者，皆可以谓之祥，可以谓之妖者也。是故先王之思治其国也，见一物之非常，必省其政。以为祥与，则必自省曰吾何德以来之？若果有之，则益勉其未至；无则反躬自励，畏其僭也，畏其易福而为祸也。以为妖与，则必自省曰吾何戾以致之，若果有之，不待旦而改之；无则夙夜祗惕，检视听之所不及，畏其蔽也，畏其有隐匿而人莫之知也。夫如是，故祥不空来，而妖虚其应，今三闾大夫放列于湘、鄂、郢、夷陵皆举于秦，耕夫牧子莫不荷戈以拒秦，老弱馈饷，水旱相仍，饥馑无蓄，虽有凤凰、麒麟日集于郊，无补楚国之罅漏，而况于易色之鸟，乱常之木乎？王如不省，楚国危矣。'王

---

① 参见吴光《王充学说的根本特点：实事疾妄》，《学术月刊》1983年第6期。
② 邓广铭点校：《陈亮集》（增订本），河北教育出版社2003年版，第284页。
③ 邓广铭点校：《陈亮集》（增订本），第269—270页。

不悟，荀卿乃退于兰陵，楚遂不振以亡。"① 这里，刘基借荀子之口，向国家统治者进谏献言。世俗之见以为白乌、白鸜鸰、木连理三者为祥瑞之物；而在荀子看来，此非"王者之祥"。进而言之，邦国王朝昌盛象征的三种祥瑞，实系"圣人为上，丰年次之，凤凰、麒麟为下"。这就要求统治者在治理国家之时，"见一物之非常，必省其政"，时时事事应皆以"民用"为上。而刘基笔下的"荀卿乃退于兰陵"则是一个历史事实，自不待言。

此外，刘基对荀子的天道观也有继承。荀子有"天行有常""天人相分""制天命而用之"的天道自然观："大天而思之，孰与物畜而制之！从天而颂之，孰与制天命而用之！望时而待之，孰与应时而使之！因物而多之，孰与骋能而化之！思物而物之，孰与理物而勿失之也！虑于物之所以生，孰与有物之所以成！故错人而思天，则失万物之情。"（《荀子·天论》）而刘基的天道观，则基本上继承了荀子的天道自然观，比如《郁离子·天道第十一·蚕不自育》文有"人能财成天地之道，辅相天地之宜，以育天地之宜，以育天下之物，则其夺诸物以自用也，亦弗过。不能财成天地之道，辅相天地之宜，蚩蚩焉与物同行，而曰天地之生物以养我也，则其获罪于天地也大矣"的论述。② 这其实就是"天道自然"的理论表述，同时要求"三才"之一的"人"在尊重自然规律即"天道"的前提下，发挥主观能动性，参赞天地，化育万物。可以这么说，刘基是论，与荀子基于天道自然观提出的"制天命而用之"理论是一脉相承的。《荀子·天论》基于"天人相分""天行有常"的理论，认为自然界发生的怪异现象与人事无关："星队（坠）木鸣，国人皆恐。曰：是何也？曰：无何也。是天地之变，阴阳之化，物之罕至者也。怪之，可也；而畏之，非也。"（《荀子·天论》）刘基在《郁离子·神仙第十五·神仙》篇中解释"神仙"现象之时即引用了荀子的这一观点，认为"神仙，人之变怪者也。怪可有，不可常，是故天下希焉"③。"神仙"作为一种"变怪"只是一种罕见的自然现象而已，无须惊讶。

此外，元明之际的浙学家宋濂、方孝孺对荀学也有关注，前者有《诸

---

① （元明）刘基著：《郁离子》，浙江大学出版社2019年版，第126—127页。
② 安继民注译：《荀子》，载（元明）刘基著《郁离子》，第177页。
③ 安继民注译：《荀子》，载（元明）刘基著《郁离子》，第228页。

子辨·荀子》，其中批评荀子"之为人，才甚高而不见道者也。由其才甚高，故立言或弗悖于孔氏。由其不见道，故极言性恶，及讥讪子思、孟轲不少置。学者其务知道哉"①；后者有《读荀子》，对荀学持批判态度，以为"荀卿似乎中正，故世多惑之。惜无孟子者出以纠其缪，故其书相传至今。……其言似是而实非也"②。因为宋濂、方孝孺师徒二人系程朱理学在浙东的学术传人，故而对荀学多持否定性的立场。

三　阳明心学：明代的浙学与北学的聚焦

明代中后期中华学术思想思潮发展的主线是阳明心学，而阳明学正是明代浙学思潮的主体。由于王阳明有京城任职、讲学授徒的经历，且有不少河北、河南、山东、陕西籍的弟子后学，厥有"北方王门"；黄宗羲在《明儒学案》卷29《北方王门学案》中对阳明良知心学在"北地"的传播有较为详细的概述③，是为广义的北学（北方之学）④。后面笔者将对阳明学在明代河北地域（北直隶）的传播与发展进行介绍。

少年王阳明寓居京师期间，因关注时势而出游"居庸三观"，慨然有经略四方之志；而居庸关则在今河北境内。弘治十二年（1499）春，王阳明中进士，观政工部屯田司；是年七月，奉命至北直隶大名府浚县，钦差督造威宁伯王越坟，驭役夫以什伍法，休食以时，暇即驱演"八阵图"。在浚县大伾山，王阳明在闲暇之余，赋《游大伾山诗》，成《大伾山赋》，撰《乐陵司训吴先生墓碑》。⑤尽管在今天的行政区域划分上，浚县属于河南省鹤壁市，而在明朝的地理版图中，浚县属于"北直隶大名府"则是一个历史事实。⑥

正德三年（1508）春，王阳明早年的大弟子徐爱考中进士，旋授保定

---

① （元明）宋濂著：《宋濂全集》，人民文学出版社2014年版，第1908—1909页。
② （明）方孝孺：《方孝孺集》，浙江古籍出版社2013年版，第133—134页。
③ 参见（清）黄宗羲《黄宗羲全集》，浙江古籍出版社2005年增订版，第7册。
④ 关于"北方王学"及其研究现状，请参见拙编《浙学研究综合报告》，浙江人民出版社2020年版。
⑤ 参见拙编《王阳明年谱简编》，载吴光、陈利权主编《王阳明的心路历程》，中国文史出版社2017年版。
⑥ 参见谭其骧主编《中国历史地图集·元明时期》，中国地图出版社1982年版。

府祁州县（今河北安国县）知州。正德七年（1512）六月，徐爱因考绩而入京，与是在京师的浙籍学者黄绾、顾应祥等侍从王阳明，谈学论道（如论"知行合一"等）①；自此时起，徐爱始辑王阳明的论学语录，是为《传习录》的缘起。同年秋，王阳明弟子汪景颜，出任大名府大名县县令。临行之际，与王阳明、黄绾、徐爱等京城师友道别。黄绾有《赠汪景颜》，告以立志之论："景颜学于阳明先生，三月而去为大名令。同游之士数人，为醴酒而告之，曰：'育下事上之宜若是哉！轨物析争之宜若是哉！备灾捍患之宜若是哉！'云云未已。石龙子（黄绾）起而谓之曰：'子学于先生何耶？先生教子何耶？古者君子学道，即心无不通。且鹪鹩善巢，蜾蠃善房，人使之欤？抑生之然欤？子自谓二虫孰贤？子但尽子之心，坚子之志，则先生之道在子矣。予何言！予何言！'"②王阳明在《与王纯甫书（壬申）》中也言及汪景颜出任大名府大名县县令事："汪景颜近亦出宰大名，临行请益，某告以变化气质。"③而汪景颜出宰大名，也可为阳明学在河北展开的一个实例。是年岁末，王阳明升任南京太仆寺少卿，徐爱以祁州知州考满，升任南京兵部车驾清吏司员外郎，师徒二人沿京杭大运河同舟南下后，再也没来京师。

这里，需要指出的是，徐爱在祁州知州任上，即以阳明学教化乡人，也有不少弟子门人。正德九年（1514），王阳明与徐爱在南都宣讲"良知"之教时，徐爱在祁州的弟子傅凤，先前（正德七年）从祁州至京师向阳明先生请益；而后侍奉阳明先生包括徐爱至南都，继续问学。临别，王阳明作《与傅生凤》："祁生傅凤，志在养亲而苦于贫。徐曰仁之为祁也，悯其志，尝育而教之。及曰仁去祁，生乃来京师谒予，遂从予而南。闻予言，若有省，将从事于学。然痛其亲之贫且老，其继母弟又瞽而愚，无所资以为养，乃记诵训诂，学文辞，冀以是干升斗之禄。日夜不息，遂以是得危疾，几不可救。同门之士百计宽譬之，不能已，乃以质于予。予曰：'嘻！若生者亦诚可怜者也。生之志诚出于孝亲，然已陷于不孝而不之觉矣。若生者亦诚可怜者也！'生闻之悚然，来问曰：'家贫亲老，而不为禄

---

① 参见（明）王阳明撰《传习录著述》，上海古籍出版社2015年版。
② （明）黄绾：《黄绾集》，上海古籍出版社2014年版，第146—147页。
③ （明）王守仁著，吴光、钱明、董平、姚延福编校：《王阳明全集》，上海古籍出版社2015年版，第133页。

仕，得为孝乎？'予曰：'不得为孝矣。欲求禄仕而至于成疾，以殒其躯，得为孝乎？'生曰：'不得为孝矣。''殒其躯而欲读书学文以求禄仕，禄仕可得乎？'生曰：'不可得禄仕矣。'曰：'然则尔何以能免于不孝？'于是泫然泣下，甚悔，且曰：'凤何如而可以免于不孝？'予曰：'保尔精，毋绝尔生；正尔情，毋辱尔亲；尽尔职，毋以得失为尔惕；安尔命，毋以外物戕尔性。斯可以免矣。'其父闻其疾危，来视，遂欲携之同归。予怜凤之志而不能成也，哀凤之贫而不能赈也，悯凤之去而不能留也。临别，书此遗之。"① 这里，王阳明对傅凤这位河北祁州籍的爱徒称赞有加，也对傅凤师从徐爱及其本人，乃至至南都继续请益文学的场景有详细的介绍；进而言之，傅凤也是徐爱编写阳明先生讲学语录及《传习录》的早期见证人之一。

浙籍阳明后学袁黄（1533—1606年，字坤仪，号了凡，浙江嘉善人），师承王阳明高足王龙溪；万历十六年至二十年（1588—1592），出任顺天府宝坻县知县，任上廉洁自律，亲民务实，推行善政，并著有《宝坻劝农书》，分"天时""地利""田制""播种""耕治""灌溉""粪壤""占验"八章。其《宝坻劝农书·序》云："今天下租税皆出于田，故为农受累最深，而富商大贾，锦衣玉食，而无上供之费几何，不驱力本之农，而尽归末作也。予为宝坻令，训课农桑，予得专之。今以农事列为数款，里老以下给一册，有能遵行者，免其杂役……"② 可见，袁黄不仅通过"劝农书"来鼓励农民重视农业生产，同时也提出为政者要给农民减轻负担的主张，以促使农民安心生产。由《宝坻劝农书》，也可见阳明良知心学的"实学"倾向。

北方王门学者中一度亲炙阳明先生的王道（上文提道的"王纯甫"③），其籍贯所在地——山东东昌府武城县，现在归属于河北衡水。北方王门学者王以悟（1557—1638年，字惺所，河南陕县人），师承孟化鲤，孟化鲤师承尤时熙，尤时熙师承阳明弟子刘魁、朱得之，故而王以悟系阳明四传弟子。万历三十二年（1604），王以悟在中进士后，出任南直隶顺德府邢台县县令，任上"忧民赈荒，全活甚众"。

---

① （明）王守仁：《王阳明全集》，第228页。
② 王永厚：《袁黄及其〈宝坻劝农书〉》，《天津农业科学》1982年第3期。
③ （清）黄宗羲：《明儒学案》，《黄宗羲全集》，第7册，第738页。

【北学与南学】
北学与浙学的互动及比较研究

晚明时期，阳明后学"阳儒阴释""玄虚空疏"的学术弊端暴露无遗，为修正王学，北学、浙学中先后涌现出了一批阳明学修正派。这其中以北学中的鹿善继与浙学中的刘宗周为代表。

鹿善继（1575—1636 年），北直隶保定府定兴县人，其为学宗旨系"本于余姚（王阳明），出入朱陆"。青年时期研读了祖父鹿久徵所赠《王文成公全书》中的《传习录》，"寝食其中，慨然有必为圣贤之志"①。鹿久徵在给爱孙鹿善继的书信中这样说道："寄去《王文成公全书》一部计三十本，《王心斋遗录》一本……善继可用心看之。"②进而以王阳明"致良知"之学启发爱孙："致良知须要考圣贤之成法，识事理之当然，行己接物方妥当，不远人情。《中庸》云'君子尊德性而道问学'一节，可深长思也。若概云致良知，不加问学功夫，将至于臆见为良知，其去道也远矣。"③故而，鹿善继的挚友孙奇逢谓其"少以祖父（鹿久徵）为师，小章句，薄温饱，读王文成《传习录》而契之，慨然有必为圣贤之志"④。黄宗羲在《明儒学案》卷 54《诸儒学案下二·鹿善继传》中云："（鹿善继）先生读《传习录》，而觉此心之无隔碍也。故人问其学何所授受，曰：'即谓得之于阳明可也。'"⑤鹿善继本人亦云："读《传习录》后，发志愿担起这担子，力破流俗，一点一画，丝毫不敢假借，既见信于天下，然后渐宽绰。将来到如今，事到眼前，亦不大费安排了。"⑥据此可知，鹿善继（包括其祖父鹿久徵）确系晚明时期北学家中的阳明良知心学传人。

而鹿善继传承的阳明学学脉系由江右罗念庵转来，门人陈鋐在《鹿忠节公年谱》中云："阳明崛起姚江，直接洙泗嫡传……《传习录》一书泄漏天机尽矣，阳明之后，其道在（罗）念庵，念庵之后，其道在（鹿善继）先生。念庵之于《传习录》也，奔假而手抄之；先生之于《传习录》，索之侍御公按吴时，洞见源本，身体力行，庶几光大阳明而不第绍

---

① 陈鋐：《鹿善继年谱》（《畿辅丛书》本），转引自贾乾初、陈寒鸣《鹿善继与雁南王学》，载《阳明学派研究：阳明学派国际学术研讨会论文集》，杭州出版社 2011 年版，第 381 页。
② 《定兴鹿氏二续谱》卷 10《安邑公手纂家训》，清光绪二十三年刻本。
③ 《定兴鹿氏二续谱》卷 10《安邑公手纂家训》，清光绪二十三年刻本。
④ （清）孙奇逢：《夏峰先生集》，中华书局 2004 年版，第 159 页。
⑤ （清）黄宗羲：《黄宗羲全集》，第 8 册，第 643 页。
⑥ 《定兴鹿氏二续谱》卷 10《忠节公年谱语录》，清光绪二十三年刻本。

述之已也。"① 据此可知，鹿善继之良知学脉是承续罗念庵而来的。这里，"北方王学"又与"江右王学"发生了关联。

鹿善继有燕赵学人"忠正节义""慷慨悲歌"的肝胆，主要体现为对东林党的支持与帮助上，故而黄宗羲也以为鹿善继之学："颇近东林诸子，一无掺和夹杂，其斯谓之狂狷与？"② 鹿善继与浙籍东林学人刘宗周、魏大中、黄尊素有交际，并支持他们与魏忠贤的阉党做斗争。③ 这里，尤其需要强调的是，鹿善继、刘宗周死于国难的结局及其二人的生死观，也颇为相似。崇祯九年（1636），清兵攻定兴，鹿善继帅兵守城，与清兵相持六日，城破殉难。陈鋐在《鹿忠节公年谱》中记云"居恒尝语启泰先生（孙奇逢）曰：'我辈学问须打破死生关头，才能无入不自得。'则先生之谈笑入城，城陷而死，殆其日用常行乎！"真可谓是"生为理学名儒，死以忠杰报国"④，鹿善继死节事闻于明朝，谥曰"忠节"。而清兵南下浙江绍兴，刘宗周誓死不降清兵。南明福王弘光元年（清顺治二年，1645 年）六月丙寅十五日，刘宗周闻监国降清。方食，推案恸哭曰："此余正命之时也。……在余之自处，惟有一死：先帝之变，宜死；今上蒙尘，宜死；监国纳降，又宜死。不死尚俟何日！世岂有偷生御史大夫乎？"⑤ 癸酉日，门人王毓蓍自沉于柳桥。刘宗周闻之，曰："王生死，吾尚何濡滞哉！……北都之变，可以死，可以无死以身在削籍也，事尚有望于中兴。南都之变，主上自弃其社稷而逃。仆在悬车，尚曰可以死，可以无死，以俟继起者有君也。监国降矣，犹曰俟吾越为一成一旅乎？而吾越又降矣，区区老臣，尚何之乎？若曰身不在位，不当与城为存亡，独不当与土为存亡乎？……王玄趾（毓蓍）赴水而死，所谓士死义也。玄趾真可以不死，我又非玄趾比也，以玄趾之死决我之死，万万无逃矣。"⑥ "丙子，（刘宗周）辞墓。舟过西洋港，再拜叩头曰：'老臣力不能报国，聊以一死明臣谊。'投洋中，顾久不得溺。舟子入水，扶之而出。"⑦ 庚辰，刘宗周有

---

① （清）陈鋐：《明末鹿忠节公善继年谱》，王云五主编，台北：台湾商务印书馆1978年版，第138页。
② （清）黄宗羲：《黄宗羲全集》，第 8 册，第 643 页。
③ 参见（清）孙奇逢《夏峰先生集》，中华书局 2004 年版。
④ （清）孙奇逢：《夏峰先生集》，第 266 页。
⑤ （清）黄宗羲：《子刘子行状》，载吴光主编《刘宗周全集》，第 6 册，第 35 页。
⑥ （清）黄宗羲：《子刘子行状》，载吴光主编《刘宗周全集》，第 6 册，第 36 页。
⑦ （清）黄宗羲：《子刘子行状》，载吴光主编《刘宗周全集》，第 6 册，第 36 页。

"胸中有万斛泪,半洒之二亲,半洒之君上"①之语。刘宗周卒前一日、"不能言"之时,犹惦念着南明王朝。黄宗羲在《子刘子行状》中记载:"丁亥(即闰六月七日),祁中丞彪佳投水死。王毓芝以告。先生已不能言,张口举目者再,指几上笔砚,至则书一'鲁'字。毓芝曰:'先生问鲁王监国事乎?'颔之。"②刘宗周对朱明王朝的"忠诚",于此可见一斑。丁亥日,即福王弘光元年(清顺治二年)闰六月戊子八日,刘宗周在"前后绝食二十日,勺水不入口十三日"之后卒,然"卒犹不瞑"。刘宗周绝食而亡后,门人私谥曰"正义",清朝追谥"忠介";而"当桑海之际,其(刘宗周)高第弟子,多归风节"③,像王毓蓍、祁彪佳等,殉节尽义,忠孝气节精神与日月齐辉,尽显忠义人格气象④。

此外,刘宗周生前曾任北直隶顺天府尹,并有讲学活动,间接促成了其"慎独诚意之学"在河北地区的传播。与鹿善继罢官期间在家乡定兴讲学开创"燕南王学"⑤相仿,刘宗周"讲学二十余年,历东林、首善、证人三书院,从游者不下数百人"⑥,罢官之后在家乡绍兴蕺山书院讲学授徒,并开创了明末著名的"蕺山学派"。与鹿善继推崇王阳明、罗念庵相似,刘宗周也传承发展着阳明学,先是编辑《阳明传信录》;又有《皇明道统录》,对江右罗念庵之学在阳明学谱系中的地位予以认可:"王(阳明)门惟心斋(王艮)氏盛传其说,从不学不虑之旨,转而标之曰'自然',曰'学乐',末流衍蔓,浸为小人之无忌惮。罗(念庵)先生后起,有忧之,特拈'收摄保聚'四字,为'致良知'符诀,故其学专求之未发一机,以主静无欲为宗旨,可谓卫道苦心矣。"进而指出,"王(阳明)先生之后,不可无(罗念庵)先生"。⑦

明清之际的北学家、北直隶保定府新安县(今属雄安新区)人魏一鳌(1613—1692年,字莲陆),师从孙奇逢,对阳明学也是推崇备至。孙奇逢在一封《与魏莲陆书》中以"言阳明之言,岂遂为阳明?须行阳明之

---

① (清)黄宗羲:《子刘子行状》,载吴光主编《刘宗周全集》,第6册,第37—38页。
② (清)黄宗羲:《子刘子行状》,载吴光主编《刘宗周全集》,第6册,第38页。
③ (清)黄宗羲:《黄宗羲全集》第11册《蕺山同志考序》,第58—59页。
④ 张瑞涛:《论蕺山学派刘宗周师弟子的人格气象》,《孔子研究》2019年第4期。
⑤ 贾乾初、陈寒鸣:《鹿善继与雁南王学》,载钱明主编《阳明学派研究:阳明学派国际学术研讨会论文集》,杭州出版社2011年版,第391—396页。
⑥ 参见(清)黄宗羲:《蕺山同志考序》,《黄宗羲全集》,第11册。
⑦ (清)黄宗羲:《师说》,《黄宗羲全集》,第7册,第20页。

行，心阳明之心，始成其为阳明"云云①，来教诲爱徒。清康熙二十一年（1682），在晚年致仕退隐保定期间，魏一鳌纠合守宪董子丹、巡宪吴北海、太守纪伯禹、县尹方秋潭暨保定府各州县的捐俸，在保定府贡院街北创建阳明先生祠。与魏一鳌一同师从孙奇逢的汤斌，撰有《（保定府）创建阳明王先生祠记》。魏一鳌在保定府阳明先生祠中刻有王阳明草书的七绝二首诗碑（以下简称"王阳明草书诗碑"）。②这两首诗系阳明先生在正德年间平定宁藩叛乱后在江西庐山所做的"江西诗"。此碑高丈余，碑阳为《天池月下闻雷诗》："昨夜月明峰顶宿，隐隐雷声在山麓。晓来却问山下人，风雨三更卷茅屋。"碑阴为《夜宿天池诗》："野夫权作青山主，风景朝昏颇裁取。岩傍日晴半溪云，山下雷声一村雨。"③碑阴印文下有魏一鳌撰写的隶书文跋，曰："予（魏一鳌）得阳明先生此字于晋阳，宝如拱璧，藏之书笥者二十余年。壬戌之夏，幸遇诸老公祖父母，皆崇重理学，各捐清俸建亭以奉之，勒其字于石，可谓先生知己，异代同心云。上谷后学魏一鳌敬识。"④清咸丰、同治年间，因魏一鳌等捐建的保定府阳明先生祠倒塌，旅保浙江绍兴人感念乡先贤阳明先生"提倡良知""羽翼圣道"，在重修保阳浙绍会馆的同时，新修了保定府阳明先生祠。作为阳明学推崇者的浙江绍兴人宗稷辰（1792—1867年）⑤，于同治四年（1865）春撰《重修保阳浙绍会馆碑记》文，其中对康熙年间魏一鳌修建阳明先生祠、立阳明先生遗像，同治年间旅保绍人重修保阳浙绍会馆、新修阳明先生祠诸事一并予以记录。此"王阳明草书诗碑"，1955年由保定府阳明先生祠移入古莲花池。⑥

此外，今天的古莲花池碑刻长廊中，尚存1965年由保阳浙绍会馆移入的"（王阳明）客座私祝刻石""（宗稷辰）重修保阳浙绍会馆碑记"等与阳明学有关的碑刻。⑦保阳浙绍会馆中原藏、今古莲花池中藏存的王阳

---

① （清）孙奇逢：《夏峰先生集》，第69页。
② 参见柴汝新、柴一鸣《保定古莲花池清刻王阳明诗碑刻诗创作地点辨析》，《保定学院学报》2015年第6期。
③ （明）王守仁：《王阳明全集》，第639页。注，《王阳明全集》与碑刻文若干字有异。
④ 转引自柴汝新、柴一鸣《保定古莲花池清刻王阳明诗碑刻诗创作地点辨析》，《保定学院学报》2015年第6期。
⑤ 参见徐世昌《清儒学案》，河北人民出版社2008年版。
⑥ 参见孟繁等编著《古莲花池》，河北人民出版社1984年版。
⑦ 参见孟繁等编著《古莲花池》，河北人民出版社1984年版。2019年11月18日，笔者实地勘察了古莲花池藏清刻王阳明草书诗碑，及碑刻长廊中的"（王阳明）客座私祝刻石""（宗稷辰）重修保阳浙绍会馆碑记"等与阳明学有关的其他碑刻。

【北学与南学】
北学与浙学的互动及比较研究

明"家书"性质的"王阳明客座私祝刻石"全文:"但愿温恭直谅之友来此讲学论道,示以孝友谦和之行。德业相劝,过失相规,以教训我子弟,使毋陷于非僻。不愿狂憸惰慢之徒来此博弈饮酒,长傲饰非,导以骄奢淫荡之事,诱以贪财黩货之谋,冥顽无耻,煽惑鼓动,以益我子弟之不肖。呜呼!由前之说,是谓良士,由后之说,是谓凶人。我子弟苟远良士而近凶人,是谓逆子,戒之戒之!嘉靖丁亥八月,将有两广之行,书此以戒我子弟,并以告夫士友之辱临于斯者,请一览教之。"① 据笔者推断,此刻石可能与孙奇逢或魏一鳌有关。孙奇逢推崇王阳明以"五伦"教诲子弟的方式,择取《客座私祝》文而单独刊刻之,并撰有《客座私祝跋》,其中有言:"《私祝》数语,严切简明,直令宵人辈立脚不住。其子弟贤,当益勉于善;即不贤,或亦不至大坏极裂,不可收拾。(阳明)先生崛起正德,功定叛王,以一悟而师世学,以一胜而开封国,片言只字,无不足提世觉人。独取是篇而刻之,盖人未有不爱其子弟,而子弟之贤不肖,实于此判圣狂。敢以公之吾党士之共爱其子弟者。"② 因孙奇逢推崇王阳明的《客座私祝》并单独刊刻分发友人门生(其中包括魏一鳌),故而就有了镌刻诗碑之上,立于保定阳明先生祠抑或保阳浙绍会馆的可能。今浙江省余姚市博物馆藏有王阳明手书《客座私祝》原件,易言之,保定莲花池的《客座私祝》文碑刻,则非王阳明手迹,或许是魏一鳌等请人刻制。

保定府安州县(今安新县,即雄安新区)人陈浵、陈鹤龄(?—1726年)父子,也是清初北学中的阳明学推崇者。陈浵师承孙奇逢,治学"尤得力于阳明《传习录》及鹿忠节(鹿善继)《寻乐大旨》"③。陈鹤龄幼承家学,好读河津(薛瑄)、姚江(王阳明)二家书,即崇尚阳明心学。

行文至此,不难发现:徐爱所任祁州知州的祁州在保定府,王阳明弟子也是徐爱弟子的傅凤,是保定府祁州县人;鹿久徵、鹿善继是保定府定兴县人,鹿善继的弟子门人多为保定府定兴县、容城县、新安县、雄县人④;阳明学同情者孙奇逢是保定府容城县人,在保定府创建阳明先生祠、

---

① (明)王守仁:《王阳明全集》,第763—764页。需要注意的是,王阳明存世手迹作"客座私祝",而《王阳明全集》则为"客坐私祝"。
② (清)孙奇逢:《夏峰先生集》,第326页。
③ 尹会一辑:《北学编·续编》卷3《陈半千先生传》,清同治七年重刊本。
④ 参见贾乾初、陈寒鸣《鹿善继与雁南王学》,载《阳明学派研究:阳明学派国际学术研讨会论文集》,杭州出版社2011年版。

· 249 ·

立阳明先生遗像、镌刻王阳明草书诗碑的魏一鳌是保定府新安县人；陈涴、陈鹤龄父子是保定府安州县人。如果参照黄宗羲以地域划分阳明学派的做法，我们完全可以从"北方王学"中析分出"保定王学"抑或"河北（保定府）阳明学"的地域阳明学命题。

实则，清代中后期也有一批河北籍学者在呵护阳明良知心学学统。易言之，在程朱理学成为国家主流意识形态的清代中后期仍有一批河北籍学者在坚守阳明学立场，如（1）乐亭人杨开基，乾隆六十年（1795）进士，曾任奉天府教授，晚年居家讲学则以姚江学为宗旨，并有"四方问业者，履长满户外"的盛况；杨开基与清代浙学也有关联，他编次陆陇其《松阳钞存》，编撰了反映陆陇其生平学行的《陆清献公年谱》。（2）易州（今易县）人赵亨钤，嘉庆二十五年（1820）进士，署理湖南零陵知县，补永定知县，旋迁贵州古州同知；道光二十六年（1846）因积劳卒于任上。他喜读《王文成公全书》，对浙人陆陇其诋毁阳明学不满，著论说以辩之。（3）杨亶骅，道光十五年（1835）进士，编撰《古本大学辑解》，其中尤青睐王阳明的《古本大学旁注》，"大旨则专宗阳明而以管见疏明之"。（4）安肃（今徐水）人徐栋，道光二年（1822）进士，授工部主事，累迁郎中。治学"以苏门为宗，取程朱之居敬穷理，陆王之立大本、致良知，颜李之实行实用"。（5）宁河北塘（今属天津市塘沽区）人高庚恩，光绪二年（1876）进士，在河北望都、易州、固安书院讲学期间，"恪守濂洛关闽，参以象山、姚江、白沙、二曲诸儒，而折衷于夏峰孙氏"。（6）清苑人王锡三，"读阳明之书，笃嗜之"，为学不尚空谈，"与夏峰为近"，其学生近千人，有数人官至朝廷重臣，人称"王半朝"。①

清代桐城派学者方苞（1668—1749年）以为："自明之季以至于今，燕南、河北、关西之学者能自竖立而以志节事功振拔于一时，大抵闻阳明氏之风而兴起者也。"② 进而言之，晚明至清代中前期，与浙学（蕺山学派、梨洲学派）相仿，北学（以河北孙奇逢、河南汤斌、山西李二曲为代表）中的阳明学信徒不绝如缕。由此可见，北学中的阳明学统，确为明清时期浙学与北学互动的一个典型案例。这也是笔者在此不惜笔墨，大力表彰"河北（保定府）阳明学"的缘由。

---

① 张昭军：《清代理学史》（下卷），广东教育出版2007年版，第293—294页。
② （清）方苞：《方望溪全集》卷14《鹿忠节公祠堂记》，中国书店1991年版，第202页。

四 经世实学：明清之际浙学与北学的关注

在明清易代批判王学（阳明学）末流"空谈误国"之际，随着经世实学思潮的兴起，以黄宗羲为代表的浙东经史学派产生，这一学派以"经史并重"即"通经致用""史学经世"为学术宗旨。与此同时，北学代表孙奇逢以及颜李学派，亦提倡"实学"，进而与清代浙东学派发生关联。

（一）黄宗羲与孙奇逢

孙奇逢、李颙、黄宗羲为明清之际儒学之宗，被时人并称为"三大儒"。"三大儒"中的孙奇逢为河北人（今雄安新区人）、黄宗羲为浙江人，二人作为北学、浙学（抑或说是南学）的代表性人物，在人生经历、学术创造上有诸多相似之处。

比如，清兵入关之后，孙奇逢在河北组建起第一支抗击清兵的汉族武装，而黄宗羲则在浙东钱塘江、四明山组织队伍抗击南下的清兵。孙奇逢、黄宗羲二人在推崇王阳明其人其学的同时，对阳明后学的流弊也有反思与修正；同时，也有对宋明理学的反思，表现为分撰《理学宗传》《明儒学案》，进而对宋明理学进行系统梳理与总结。详而言之，孙奇逢早年研习程朱理学，中年接触陆王心学后则"以象山、阳明为宗"："陆子静直接孟氏之传。阳明《传习录》透胸达背，全体灵通。由二子而得我心，得我心即可睹面而见孔孟矣。"[1] 孙奇逢还与好友鹿善继同以"阳明语"作为解决读书困惑的钥匙："少壮时，与吾友鹿伯顺读诸儒语录，有扞格处，取阳明语证之，无不豁然立解。"[2] 孙奇逢讲学"语录"也有"接陆子静之传者，实惟阳明；鹿伯顺亦自谓读《传习录》而有得也，则接阳明之传者，实惟伯顺"云云。[3] 此外，孙奇逢在《与鹿伯顺书》中言："《阳明先生集》，弟读之不忍释手，是天以此老赐吾两人也。"[4] 其本人读《传习

---

[1] 张显清编：《孙奇逢集》，中州古籍出版社2003年版，第1041页。
[2] （清）孙奇逢：《理学宗传》，凤凰出版社2015年版，第172页。
[3] （清）孙奇逢：《夏峰先生集》，第540页。
[4] （清）孙奇逢：《夏峰先生集》，第1页。

录》后，对阳明先生其人其学做如是评论："阳明崛起，揭良知为宗，博约、知行合而为一。盖仲尼殁至是且二千年，斯道为之大光，而全体大用，立德、立言、立功随感而应，无处非道，无处非学，腐儒面目得阳明一洗之。"①并赋七言绝句诗《读传习录（四首）》，其中有"肖物春工非逐物，《录》中字字辟鸿蒙"的结语。②

与王阳明同乡的浙江余姚人黄宗羲，师承刘宗周并传承阳明学脉。黄宗羲编《明儒学案》，其卷首"师说"，系乃师刘宗周对有明诸儒传记（《皇明道统录》）评述的简编，其中有对王阳明、邹守益、王畿、孟化鲤、孟秋、张元忭、罗洪先、赵贞吉、王时槐、邓以赞、罗汝芳、李材等阳明学人群体的评论。③黄宗羲《明儒学案》卷10《姚江学案》对阳明生平学行予以总结，同时辑录刘宗周的《阳明传信录》。④黄宗羲还对阳明学传人即阳明后学以地域、为学宗旨为析分范式，分撰"浙中王门学案""江右王门学案""南中王门学案""楚中王门学案""北方王门学案""粤闽王门学案""止修学案""泰州学案"⑤，对阳明学派予以总体评判。这与孙奇逢《理学宗传》为阳明学者立传述学的做法相仿，当然，黄宗羲的"学案体"更为科学合理。黄宗羲本人在《明儒学案·发凡》文中对孙奇逢《理学宗传》对明儒各家学术宗旨的概论颇有微词："从来理学之书，前有周海门《圣学宗传》，近有孙锺元（奇逢）《理学宗传》，诸儒之说颇备。然陶石篑《与焦弱侯书》云：'海门意谓身居山泽，见闻狭陋，常愿博求文献，广所未备，非敢便称定本也。'且各家自有宗旨，而海门主张禅学，扰金银铜铁为一器，是海门一人之宗旨，非各家之宗旨也。锺元杂收，不复甄别，其批注所及，未必得其要领，而其闻见亦犹之海门也。学者观（黄宗）羲是书，而后知两家之疏略。"⑥这里，黄宗羲对孙奇逢《理学宗传》杂收有明诸儒，"不复甄别"；以及"批注所及，未必得其要领"的做法予以质疑。进而，黄宗羲对自己的提揭有明诸儒为学"宗旨"

---

① （清）孙奇逢：《夏峰先生集》，第343页。
② （清）孙奇逢：《夏峰先生集》，第505页。
③ 参见（清）黄宗羲《黄宗羲全集》，浙江古籍出版社2005年增订版，第7册。
④ 参见（清）黄宗羲《黄宗羲全集》，浙江古籍出版社2005年增订版，第7册。
⑤ 参见（清）黄宗羲《黄宗羲全集》，浙江古籍出版社2005年增订版，第7册；《黄宗羲全集》，浙江古籍出版社2005年增订版，第8册。
⑥ （清）黄宗羲：《黄宗羲全集》，第7册，第5页。

的做法颇为满意，其《明儒学案·自序》云："羲为《明儒学案》，上下诸先生，深浅各得，醇疵互见，要皆功力所至，竭其心之万殊者而后成家，未尝以懵懂精神冒人糟粕。于是为之分源别派，使其宗旨历然。由是而之焉，因圣人之耳目也。"①

另外，黄宗羲在《明儒学案》卷54《诸儒学案下二》、卷57《诸儒学案下五》中为"忠节鹿乾岳先生善继""徵君孙锺元先生奇逢"这两位河北籍的阳明学者立学案。② 其中，黄宗羲这样评述孙奇逢的《理学宗传》："特表周元公、程纯公、程正公、张明公、邵康节、朱文公、陆文安、薛文清、王文成、罗文恭、顾端文十一子为宗，以嗣孟子之后，诸儒别为考以次之，可谓别出手眼者矣。"③ 孙奇逢则视刘宗周为浙中王学"修正派"学人："越中诸儒，自王守仁后，一传为王畿，再传为周汝登、陶望龄，三传为陶奭龄，皆沿良知之说，未免杂于禅学。奭龄为因果说，去守仁益远。宗周忧之，乃筑证人书院，与同志讲肆。论者谓能阐姚江之绪言而救其流弊。"④ 在刘宗周与阳明学关联的判定上，黄宗羲与孙奇逢的论调是一致的。

与刘宗周、黄宗羲相仿，对于阳明后学的工夫论立场，孙奇逢是认可江右王学罗洪先对阳明后学的修正而批判浙中王学王畿"向上一路"的路数，其在《题念庵集后》中云："（罗）念庵，阳明功臣、龙溪益友也。"⑤ 其讲学"语录"有言："阳明良知之说，著力在'致'字，故自谓龙场患难生死之后，良知方得出头。（王）龙溪时而放下'致'字，专言良知，其究也，遂有认食色以为性者，言不可不慎也。（罗）念庵每提戒慎恐惧，为龙溪忠告，见良友切磋之益。"⑥ 其《跋念庵答王宗沐问静》文："此是念庵大把柄……归静言乎其功也，是真实体认语，恁是生安圣人，须要时时刻刻作戒惧工夫。"⑦ 其《读十一子语录书后·罗文恭》有言："阳明门中，尊所闻、行所知者尽不乏人，而真实得力万不可少者，则罗文恭（念

---

① （清）黄宗羲：《黄宗羲全集》，第7册，第4页。
② （清）黄宗羲：《黄宗羲全集》，第8册，第642—644、721—725页。
③ （清）黄宗羲：《黄宗羲全集》，第8册，第722页。
④ （清）孙奇逢：《理学宗传》，第535页。
⑤ （清）孙奇逢：《夏峰先生集》，第315页。
⑥ （清）孙奇逢：《夏峰先生语录》，山东人民出版社2018年版，第16页。
⑦ （清）孙奇逢：《夏峰先生集》，第338页。

庵）也。"① 孙奇逢撰《理学宗传》，为王阳明及阳明学者罗洪先②、徐爱、钱德洪、邹守益、王艮、薛侃、欧阳德、黄绾、顾应祥、黄弘纲、何秦、徐樾、南大吉、方献夫、陆澄、冀元亨、徐珊、蒋信、王道、穆孔晖、刘魁③、孟化鲤、孟秋、邹元标④、王畿、罗汝芳、杨起元、周汝登、刘宗周等立传⑤，并辑编他们的论学语录、诗文集等，以案语形式加以评述。在评论泰州学派学者罗汝芳时，孙奇逢则有"近溪亦宗禅"⑥的看法。此外，孙奇逢客居中州期间，辑录阳明学者尤时熙的讲学语录成《尤西川要语》⑦。由此可见，孙奇逢的阳明学情结及其对阳明学的"接受"程度。

明末民初直隶（今河北）人徐世昌，依据清代浙籍学术史家黄宗羲《宋元学案》《明儒学案》的编纂体例而纂修《清儒学案》，则是北学与浙学间接互动的一个实例。

另外，南学黄宗羲与北学孙奇逢之间也有交集。孙奇逢在《与鹿伯顺书》中有"《经世名言》因为太冲携去，故而稽迟"云云⑧，此处"太冲"当为黄宗羲（字太冲），易言之，黄宗羲曾借阅孙奇逢藏书《经世名言》一书。孙奇逢治学与刘宗周相仿，也提倡"慎独"之学。清康熙十二年（1673），九十岁高龄的孙奇逢还作诗寄黄宗羲（时年六十三岁），勉以"蕺山薪传"⑨。

孙奇逢、黄宗羲还是明清之际"实用实学"的提倡者与践行者。孙奇逢有言："学问之事，患无下手处，故无得力处。知在'躬行'二字上着手，便一了百当矣。""学问事，此中同人津津讲求，渐有头绪，总之不离

---

① （清）孙奇逢：《夏峰先生集》，第343页。
② 参见（清）孙奇逢《理学宗传》，凤凰出版社2015年版。
③ 参见（清）孙奇逢《理学宗传》，凤凰出版社2015年版。
④ 参见（清）孙奇逢《理学宗传》，凤凰出版社2015年版。据河北容城孙奇逢后裔、今人孙居超先生于2020年12月9日在其本人"微信"中展示的信息：孙奇逢祖父孙臣（1517—1582年，字汝邻，号敬斯）同江右王门学者邹守益次子邹美（1516—1565年，字信甫，号昌泉）同系嘉靖四十年（1561）辛酉科举人，而后在京师共同参加会试期间有一定交际，而孙臣受邹美影响接受阳明学。邹美家学为阳明学，易言之，孙奇逢的家学渊源中也有阳明心学。
⑤ 参见（清）孙奇逢《理学宗传》，凤凰出版社2015年版。
⑥ （清）孙奇逢：《夏峰先生集》，第399页。
⑦ 参见（清）孙奇逢《夏峰先生集》，中华书局2004年版。
⑧ （清）孙奇逢：《夏峰先生集》，第1页。
⑨ （清）黄宗羲：《黄宗羲全集》，第8册，第722页。

【北学与南学】
北学与浙学的互动及比较研究

'躬行'二字。口里说一丈,不如身上行一尺。"① 而黄宗羲在《明夷待访录》中的政治建言、《明儒学案》中的学术史观,皆反映了一种以"实用之学"为主导的实践哲学。《四库全书总目提要》在谈到黄宗羲经学著作《易学象数论》时,有这样的总结:"按诸实际,推究事理,不为空疏无用之谈。"② 黄宗羲对汉唐以降的"词章之学"不屑一顾,对宋明理学"游谈无根、不谙世务"的空疏学风提出批评:鼓吹"良知教"的心学末流,"束书不观、空谈心性";而程朱学派的理学家,其所读之书仅限于经生之章句,其所穷之理不过是字义之从违。面对明清易代的残酷现实,他们却表现得满不在乎,当报国之日"则蒙然张口,如坐云雾,世道以是潦倒泥腐,遂使尚论者以为立功建业,别是法门,而非儒者所与也"③。黄宗羲还指出:"古者儒墨诸家,其所著书,大者以治天下,小者以为民用,盖未有空言无事实者也。"借此,他以"儒者之学,经纬天地"④ 为标的,提出"通经致用""经世应务"的治学宗旨,讲求实体、实用、实效、实行之实学。⑤

孙奇逢与浙学之关联,也体现在其与同时代浙江学人的交往上,比如他与浙江归安(今浙江吴兴)人茅元仪(1594—1640年,字止生,号石民,茅坤之孙)为好友。茅元仪贬官后寓居河北定兴县数年,崇祯十四年秋,茅元仪到定兴县百楼村看望时在白楼讲学的孙奇逢,作《百楼村曲》:"百楼兵法所不攻,谁知鼓角出地中。"明清鼎革之后,孙奇逢离开河北容城老家的本意是受好友茅元仪之邀,来浙江吴兴定居。因长途跋涉,体力不支后不得已选择定居在河南辉县苏门山夏峰村。

孙奇逢与浙学之关联,还体现为对南宋浙学人物陆游、陈亮以及明代浙人方孝孺、于谦的评论上。因欣赏陆游诗歌,孙奇逢令儿辈抄录《剑南诗抄》,并亲自题词。⑥ 如上所言,陈亮与朱熹之间有中国思想史上著名的"王霸义利"之辩,孙奇逢读罢二人之间的学术论战书信,认为:"天地大

---

① (清)孙奇逢:《夏峰先生集》,第79页。
② 《四库全书总目》卷36,转引自(清)《黄宗羲全集》,第12册,第194页。
③ (清)黄宗羲:《黄宗羲全集》,第10册,第433页。
④ (清)黄宗羲:《黄宗羲全集》,第10册,第433页。
⑤ 关于黄宗羲实学思想的论述,可参见拙文《以实用之学 开一代新风》,《浙江日报》2018年2月5日。
⑥ 参见(清)孙奇逢《夏峰先生集》,中华书局2004年版。

矣，道德功名、文章节义，正好并存天地间，固不能多生几个朱元晦，亦宁有几个陈同甫。"① 在《读三异人传》文中，孙奇逢特地表彰了"古来忠臣罕比"的明代三位异人——方孝孺、于谦、杨继盛，其中前两位为浙人，杨继盛则为北直隶保定人，认为此"三人事有本末，死各不同，而忠烈之心同也"②。

（二）灵寿县知县陆陇其

康熙二十二年（1683）至康熙二十九年（1690），浙西理学家陆陇其出任直隶真定府灵寿县知县。③ 任上与灵寿县诸生讲学，宗程朱理学，黜阳明心学。同时，还编修有《灵寿县志》。④ 灵寿县所在的真定府与保定府相邻，康熙二十六年（1687）正月，陆陇其至保定府阳明书院寻访魏一鳌。因魏一鳌师承孙奇逢而笃信阳明心学，"尊朱黜王"的陆陇其，授以《王学质疑》一书，希望魏一鳌脱离阳明学。⑤ 此外，陆陇其阅《孙徵君（奇逢）年谱》后感慨："近年来南方有一黄梨洲，北方有一孙锺元，皆是君子。然所学既非，天下学者多被他教得不清楚。因思孙锺元、鹿伯顺一生苦志，只做得不践迹的事。"⑥ 在理学家陆陇其看来，无论是浙学中的黄宗羲，还是北学中的孙奇逢、魏一鳌、汤斌，他们推崇、修正阳明心学的学统，则偏离了程朱道统。

此外，清代中前期的北学家中也不少像陆陇其一样，对阳明学持批判立场的学者，比如孙奇逢的好友魏裔介（1616—1686年，河北邢台柏乡人）撰《王阳明之学有是有非辨》文，在对"无善无恶心之体""知行合一"等阳明学核心命题提出批判之后，发出这样的感慨："余悲学者浮慕阳明之说，而不考其差缪之端，流于天竺之学而不自知。故存其良知之是，而辨其无善无恶之非，所谓瑕瑜自不相掩，固不可概以为是，亦不可概以为非也。"⑦ 无疑，这是一种批判的学术理性精神。

---

① （清）孙奇逢：《夏峰先生集》，第399—400页。
② （清）孙奇逢：《夏峰先生集》，第397页。
③ 参见（清）吴光酉等撰《陆陇其年谱》，中华书局1993年版。
④ 参见（清）吴光酉等撰《陆陇其年谱》，中华书局1993年版。
⑤ 参见（清）吴光酉等撰《陆陇其年谱》，中华书局1993年版。
⑥ （清）吴光酉等撰：《陆陇其年谱》，第143页。
⑦ （清）魏裔介著，魏连科点校：《兼济堂文集》，中华书局2007年版，第409—410页。

(三) 颜李学派与清代浙学

北学之颜李学派与清代浙东学派之间的关联，也是清代中前期北学与浙学互动的一个实例。对于阳明学，颜元尽管持批判的学术立场，但其早年有"深喜陆（九渊）、王（阳明），手抄《（陆王）要语》"的学术经历①。而中年时期则对阳明学发起抨击："果息王学而朱学独行，不杀人耶！果息朱学而独行王学，不杀人耶！今天下百里无一士，千里无一贤，朝无政事，野无善俗，生民沦丧，谁执其咎耶！"② 同样反对陆王心学的陆陇其，任灵寿县知县期间，欲求颜元所著之书；不知何故，颜元在得知此事后，以"拙陋不交时贵，吾子勿游扬也"为由③，不愿与之切磋学问。

基于提倡实习、实学、实用的考量，颜元推崇南宋浙东事功实学。颜元喜读陈亮论著，并为陈亮英年早逝感到叹息："使文达（陈亮）之学行，虽不免杂霸，而三代苍生或少有幸；不幸陆、朱并行，交代兴衰，遂使学术如此，世道如此。"④ 前文提到，叶适批判董仲舒的"仁人正谊不谋利，明道不计功"有"此语初看极好，细看全疏阔。古人以利与人而不自居其功，故道义光明。后世儒者行仲舒之论，既无功利，则道义者乃无用之虚语尔；然举者不能胜，行者不能至，而反以为诟于天下矣"之语。⑤ 这里，颜元对叶适之论予以认可，进而批判北学大儒董仲舒之言："盖'正谊'便谋利，'明道'便计功，是欲速，是助长；全不谋利计功，是空寂，是腐儒。"⑥ 进而强调功利之学，提出了"正其义以谋其利，明其道以计其功"的"义利合一观"："后儒乃云'正其谊，不谋其利'，过矣！宋人喜道之，以文其空疏无用之学。予尝矫其偏，改云'正其谊以谋其利，明其道而计其功'。"⑦

或许是受颜元推崇南宋浙东事功学说的影响，再加上希望颜元之学在江南一带传播，颜元高足李塨则与清代前期浙学之间存有诸多交涉。这可

---

① （清）颜元：《颜元集》，第712页。
② （清）颜元：《颜元集》，第494页。
③ （清）李塨：《颜习斋先生年谱》，《李塨文集》，河北人民出版社2011年版，第649页。
④ （清）颜元：《颜元集》，第508页。
⑤ （宋）叶适：《习学记言序目》，第324页。
⑥ （清）颜元：《颜元集》，第671页。
⑦ （清）颜元：《颜元集》，第163页。

从李塨与浙籍学人的交游中得知。

1. 李塨与王复礼论程朱陆王之学

康熙三十四年（1695）春，李塨离别家乡（保定府蠡县）来到浙江桐乡，受桐乡知县郭子坚之聘做其幕僚。离乡之时，乃师颜元赠语曰："爱惜人才，倡明圣道。"① 易言之，李塨前来江浙有弘扬师道即颜元之学的学术使命。

是年春三月，在郭子坚的支持下，李塨特地离开桐乡前往杭州游学。先是游玩西湖诸景——断桥、孤山、六一泉、白堤、苏堤、飞来峰、冷泉亭、南屏山、湖心亭、吴山，同时拜谒李邺侯祠、陆宣公祠、岳忠武墓、于忠肃坟等。随后，咨询到王阳明嫡孙王复礼（生卒年不详，字需人，号草堂，浙江余姚人）在杭州城住处；当时王复礼卧病在床，不便会客，送所著《三子定论》与李塨。李塨则以书函答复："论朱陆、王三子，当以孔孟为断。合于孔孟，三子即各诣无害也；不合孔孟，三子即同归无取也。"② 于此可见李塨对阳明学的态度。

清初，顺天大兴人张烈（1621—1685 年）在任《明史》纂修官期间，撰《王学质疑》一书，抨击陆王心学"即禅门之直指心性，而借《孟子》之本心良知以附会之"；为维护阳明心学，同系《明史》纂修官的浙人毛奇龄撰《折客辨学文》，同张烈之间有过激烈的学术辩论。③ 而李塨阅《王学质疑》后，则表现出相对平和的立场："武承（张烈）之驳陆王，何其明耶，然酷护程朱。夫教人以性为先，程朱不犹之陆王耶？"④ 李塨也曾这样解读王阳明的"四句教"："阳明'无善无恶心之体，有善有恶心之用'二语，为学程朱者所诟病，然其意，程朱即有之。朱子力护'无极'，又言'心为人之太极''太极即至善也'，是亦可曰'无善而至善矣'，非即'无善无恶心之体'乎？'气质有恶'，非即'有善有恶心之用'乎？"⑤ 据此可知，对于程朱陆王之辨，李塨属于"调和派"，实为阳明学的"同情者"。

因为李塨对阳明学持有同情的立场，故而作为阳明先生直系后裔的王

---

① （清）冯辰、刘调赞：《李恕谷先生年谱》，载《李塨文集》，第 730 页。
② （清）冯辰、刘调赞：《李恕谷先生年谱》，载《李塨文集》，第 731 页。
③ 参见史革新《清代理学史》上卷，广东教育出版社 2007 年版。
④ （清）冯辰、刘调赞：《李恕谷先生年谱》，载《李塨文集》，第 723 页。
⑤ （清）冯辰、刘调赞：《李恕谷先生年谱》，载《李塨文集》，第 728 页。

复礼，与李塨（包括前文以及下文提到的毛奇龄）之间的往来，得以继续。康熙三十四年（1695）夏，李塨在桐乡收到王复礼自杭州寄来的书信，称其本人与李塨"论学相合，其论以孔孟为的六经为证，躬行为主"。得一知音，李塨自然肃然起敬，并复函探讨自己对《大学》"格物"的理解："'格物'即学文，'物'即《周礼》之'三物'。"为弥补是年三月在杭州不得面晤之遗憾，是年秋，李塨再到杭州，二人多次聚会论学谈道。李塨曰："后儒不解'学'字，遂一往皆误。学者学于人，学《诗》《书》《礼》《乐》也。后儒专重诵读，或直指性天而'学'歧、而'学'亡。"王复礼认可此论，因言："《太极图》本道家说，今本《大学》《孝经》，系朱子改篡，晦圣经本旨。程朱陆王皆染于禅。"① 在杭州期间，二人还同登吴山酒楼，观钱塘潮。郭子坚在桐乡刊刻李塨《讼过则例》文，王复礼则撰"序"予以称颂。八月，李塨离开杭州返乡，王复礼有赠诗。

日后，李塨编撰《大学辨业》，其中大段引述《传习录》中王阳明与弟子郑朝朔、徐爱、黄以方之间关于"格物致知"的问答。② 王复礼也先后两次校阅《大学辨业》一书，刊刻之时，又有"题辞"于卷首。③

2. 李塨从毛奇龄学"乐"

尽管在康熙三十四年先后两次前来杭州，遗憾的是，李塨并未面晤时在杭州城定居的阳明学者毛奇龄。或许是得闻李塨"同情"阳明学而"拒斥"朱子学，康熙三十五年（1696），毛奇龄寄《驳〈太极图〉》《驳〈河图洛书〉》文给时在京城的李塨。

康熙三十六年（1697）九月，李塨再次来到浙江桐乡出任郭子坚的幕僚。先是寄书信给王复礼，希望他前来桐乡相会，未遂。同时，李塨修《上颜（元）先生书》，言及自己对宋明诸儒的评述，其中有对阳明学核心命题"致良知""知行合一"的看法："《说命》曰：'知之匪艰，行之惟艰。'宋儒则以真知为重，言人有真知，所行自然无失；不能行，只是不能知。至明，王阳明遂专以为心源澄澈，诸事可办，创为'致良知'之说。而今之儒者，亦群讥其为禅矣。"④ 这里已有对阳明学认可的意蕴。

---

① （清）冯辰、刘调赞：《李恕谷先生年谱》，载《李塨文集》，第732页。
② 参见（清）冯辰、刘调赞《李塨文集》，河北人民出版社2011年版。
③ 参见（清）冯辰、刘调赞《李塨文集》，河北人民出版社2011年版。
④ （清）冯辰、刘调赞：《李恕谷先生年谱》，载《李塨文集》，第735页。

得知李塨在桐乡,毛奇龄寄上新著《乐录》,李塨遂有前往杭州问"乐"的念头。是年十一月二十六日,李塨第三次前来杭州,居丰乐桥;二十七日,与王复礼见面论学;二十八日,与王复礼一同前去拜会毛奇龄。初次见面,李塨即认可毛奇龄辨《太极图》及《河图洛书》之伪,同时感谢毛奇龄赠阅《乐书》,毛奇龄曰:"司马迁作《律书》,律吕积数,合之历数。后人遂误执,以为乐不求声而求数,争执聚讼,纸上空言,愈繁愈谬。故予今论《乐》,以实事、不以空言。"李塨拜手曰:"(李)塨原学事实。如不弃,敢卜明辰。"毛氏许之。鉴于毛氏辨伪学功力深厚,再加上考据学的实学特质与颜元之学的实学相通,二十九日,李塨再去拜会毛奇龄问"乐",并展《定声录》质问,毛氏答曰"乐以声为主",传宫、商、角、徵、羽五声法:"五声加二变为七声,加四清为九声法,合二变以押五声四清为七调法,吹箫指授色谱。"① 宴席之上,两人继续就宋儒之学进行切磋,与此同时,毛奇龄也对颜元之学产生兴趣:"闻颜习斋先生有《存性编》,何谓也?"李塨答曰:"宗孟子'性善',而辩宋人言'气质有恶'也。"② 十二月一日,李塨又就"乐"学,请教于毛奇龄,毛奇龄订以第二天中午见面;乃阅《乐录》,不解者识以签。二日,李塨如约而至,毛奇龄再次就颜元之学发问:"颜习斋好言经济,恐于存养有却,存心养性之功不可废也。"李塨回答:"颜先生省心之功甚密,每日习恭数次,所谓'居处恭'也。"在就颜李之学的修身工夫路径详细切磋后,毛奇龄才就李塨阅读《乐录》之疑惑予以解答。此次来杭返回桐乡之时,毛奇龄又遣人送礼乐经史诸书二十七种,赠予李塨。

先是,康熙三十六年(1697)十一月二十九日,李塨前去拜会毛奇龄,毛奇龄同时邀请了考据学名家姚际恒(浙江仁和人)前来相会,并介绍李塨与姚际恒结交。十一月三十日,李塨拜会姚氏,姚以所著《古文尚书通论》《仪礼通论》送李塨。③ 至此,毛奇龄、姚际恒等浙派考据学之辨伪学路数,对李塨影响颇深。

据《李恕谷先生年谱》载,康熙三十七年(1698),李塨再次来杭,

---

① (清)冯辰、刘调赞:《李恕谷先生年谱》,载《李塨文集》,第737页。
② (清)冯辰、刘调赞:《李恕谷先生年谱》,载《李塨文集》,第737页。
③ 参见(清)冯辰、刘调赞《李恕谷先生年谱》,载《李塨文集》,河北人民出版社2011年版。

【北学与南学】
北学与浙学的互动及比较研究

以所学"乐",请教毛奇龄,并求作《孝慈墓表》而返。在桐乡,详阅毛氏所著《古今通韵》《仲氏易》,并为《乐录》撰跋文,其中称颂毛氏《乐录》"开二千年之悠谬,以明三代元音"①。毛奇龄同时有书函给李塨,称:"以讲求古乐一事,千里命驾,已堪骇世。况两日而业已卒,岂汉唐后竖儒小生所能到者?直千秋一人而已。"为李塨的学力所折服。是年二月,李塨第四次来杭,行拜师礼,执贽毛奇龄,继续问"乐"、问"易"、问韵。师生之间,又有论学书多通。② 是年,李塨在桐乡与钱煌(生卒年不详,字晓城,浙江桐乡人)辩论《古文尚书》之真伪,无果。③ 钱煌认为《古文尚书》系伪书,因考据学非李塨专长,遂向业师毛奇龄求教:"今人辨《尚书》有伪之说,先生既有驳正,此事所关非小,即可行世。阎百诗(阎若璩)书未见,姚立方(姚际恒)所著略观之,钱生(煌)书则详观之,均属谬误。……(李)塨亦欲少有辩论,俟录出请教。"④毛奇龄根据李塨所言,加上自己考证,作《古文尚书冤词》,分十部分:一曰"总论"、二曰"今文尚书"、三曰"古文尚书"、四曰"古文之冤始于朱氏"、五曰"古文之冤成于吴氏"、六曰"书篇题之冤"、七曰"书序之冤"、八曰"书小序之冤"、九曰"书词之冤"、十曰"书字之冤",凡此皆为伪《古文尚书》申冤而作。关于"古文之冤始于朱氏(朱熹)",毛奇龄给出的理由是:"《古文尚书》之冤始于朱氏……其在今学,则名为通经而实无一经可通,且过遵朱氏,宁得罪先圣贤,不敢一字道朱氏之谬;加之入明至今,立学取士皆用其所注书,虽孔子复出,无如之何!致使陋劣之徒,旁搜典引,吹毛求瘢,锻炼成狱,古经之冤,至此极矣。"⑤毛奇龄坚决认为《古文尚书》非伪书;进而反驳姚际恒、阎若璩,以及钱煌的观点。

先是,李塨在桐乡有家室并生子,康熙三十八年(1699)夏,欲携家室返乡保定府蠡县;其间,特意前来杭州(第五次)向业师毛奇龄、学友

---

① (清)冯辰、刘调赞:《李恕谷先生年谱》,载《李塨文集》,第740页。
② (清)冯辰、刘调赞:《李恕谷先生年谱》,载《李塨文集》,第740—741页。
③ 参见林庆彰《清初的群经辨伪学》,华东师范大学出版社2011年版。关于李塨与钱煌之间的经学辩论,可参见李塨《论学》,《李塨文集》,河北人民出版社2011年版。
④ (清)冯辰、刘调赞:《李恕谷先生年谱》,载《李塨文集》,第741页。
⑤ (清)毛奇龄撰、杭州市萧山区政协文史委编:《毛奇龄合集》,杭州出版社2003年版,第3分册,第446页。

王复礼道别。返乡途经淮安，拜会阎若璩，转赠毛奇龄的《古文尚书冤词》，并有论辩。而后，李塨有书函给毛奇龄，告知阎氏《尚书古文疏证》与毛奇龄《古文尚书冤词》之间的分歧。① 而后，毛奇龄作《寄阎潜丘〈古文尚书冤词〉书》②，与阎氏商榷。阎若璩拜读《冤词》后仍坚持己见，撰《题〈古文尚书冤词〉》："孔穿曰，谓藏三耳甚难而实非，谓两耳甚易而实是。人将从难而非者乎，抑将从易而是者乎。余则反其词曰，伪《古文尚书》甚难而实是，不伪《古文尚书》甚易而实非。人将从易而非者乎，抑将从难而是者乎。此余所以不复与毛（奇龄）氏辩，而但付之闵默尔。"③ 康熙四十一年（1720），阎若璩、朱彝尊等来访杭州，毛奇龄与阎若璩会面，并围绕《古文尚书冤词》《尚书古文疏证》两书迥然不同的结论，再次进行辩论。④ 可以说，毛氏与阎氏之间关于《古文尚书》之辨伪经过，李塨是见证者，从一定意义来说是推波助澜者。至于李塨对于《古文尚书》真伪的论定，我们可参阅其《论古文尚书》文。⑤

而毛奇龄的群经辨伪学即经典考据学方法论，则为李塨所继承与发挥。比如李塨的《周易传注》有对毛奇龄易学理论的发挥。⑥ 李塨通过系统学习毛奇龄的《乐录》，撰成《乐律》；毛奇龄评价此书："大奇大妙，不谓通人之学，能推广未备，发摅尽变至此。此道为千古来第一难事，能涉其藩篱，已夸神绝，况能排闼入室，直穷其奥尔尔。……今得恕谷阐发之，千年之秘，为之一开，实天地造化特钟其人，以使万古元音仍在人间，謦宗先师，必称庆地下，而世莫知也。"⑦ 由于《乐律》所编，皆述其闻于业师毛奇龄；毛奇龄又手定之，故以《李氏学乐录》之名编入《西河合集》。作为门生的李塨，也参与编纂了《西河合集》，并为毛氏诸多著作撰序，比如《昏礼辨证序目》《春秋毛氏传序目》等。

---

① 参见（清）冯辰、刘调赞《李恕谷先生年谱》，载《李塨文集》，河北人民出版社 2011 年版。
② 参见《西河集》卷 18《书》五，载（清）毛奇龄撰，杭州市萧山区政协文史委编《毛奇龄合集》，杭州出版社 2003 年版，第 7 分册。
③ （清）张穆：《阎若璩年谱》，中华书局 1994 年版，第 106 页。
④ 参见《经问》卷 18《古文尚书冤词余录》，载（清）毛奇龄撰，杭州市萧山区政协文史委编《毛奇龄合集》，杭州出版社 2003 年版，第 5 分册。
⑤ 参见（清）冯辰、刘调赞：《李塨文集》，河北人民出版社 2011 年版。
⑥ 参见崔丽丽《毛奇龄易学研究》，中国社会科学出版社 2016 年版。
⑦ （清）冯辰、刘调赞：《李恕谷先生年谱》，载《李塨文集》，第 748 页。

3. 李塨与万斯同、胡渭论经史之学

康熙三十九年（1700）四月，李塨至京城，结识了尚在京师编修《明史》的万斯同、胡渭等浙籍经史学家。① 胡渭赠以"言太极、先天、《河图》《洛书》之非"的《易图明辨》，李塨认真拜读；二人之间还有易学论辩。② 李塨《大学辨业》刊刻，胡渭撰有"题辞"。③

万斯同告李塨曰："先儒训学各异，予谓只是读书耳。"李塨不答，得知万斯同在纂辑《礼书》，叩之，万斯同言禘礼及宗庙礼制甚详；李塨也应邀参加了万斯同在京师组织的经史学讲会。④

先是，万斯同、毛奇龄同在明史馆，二人之间有过恩怨；而李塨师从毛奇龄，万斯同见李塨所作《河右全集序》文，则不愿与李塨结识。李塨在《大学辨业》刊刻之际，"念（万）季野负重名，必须一质，合则归一，不合则当面剖辨，以定是非"。遂把书稿送呈万斯同，万斯同读后即与李塨面谈，坦诚告知自己的学术历程："（李塨）先生负圣学正传。某少受学于黄梨洲先生，讲宋明儒者绪言。后闻一潘先生（潘平格）论学，谓'陆释朱羽'，憬然于心。既而黄先生大怒，同学竞起攻之，某遂置学不讲，曰：'予惟穷经而已。'以故忽忽诵读者五六十年。今得见先生，乃知圣道自有正涂也。"⑤ 欣然为李塨的《大学辨业》撰"序"，并以"盖世豪杰"许之："蠡吾恕谷李子，示予《大学辨业》一编。其言物，即谓《大司徒》之三物；言格物，即学习礼乐射御书数之物。予读之，击节称是，且叹其得古人失传之旨，而卓识深诣，为不可及也。……李子本其躬行者，著为是编，乃述古人之成法，非创为异涂以骇人，而格物之正训，实不外此。"⑥ 这里，万斯同对李塨的"格物"新解，予以认同。康熙四十年（1701）四月，李塨参加了万斯同组织的一场"郊社"会讲，万斯同向众讲友隆重介绍李塨："此李恕谷先生也，负圣学正传，非予所敢望。

---

① 参见（清）冯辰、刘调赞《李恕谷先生年谱》，载《李塨文集》，河北人民出版社 2011 年版。
② 参见（清）冯辰、刘调赞《李塨文集》，河北人民出版社 2011 年版。
③ 参见（清）冯辰、刘调赞《李塨文集》，河北人民出版社 2011 年版。
④ 参见（清）冯辰、刘调赞《李恕谷先生年谱》，载《李塨文集》，河北人民出版社 2011 年版。
⑤ （清）冯辰、刘调赞：《李恕谷先生年谱》，载《李塨文集》，第 754 页。
⑥ （清）万斯同著，方祖猷主编《万斯同全集》，宁波出版社 2013 年版，第 8 册，第 262—263 页。

今且后言郊社,请先讲李先生学,以为求道者路。"因将《大学辨业》所论"格物"之义,高声宣示,曰:"此真圣学宗旨,诸君有志无自外。"①此后,李塨至京师,必与万斯同相会,就经史之学进行切磋。而万斯同也诚邀李塨一同参与《明史》"表志"的纂修,李塨志不在此而婉拒之。

康熙四十一年(1702),万斯同病卒于京师;李塨闻讯,悲痛不已,撰《万季野小传》②,详细回顾了自己与"布衣史家"万斯同之间的交往经过。

如上文所言,万斯同一度推崇潘平格(浙江慈溪人)的"万物一体之仁学"而受到黄宗羲的责备,而李塨也对潘平格的"仁学"有接触。康熙三十九年(1700),潘平格弟子毛文强至京师,拜会李塨,并一同论学③;康熙五十八年(1719),郑性因"前岁在关中读《习斋年谱》而是之,数千里来拜,问学"④,同时将自己刊刻的《潘子求仁录》一书转赠李塨。随后,李塨对《求仁录》也有深入研读,并有"潘用微志在天地万物一体,其恻世殷,其任道勇,力行人伦日用亦实,较朱陆之自了似过之"⑤的评语。

4. 李塨与邵廷采论实学

李塨与"姚江书院派"学者邵廷采⑥之间也有诸多交集。尽管二人有同师毛奇龄的学缘,但是在康熙三十四至三十八年(1695—1699),即李塨前往杭城就学于毛奇龄之时,并不得知邵廷采其人。或许是毛奇龄的介绍,康熙三十九年(1700),邵廷采先有书信给尚在京师的李塨;李塨"念同受教西河之谊,三千里外命以讨论"而复函,告以自己幼承家学,

---

① (清)冯辰、刘调赞:《李恕谷先生年谱》,载《李塨文集》,第755页。
② 参见(清)冯辰、刘调赞《李塨文集》,河北人民出版社2011年版。
③ 参见(清)冯辰、刘调赞《李恕谷先生年谱》,载《李塨文集》,河北人民出版社2011年版。
④ 参见(清)冯辰、刘调赞《李恕谷先生年谱》,载《李塨文集》,河北人民出版社2011年版。
⑤ (清)冯辰、刘调赞:《李恕谷先生年谱》,载《李塨文集》,第820页。
⑥ 浙江余姚邵氏,以生于河北范阳(今涿州)大邵村的邵雍(1011—1077年,字尧夫,谥康节,《邵氏家谱》称"康节公")为始祖。邵雍之长孙曰溥;次孙曰博,为秘书省校书郎待制,扈从宋高宗南迁临安(今杭州)。邵溥之后有曰淳,为越新昌令,卒于官,其子孙遂定居会稽(今绍兴);又四世孙曰忠(邵雍十世孙),迁余姚通德乡清风里,卜宅而居,是为迁姚始祖。而邵廷采、邵晋涵则是余姚邵氏中的经史学名家。详见朱炯《邵晋涵年谱新编》,浙江大学出版社2018年版,第1页。

既而师从颜元,再"以乐无传,入浙拜河右先生问乐,因而从学焉。……又得赐观其驳正《易》《诗》《书》《春秋》《礼》诸经谬解,而经学颇进"的求学经历,以及自己"论学直宗周孔,以待来者,将世所传程朱陆王之歧途,欲从而改正焉"的期许①。邵廷采又作《答蠡县李恕谷书》,其中,一方面,认可了颜元对程朱理学的批判:"习斋先生谓学术至宋儒而歧,诚辟论,非苛论也";另一方面,对李塨之为学路数大加赞赏:"足下学问得之趋庭,自幼即有必为圣贤之志,后又从游习斋,力驱佛老,讲求兵、农、书、数、礼、律诸务,综古者小学、大学之教,以治其身,体用全具。凡所言行,直本孔孟……于圣人之道,真有廓清摧陷之功,用工之勇,且实未有过于足下者。"②而邵廷采对颜李之学的认可,可能与李塨对阳明学持守中立的立场有关。而后,邵廷采、李塨还一同编集了《西河集》。

毛奇龄、邵廷采师生二人同为清初阳明学的忠实传承者,对于北学中的阳明学者也充满敬意,比如邵廷采在《候毛西河先生书》中说:"本朝大儒如孙徵君(奇逢)、汤潜庵(斌),皆勤勤阳明。"③清初浙西理学家陆陇其因推崇程朱理学而贬斥阳明心学,也引起了孙奇逢高足汤斌的不满,而有《答陆稼书书》予以辩驳④;这是因为先前,陆陇其《上汤潜庵先生书》中有"今之学者,必尊朱子而黜阳明,然后是非明而学术一,人心可正,风俗可淳。阳明之学不息,则朱子之学不尊"之语。⑤邵廷采曾见汤斌、陆陇其之间的论学书信,认为汤斌的学术立场与毛奇龄相仿,故而在《候毛西河先生书》中有"向见潜庵先生答陆稼书翁札,与吾师有同契也"之语。⑥

颜元、李塨师徒二人的修身治学也恪守了"为善去恶"以"改过"儒家工夫论传统,比如李塨在二十二岁之后坚持作《日谱》:"身之过恶,直书","记不书人过,若他人言行有可法,则书之","言行纤悉,不书;

---

① (清)冯辰、刘调赞:《李恕谷先生年谱》,载《李塨文集》,第747—748页。
② (清)邵廷采著,陈雪军、张如安点校:《邵廷采集》,浙江大学出版社2018年版,第330—334页。
③ (清)邵廷采著,陈雪军、张如安点校:《邵廷采集》,第329页。
④ 参见(清)汤斌著,范志亭、范哲辑校《汤斌集》,中州古籍出版社2003年版。
⑤ (清)陆陇其著,王群栗点校:《陆陇其集》,浙江古籍出版社2018年版,第87页。
⑥ (清)邵廷采著,陈雪军、张如安点校:《邵廷采集》,第326页。

有关身得失者，必书"。① 李塨的《日谱》记录，与明代中后期浙籍儒者袁了凡的《功过格》、刘宗周的《人谱》，则有异曲同工之妙。此外，李塨本刘宗周《纪过格》范式删订了《讼过则例》②，进而对"微过""隐过""显过""大过""丛过"的修省状况予以界定与描述。

总之，李塨游学桐乡、杭州乃至在京师期间，与王复礼、毛奇龄、万斯同、胡渭、邵廷采等浙籍学者结交论学，一方面促成了颜李学派在浙西、浙东地区的传播；另一方面也将浙派考据学的方法论带回河北，丰富并充实了北学的学术内涵。

五 文献考据：清代浙学与北学的交涉

清代中前期，考据学成为传统学术思潮的主体。学界通常认为，清代的考据学主要分为以惠栋为首的"吴派"，以戴震为首的"皖派"，以焦循、汪中为代表的"扬州学派"，其实还应该有以姚际恒、查慎行、齐召南、梁玉绳、卢文弨、陈鳣、严可均、俞樾、孙诒让等为代表的浙派。清史研究权威戴逸先生在《吴、皖、扬、浙：清代考据学的四大学派》③《清代浙东经史学派资料选辑·序》④文中，也认可清代考据学中"浙派"（浙学）命题的成立。浙派考据学家对以《荀子》《春秋繁露》为代表的北学经典文献多有考证，是为清代浙学与北学交涉的主线。

此外，浙江钱塘人桑调元（1695—1771年）过境直隶（今河北境内）之时所留下的诗行⑤，浙江绍兴人章学诚（1738—1801年）任教于保定府莲池书院，也属于清代浙学与北学交涉的一个组成部分。

（一）章学诚任教于莲池书院

自清康熙八年（1669）起，保定府成为直隶省省会。雍正十一年

---

① （清）冯辰、刘调赞：《李恕谷先生年谱》，载《李塨文集》，第692、694页。
② 参见（清）冯辰、刘调赞《李恕谷先生年谱》，载《李塨文集》，河北人民出版社2011年版。
③ 参见戴逸《吴、皖、扬、浙：清代考据学的四大学派》，《人民政协报》1999年9月29日。
④ 参见戴逸《清代浙东经史学派资料选辑·序》，《中国史研究动态》2014年第2期。
⑤ 参见（清）桑调元撰，林旭文点校《桑调元集》，浙江古籍出版社2016年版。

（1733），直隶总督李卫奉旨在保定府开办莲池书院（亦称"直隶书院""保定书院"），并撰《莲花池修建书院增置宾馆碑记》文。① 先是，雍正三年（1725）至雍正七年（1729），李卫历任浙江巡抚、兼任两浙盐政使、浙江总督管巡抚事，在这期间即重视文教，在杭州修建有紫阳书院、敷文书院。乾隆四十九年（1784），章学诚经同乡座师梁国治（1723—1786年，浙江会稽人）推荐，到莲池书院担任主讲。担任主讲期间，章学诚不但重视生员教学，而且重视童蒙教育，作《论课蒙学文法》二十六通。乾隆五十一年（1786）五月，在保定的丁酉乡试同年，聚会于莲池书院，章学诚参与并作《保定公会丁酉同年齿录序》。是年十二月十日，张维祺与王春林月夜过访，章学诚偕游莲池并作《月夜游莲池记》②。乾隆五十二年（1787）春天，由于座师梁国治去世，章学诚也被迫辞去莲池书院讲习。另外，章学诚《文史通义》内篇二《原道上》中的首句"道之大原出于天"③，即是北学大儒董仲舒的言论。

此外，清末民初的浙江仁和人钟广生（字笙树）卒业于莲池书院，师承王树楠，"受古文法。尝谓'道咸以降，古文义法渐为龚自珍辈所乱。自邵懿辰出，原本经术，发摅义理，文体始复轨于正'"④。钟广生对同乡前辈学者龚自珍（浙江仁和人）的"古文义法"提出批评，表面上看系浙学内部的一种不和谐的声音，实则是一种批判的学术精神。

（二）浙籍考据学家对北学文献的考辨

浙江仁和人姚际恒（1647—约1715年）著《古今伪书考》，其中有对董仲舒《春秋繁露》的评论，归之为"有书非伪而书名为伪者"："董仲舒撰；十七卷，八十二篇。按：《汉志》春秋类，有《公羊董仲舒治狱》十六篇；子儒家，有《董仲舒》百二十三篇。《隋志》春秋类，始有董仲舒《春秋繁露》十七卷，而子儒家别无所谓百二十三篇者。本传称仲舒说《春秋》得失，《闻举》《玉杯》《繁露》《清明》《竹林》之属数十篇。颜《注》谓皆其所著书名。前儒之辨此书者多矣，兹不备录。总以既名《繁

---

① 孟繁等编著：《古莲花池》，第84页。
② 参见（清）章学诚《章氏遗书》卷22，转引自孟繁等编著《古莲花池》，河北人民出版社1984年版。
③ （清）章学诚著，仓修良注：《文史通义新编新注》，商务印书馆2017年版，第94页。
④ 转引自王学斌《清季民初的北学研究》，人民出版社2019年版，第281页。

露》，而其中又有《玉杯》《竹林》二篇，与史传所言不合，皆以为疑，未有决者。惟胡元瑞曰：'《隋志》西京诸子往往具存，独仲舒百二十三篇略不着录；而春秋类突出《繁露》十七卷。今读其书，为《春秋》者仅十之四五，其余《王道》《天道》《天容》《天辨》等章，率泛论性术治体，至其他阴阳五行之谭尤众，皆与《春秋》不相蒙。盖不特《繁露》冠篇为可疑，并所命《春秋》之名亦匪实录也。余意此八十二篇之文，即《汉志》儒家之百余篇者；必东京而后，章次残阙，好事者因以《公羊治狱》十六篇合于此书，又妄取班氏所记《繁露》之名系之。后人既不察《董子》百余篇之所以亡，又不深究八十二篇所从出，徒纷纷聚讼，故咸失之。'按：元瑞此论，虽属臆测，而实有理，故存其说。爰别列其书于此。"[1]

浙江鄞州人全祖望（1705—1755年）七校《水经注》[2]，而《水经注》注家之一的郦道元（约470—527年）则是范阳涿州（今河北涿州）人。此外，全祖望撰《读〈荀子〉》文，对荀子生卒、籍贯等予以考辨。[3]

浙江仁和人卢文弨（1717—1795年），以校勘学成就最为卓越，对《荀子》[4]、《春秋繁露》[5]的版本、校勘贡献颇多。比如，乾隆四年（1739），卢文弨抄录杨倞注本《荀子》而成"巾箱本"；乾隆四十一年（1776）以"影钞宋大字本"校，并撰有跋文《书荀子后》，其中有对荀子"性恶论"的辨正。[6]

浙江嘉善人谢墉（1719—1795年）刊刻《荀子》二十卷，并撰《荀子校勘补遗》一卷，于乾隆五十一年（1786）刊刻；卢文弨对谢墉刊刻的

---

[1] 林庆彰主编：《姚际恒著作集》，台北："中央研究院"中国文哲研究所1994年版，第319—320页。

[2] （清）全祖望撰，朱铸禹汇校集注：《全祖望集汇校集注》，上海古籍出版社2018年版，第1398—1410页。关于"清初的'《水经》学'和全祖望的贡献"，可参阅王永健《全祖望评传》，南京大学出版社1996年版，第375—391页。

[3] 参见王永健《全祖望集汇校集注》，上海古籍出版社2018年版。

[4] 参见（清）卢文弨撰，陈东辉主编《卢文弨全集》，浙江大学出版社2017年版，第15册。

[5] 参见（清）卢文弨撰，陈东辉主编《卢文弨全集》，浙江大学出版社2017年版，第15册。

[6] 参见（清）卢文弨撰，陈东辉主编《卢文弨全集》，浙江大学出版社2017年版，第8册。

《荀子》也有校勘①。

浙江乌程人严可均（1762—1843年），对孔孟之学尤其对荀子荀学颇为推崇，撰《荀子当从祀议》，其中有云："孔子之道在六经，自七十子后，绍明圣学振扬儒风者，无逾孟子、荀子。……盖自周末历秦汉以来，孟荀并称久矣。……荀子自是孟子后第一人。又按荀子非但传《礼》传《乐》也，又传《诗》传《春秋》。……孔子之道在六经，自《尚书》外皆由荀子得传。……谓荀子当从祀，实万世之公议也。"② 这里，继谢墉《荀子序》、钱大昕《荀子跋》之后，与汪中《荀卿子通论》、凌廷堪《荀卿颂》同时，严可均亦主张孟荀并称，当从祀孔庙，进而抬高荀子的思想与学术地位。

浙江定海人黄式三（1789—1862年），其《儆居集》之《诸子集》有《读荀子》、《读徐氏〈荀子辨〉》③、《读谢（墉）校〈荀子〉》④ 等文。其中，对荀子荀学有中肯的评论，尤其认为："传经之功，荀卿为大。是以唐韩子作《处州孔子庙碑文》，绘荀卿之像次于孟子下也。"⑤

浙江湖州人俞樾（1821—1907年）撰《诸子平议》，其中有对《荀子》《春秋繁露》的平议。俞樾钟情于校释《荀子》，基于杨倞《荀子注》以"案语"形式撰有《荀子平议》⑥；此外，俞樾又撰有《荀子诗说》。其《春秋繁露平议》有言："董子原书，当以'春秋分十二世以为三等'节为首篇，其篇名即曰《繁露》；今书称《春秋繁露》者，以首篇之名目其全书也。传写者误取'楚庄王及晋伐鲜虞'二节列于其前，遂以《楚庄王》题篇，并《繁露》之名而失之矣。然则楚庄王节宜在何处曰：今本《竹林篇》'逢丑父及郑伐许'两节相次，古本此两节之间，当有'楚庄王及晋伐鲜虞'两节。晋伐鲜虞，与郑伐许，固以类相从；而楚庄王节以'《楚庄王》杀陈夏征舒，灵王杀齐庆封'相提并论，逢丑父节以'丑父欺晋，祭仲许宋'相提并论，是二事亦以类相从也。然则此两节之书当厕

---

① 参见（清）卢文弨撰，陈东辉主编《卢文弨全集》，浙江大学出版社2017年版，第15册。
② （清）严可均：《严可均集》，浙江古籍出版社2013年版，第103—105页。
③ 参见（清）黄式三《黄式三全集》，上海古籍出版社2013年版，第5册。
④ 参见（清）黄式三《黄式三全集》，上海古籍出版社2013年版，第5册。
⑤ 参见（清）黄式三《黄式三全集》，上海古籍出版社2013年版，第5册。
⑥ 参见（清）俞樾《俞樾全集》，浙江古籍出版社2017年版，第3册。

于其间无疑矣。卢氏文弨注引钱说，以为后人掇拾掇辑所致，盖已见及此，但未知为《竹林篇》之错简耳。"①

浙江瑞安人孙诒让（1848—1908年）对《荀子》《春秋繁露》均有校勘。对于《〈荀子〉杨倞注》的校雠，主要依据谢墉校刊本、景宋台州本、日本久保爱《增注》本、刘台拱《补注》校、郝懿行《补注》校、王念孙《读书杂志》校、俞樾《诸子平议》校，对《不苟篇第三》《荣辱篇第四》《非十二子篇第六》《儒效篇第八》《王制篇第九》《富国篇第十》《君道篇第十二》《强国篇第十六》《天论篇第十七》《正论篇第十八》《礼论篇第十九》《乐论篇第二十》《解蔽篇第二十一》《正名篇第二十二》《性恶第二十三》《成相篇第二十五》《赋篇第二十六》《宥坐篇第二十八》中的文句、字义以及杨倞以"案语"形式的《注》文予以校雠。② 此外，浙江大学图书馆藏孙诒让《荀子》批注、校勘本两种，其一种为清乾隆、嘉庆年间嘉善谢氏刻本《荀子》二十卷，孙诒让过录戴望"校语"于书眉行间；另一本题为"荀子校勘记"③，主要移录清儒王念孙、王引之、俞樾、刘台拱、郝懿行、顾广圻、惠定宇、汪中、洪颐煊、阮元等考据学家的校文。依据《春秋繁露》的卢文弨校刊本、凌曙《注》本、传录戴望本，以及俞樾《诸子平议》校刊本，孙诒让对《春秋繁露》中《楚庄王第一》《玉英第四》《王道第六》《俞序第十七》《三代改制质文第二十三》《仁义法第二十九》《身之养重于义第三十一》《奉本第三十四》《王道通三第四十四》《人副天数第五十六》《五行相生第五十九》《五行逆顺第六十》《五行五事第六十四》《郊语第六十五》《执贽第七十二》《山川颂第七十三》《止雨第七十五》《祭义第七十六》《循天之道第七十七》《天地阴阳第八十一》《天道施第八十二》篇目中若干文句，以"案语"形式加以注释。④ 另外，孙诒让还曾抄录清乾隆抱经堂刻本《春秋繁露》中的戴望"校文"⑤。

近现代浙江余杭人章太炎（1869—1936年）也一度推崇荀子，行书

---

① 转引自黄云眉：《古今伪书考补正》，商务印书馆2019年版，第200页。（清）俞樾：《春秋繁露平议》两卷，《俞樾全集》，第4册，第545—583页。
② 参见（清）孙诒让《札迻》，《孙诒让全集》，中华书局2009年版。
③ 参见（清）孙诒让《籀廎遗著辑存》（《孙诒让全集》本），中华书局2010年版。
④ 参见（清）孙诒让《札迻》，《孙诒让全集》，中华书局2009年版。
⑤ 参见（清）孙诒让《籀廎遗著辑存》，《孙诒让全集》，中华书局2009年版。

节录荀子《劝学》篇堂屏，足以说明章太炎对荀子的推崇。章太炎《訄书》中有《尊荀》《订孔》《后圣》等专文①，认为，孔子之后最能代表儒家发展创新的人物是荀子，进而推荀子为"后圣"。浙江绍兴人蔡元培（1868—1940年）著《中国伦理学史》，专论荀子的人性论，并有专文《尊荀论》。这也说明荀学是近代学术转型的传统资源，并为近代浙学家所关注。

清光绪初年，提督四川学政的直隶南皮人张之洞（1837—1909年）在成都创建尊经书院。按照张之洞等人对尊经书院②的设想，初衷是模仿杭州诂经精舍学制，为四川培养一批"通经致用"的人才，这种倾向从尊经书院最初邀请出任山长的俞樾、李慈铭等浙籍学者可以看出；尽管俞樾、李慈铭未能赴川，而早期尊经书院的两位主讲钱保塘、钱保宣，则是浙江人。也应该指出，张之洞的幕僚是浙江瑞安人黄绍箕（1854—1908年）。此外，张之洞与浙江义乌人朱一新（1846—1894年）同为文化保守主义者，前者提出"中体西用"，后者提倡"中本西末"③，拒斥对"新学""民主"的接纳，捍卫程朱理学中的纲常伦理，进而反对康、梁的变法维新。

六 浙学与北学共有的理论特质

浙学与北学，作为一南一北地域文化的两种典型形态，因交流而借鉴，因互鉴而发展，进而呈现出了以"求实""批判""会通"为基本精神的共有理论特质。

（一）求实

浙学、北学作为两种地域学术，其理论特质均为实学。实学一词最早出自王充《论衡·非韩篇》，其称："韩子非儒，谓之无益有损。盖谓俗儒

---

① 参见朱维铮点校《章太炎全集·訄书（初刻本、重订本）·检论》，上海人民出版社2014年版。

② "北学"名称得以确立的《北学编》（魏一鳌、尹会一等辑）一书，也是张之洞在四川尊经书院刊刻的，今有清光绪十四年（1888）刻本为证。

③ 参见张昭军《清代理学史》下卷，广东教育出版2007年版。

无行操,举措不重礼,以儒名而俗行,以实学而伪说。"① 这里所说的"实学",名义上是借韩非子之口批判战国时期一些"俗儒"沽名钓誉、追求名利的现象,但是王充的本义是以"实学"这一概念来指称儒学。王充《论衡》一书的写作宗旨以及王充治学的根本宗旨就是"实事疾妄",《论衡·对作篇》有言:"《论衡》实事疾妄……无诽谤之辞。"② 王充治学特别强调"学以致用":"凡贵通者,贵其能用之也"。③《汉书·河间献王刘德传》有言:"河间献王(刘)德以孝景前二年立,修学好古,实事求是。"④ 这里,班固称赞河间献王刘德"修学好古,实事求是"。根据上下文语境,尤其是"献王所得书皆古文先秦旧书"之语,可以看出,刘德"修礼乐,被服儒术",是古文经学的推崇者,主张究明典章制度,"实事求是"。简言之,王充提倡"实事疾妄",河间献王的"实事求是",二者之间即有一以贯之之道,即实学。

王阳明的致良知之学,也是强调"事上磨练"的"知行合一"之实学。晚明北学家鹿善继治学的特色就是"一意实践",并以之引领、教授生徒,形成了以躬行实践为主要特色的燕南王学,从而成为晚明王学的一个重要支脉。⑤ 黄宗羲的实学与颜李学派的实学有异曲同工之妙,黄宗羲以兵法、历算、医学、测望、火器、乐律的"绝学"取代"科举之学"⑥,主张"通经致用""经世应务"的治学宗旨,讲求实体、实用、实效、实行之实学,还提出"事功出于道,道达至事功"的命题,进一步发扬了南宋以来的"学问"与"事功"合一的浙学传统。颜李学派的学术宗旨就是"实用、实事、实政、实征、实功、实得、实践、实学",讲求经世致用,梁启超就用"实践实用主义"来总结颜李学派的实学特质:"(颜)西斋学风,只是教人多做事,少讲话,多务实际,少谈原理。"⑦ 明清之际浙学家朱舜水也提倡"实理实学",认为"学问之道,贵在实行","圣贤之学,俱在践履"。张履祥以"治生"为目的的"经济之学",毛奇龄崇尚

---

① (汉)王充:《论衡》,岳麓书社2015年版,第122页。
② (汉)王充:《论衡》,第355页。
③ (汉)王充:《论衡》,第171页。
④ (汉)班固:《汉书》(二十四史简体字本),中华书局2000年版,第1840页。
⑤ 参见贾乾初、陈寒鸣《鹿善继与雁南王学》,载《阳明学派研究:阳明学派国际学术研讨会论文集》,杭州出版社2011年版。
⑥ 参见(清)黄宗羲《黄宗羲全集》,浙江古籍出版社2005年增订版,第1册。
⑦ 梁启超:《中国近三百年学术史》,天津古籍出版社2003年版,第131页。

"事功"反对"以空言说经",陆陇其"求之虚不若求之实""实行必由乎实学"的言说,皆是"明清之际实学思潮"的经典之论。①

近现代河北籍哲学家张申府更是认为"'实而活'就是辩证唯物论或唯物辩证法的精蕴"。唯物论必然要求"实"的态度,"实"的态度要求我们为人、做事、讲学要"说实话,做实事,讲实学。如实,切实,实际,实践,脚踏实地,实事求是"。②

(二) 批判

历史上的浙学家、北学家均有"崇尚气节"的优良传统。浙人方孝孺"被诛十族而不屈",于谦的"粉骨碎身全不怕,要留清白在人间",王阳明的"狂者胸次",黄宗羲的"豪杰精神",刘宗周的"绝食殉国(明朝)",鲁迅的"横眉冷对千夫指";而燕赵大地自古就多慷慨悲歌之士,杨继盛有"明朝第一直臣"之誉,孙奇逢的"理学忠节未始有二",近人"大刀王五"(王子斌,河北沧州人)的"勇武任侠",李大钊高呼"为主义而牺牲"的慷慨就义:都彰显了浙、北两地学者"富贵不能淫,贫贱不能移,威武不能屈"的"大丈夫"精神。

王充《论衡》"实事疾妄"的写作宗旨,也代表着浙学的批判精神。叶适的批判对象,上起孔子弟子,下至程朱理学诸家,他尤其深刻批判了汉儒董仲舒所谓"正谊(义)不谋利""明道不计功"的重义轻利的价值观,进而提出了"利者义之和,义者利之本"的"崇义养利"的价值观。黄宗羲的《明夷待访录》,严厉批判了君主专制制度,喊出了"为天下之大害者君而已矣"的反专制口号,并提出了以"天下为主,君为客"为中心的具有民主启蒙倾向的社会改革纲领。

黄宗羲不仅对君主专制制度予以激烈批判,而且对阳明后学的禅学化倾向予以批判:"阳明先生之学,有泰州、龙溪而风行天下,亦因泰州、龙溪而渐失其传。泰州、龙溪时时不满其师说,益启瞿昙之秘而归之师,盖跻阳明而为禅矣。"③ "北学宗师"孙奇逢对阳明后学王龙溪"援佛入

---

① 陈鼓应、辛冠洁、葛荣晋主编:《明清实学思潮史》,齐鲁书社1989年版,第1078、1197、1349页。
② 刘静芳:《论张申府与张岱年理论旨趣的差异》,《中国哲学史》2009年第2期。
③ (清)黄宗羲:《黄宗羲全集》,第7册,第820页。

儒"的做法予以批判："龙溪独持四无之说，群起而疑之。……后传龙溪之学者流弊滋甚，因是遂疵阳明之学。"① 颜元、李塨、毛奇龄对程朱理学均予以猛烈批判，颜元在《四书正误偶笔》中辨析朱熹学说的谬误，尝大声疾呼："仙佛之害，止蔽庸人。程朱之害，遍迷贤知。"毛奇龄治学以辩驳、批判为基本精神，其经学著作尤具批判性，所著《经问》，指名攻驳者，唯顾炎武、阎若璩、胡渭，因三人博学重望足以攻击。其《古今通韵》书，为排斥顾炎武《音学五书》而作；作《古文尚书冤词》《尚书广听录》则诋阎若璩，力辨《古文尚书》之真。此外，为辩驳姚际恒《伪周礼论》而有《周礼问》。毛奇龄治学反对最力者为宋儒，而尤以朱熹为甚，抨击朱熹《四书集注》而撰《四书改错》，大胆否定朱熹之错，乃谓："四书无一不错……人错、天类错、地类错、物类错、官师错、朝庙错、邑里错、宫室错、器用错、衣服错、饮食错、井田错、学校错、郊社错、禘尝错、礼乐错、丧祭错、故事错、典制错、刑政错、记述错、章节错、句读错、引书错、据书错、改经错、改注错、自造典礼错、抄变词例错、添补经文错、小诂大诂错、贬抑圣门错，真所谓聚九州四海之铁，铸不成此错矣。"② 对于毛奇龄反思批判宋学的学术影响力，钱穆在《中国近三百年学术史》中认为是"良足以振聋发聩，转移一世之视听矣"③。

（三）会通

浙学作为"南方之学"与北学之间，并非"绝缘"不同，而是相互影响、相互借鉴、互联互通的。王充推崇董学，叶适对董学义利观的修正，强调义利并重；而颜元也推崇陈亮、叶适"义利并举"的事功主义思想；近代浙学家章太炎推崇荀学，并称颜元"举必循礼，与荀卿相似"；孙奇逢编《理学宗传》，黄宗羲、全祖望等撰《明儒学案》《宋元学案》，徐世昌纂《清儒学案》，杨向奎（河北丰润县人）著《清儒学案新编》④，足以说明浙学与北学的会通与合流。

另外，浙学、北学的"兼容"也体现为两地杰出思想家对前代学术的

---

① （清）孙奇逢：《理学宗传》，第519—520页。
② （清）毛奇龄：《四书改错》，华东师范大学出版社2014年版，第1—5页。
③ 钱穆：《中国近三百年学术史》，第255页。
④ 参见杨向奎《清儒学案新编》，齐鲁书社1985至1994年版。

【北学与南学】
北学与浙学的互动及比较研究

"集大成",荀子既是"北学开山",也是先秦儒学乃至先秦子学的集大成者,"奠定了北学的基础,规范了北学的发展方向,确立了北学的基本特征"①。董仲舒在建构新儒学思想体系时,吸收了儒家、黄老道家、阴阳家、法家、名家等诸多思想,而成"北地儒宗"。唐代北地经学家孔颖达领衔修撰的《五经正义》,既是一部集汉、魏、晋、南北朝经学之大成的经学著作,更是兼容统合南北儒学内部分歧之作。

王阳明主张"折衷朱陆,会通佛老",黄宗羲提倡"会众合一",章学诚主张"浙东浙西之学,道并行而不悖",等等,都体现了浙学"会通诸家、多元包容"的学术特色。而黄宗羲治学"以濂、洛之统,综会诸家,横渠之礼教,康节之数学,东莱之文献,艮斋、止斋之经制,水心之文章,莫不旁推交通,连珠合璧,自来儒林所未有也"②。"有明以来学术大坏,谈性命者迂疏无当,穷数学者诡诞不精,言淹雅者贻讥杂丑,攻文词者不谙今古。自先生(黄宗羲)合理义、象数、名物而一之,又合理学、气节、文章而一之,使学者晓染于九流百家之可以返于一贯。"③ 如此看来,黄宗羲既是阳明学的终结者,同时又是整个七百年宋明理学的终结者,即"宋明理学的殿军"(刘述先语)。④ 徐世昌在《清儒学案》中称:"南雷(黄宗羲)之学,最为博大,师事蕺山,以诚意、慎独为主;又病南宋以后讲学家空谈性命、不究训诂,教学者说经则宗汉儒,立身则宗宋学。平生以捍卫姚江(阳明心学)自任,而于其末派则痛斥至严,据其乱真、不少假借,盖屹然为王学之干城焉。"⑤ 可谓持平之论。

孙奇逢治学虽推崇陆王心学,但也强调会通,比如对程朱陆王之辨采取二者"相剂为用"的态度:"予既有嗜于阳明,要得阳明与程朱相剂为用之意,而非有抵牾也。"⑥ 孙奇逢为求朱王会通而编《道一录》:"《道一录》者何?录《朱子晚年定论》,并阳明王子《传习录》也。何以录二子也?谓朱学自明永乐尊显以来,天下士守之如金科玉律不敢少抵忤,而王

---

① 梁世和:《北学与燕赵文化》,《河北学刊》2004 年第 4 期。
② (清)全祖望:《梨洲先生神道碑文》,载(清)黄宗羲《黄宗羲全集》,第 12 册,第 8 页。
③ (清)黄宗羲:《黄宗羲全集》,第 12 册,第 212 页。此外,这段话也可以看作对黄宗羲"一本而万殊""会众而合一"这一辩证学术史观与方法论的概括及总结。
④ 刘述先:《理学殿军:黄宗羲》,《浙江学刊》1995 年第 5 期。
⑤ 徐世昌:《清儒学案》,第 57 页。
⑥ 赵御众、汤斌等编:《孙夏峰先生年谱》,载张显清编《孙奇逢集》,第 1429 页。

子时有诤论,天下士多疑之,又若疑朱陆之有异同也,故合刻之,以证夫道之一。"① 其编辑《理学宗传》的学术宗旨也是"有相成而无相悖":"仆所辑《宗传》,谓专尊朱,而不敢遗陆王。谓专尊陆王,而不敢遗紫阳。盖陆王乃紫阳之益友忠臣,有相成而无相悖。"②

乾嘉时期的校勘学家卢文弨,其校勘古书不是闭门造车,而是充分汲取前辈学者乃至同时代学者的校勘成果,集思广益。例如其《经典释文考证》一书,书前所列"引用姓氏"有顾炎武、阎百诗、冯景、臧琳、何焯、惠栋、钱大昕、毕沅、赵曦明、许烺、戴震、孔继汾、孙志祖、段玉裁、丁杰、陈树华、吴骞、梁履绳、臧镛堂、顾明、丁履恒,共二十一人;而参与《经典释文》审定及校勘的学者姓氏达三十五人之多。再比如,《群书拾补》之作也是"友朋所助,次第出之"的集体智慧的结晶,参与《群书拾补》审定善本的学者多达五十一人。③ 由此可见,卢氏校书大都是萃辑群言的结果。浙江近代文化名人王国维、蔡元培,更是主张中西文化的兼容并包,蔡元培任北京大学校长时提出了"循思想自由原则,兼容并包"的办学方针,使得北京大学成了新文化运动的摇篮和五四运动的策源地。

现当代河北籍哲学家张申府赞同罗素的逻辑分析方法,又推崇马克思主义唯物辩证法,同时赞扬孔子的"仁"的学说,宣扬"列宁、罗素、孔子:三流合一",这是一个中西古今的新的综合,具有深刻的理论含义。④ 张岱年先生提倡"文化综合创新论":"必须坚持马克思主义普遍真理的指导,必须坚持社会主义原则,必须弘扬民族主体精神,走中西融合之路,必须以创造的精神从事综合并在综合的基础上有所创造。"⑤ 浙江籍哲学家冯契先生从事哲学研究过程的一个基本原则就是"哲学史与哲学的统一"。这些实例都是北学、浙学会通、融合特质的生动再现。

总之,在源远流长的历史文化长河中所形成的浙学、北学,交涉互

---

① (清)孙奇逢:《夏峰先生集》,第137页。
② (清)孙奇逢:《夏峰先生集》,第69页。
③ 参见(清)卢文弨《群书拾补》,浙江大学出版社2018年版。
④ 参见张岱年《给郭一曲的书信及为其著作〈张申府思想研究〉作的序言》,《衡水学院学报》2018年第4期。
⑤ 王杰、张友谊:《张岱年的"综合创新"论》,《光明日报》2004年7月13日。

动、互学互鉴、取长补短，由此形成了你中有我、我中有你、兼容并包的学术格局，同时也具有了以求实、批判、会通为基本精神的共同特质，既促成了"多元一体"式的中华地域文化共同体的形成，也影响了独具特色、博大精深的中华文明的进程和学术思想的发展。

【北学资讯】

"北学·容城三贤学术研讨会"在雄安新区召开

许 卉[*]

2020年9月26—27日，由河北省社会科学院北学研究院与雄安新区宣传中心联合主办的"北学·容城三贤学术研讨会"在雄安容城召开。河北省社会科学院党组书记、院长、省社科联第一副主席康振海出席开幕式并讲话，雄安新区党工委委员、管委会副主任陈峰致辞，容城县委副书记任桓致欢迎辞。河北省社会科学院一级巡视员杨思远主持开幕式。来自北京大学、清华大学、中国人民大学、南开大学、中山大学、上海交通大学、中国社会科学院等著名高校和科研机构的34位专家学者参加了此次会议。河北日报、河北广播电视台、凤凰网、腾讯网、河北工人报、河北青年报、中国雄安官网、人民雄安网等十余家新闻媒体参与了报道。

康振海在发言中指出，雄安新区是历史上的北学重镇，北学重要的代表人物刘因、杨继盛、孙奇逢"容城三贤"的思想、学养、处世之道可以说是一脉相承、薪火相传，他们身上展现出的慷慨悲歌、重信尚义、笃信好学的品格是雄安文脉和燕赵文化精神内涵的重要体现。北学是源远流长的中华文化的有机组成部分，深入挖掘其鲜活内涵和个性魅力是推进中华优秀传统文化创造性转化、创新性发展的重要动力，也是推动河北乃至整个北方地区发展的强力引擎。随着雄安新区国家级战略定位的确定，北学迎来了重大的发展机遇。北学研究院要深入贯彻落实习近平总书记对雄安新区规划建设的重要指示要求，坚持保护弘扬中华优秀传统文化、延续历史文脉，力争成为河北省社会科学院拓展基础研究、推动学术创新的突破口和增长点，打造成为河北省社会科学院基础学科领域新的领军品牌。

陈峰对参会领导、学者的到来表示欢迎。他表示，"无文化传承，无

---

[*] 许卉，河北省社会科学院北学研究院副研究员。

雄安未来"。在雄安新区传承悠久、底蕴深厚的历史文化中,"容城三贤"——刘因、杨继盛、孙奇逢是具有标志性意义的"文化IP"和具有广泛影响力的思想大家、学界泰斗。他们的节操风骨、学养文德超越了时代,泽被后世。在"三贤"的故乡举办研讨会,古老的"北学·容城三贤"思想与年轻的雄安新区在此相遇,这不仅是学术界的一件盛事,也是雄安新区文化事业繁荣发展进程中具有标志性意义的事件,相信此次会议必将进一步密切联系以"北学·容城三贤"思想文化为纽带的各方,深化雄安和广大专家学者、学术团体之间的沟通合作,共同擦亮"容城三贤"的文化品牌,共同写好雄安文化建设的大文章。

湖南科技学院国学院院长张京华教授作为学者代表发表讲话,对于此次会议的举办表示诚挚的祝贺,对于北学的学术价值和地位进行肯定,表示愿意投入北学的研究之中。开幕式之后,与会专家学者围绕北学和"容城三贤"的相关议题进行了热烈、深入的交流和研讨。

会议包含"北方文化与北学总论""容城三贤研究""北学人物与学派"三个议题。在宏观视阈的"北方文化与北学总论"部分,南开大学孙昌武先生以辽金元三朝的佛教为中心,对北方民族文化的交流与融合进行考察,提出汉传佛教在今河北北部地区诸民族活动中对于中华民族的统一和巩固作出了很大贡献。中国社会科学院哲学所研究员、国际儒联副会长、中华孔子学会副会长李存山教授对于"北学"概念的界定、人物的选择及其北学特点等内容提出可深入研究的课题。中山大学文化研究所所长、哲学系李宗桂教授对北学研究加以定性,认为其是一个综合性研究,北学的研究重心宜深化为文化精神、民族精神研究,以及当代价值的研究。河北省社会科学院原副院长孙继民研究员从区域沿革角度,探讨了京津冀区域内政区格局从"直隶省部"到"一分为三"的演变进程,此研究对于制定京津冀协同发展规划、推动区域协同发展和瞻望区域发展前景无疑具有积极的借鉴意义和学术价值。上海交通大学哲学系杜保瑞教授则从教学出发,探讨儒家经典《论语》的接受和普及问题。其他参会学者皆从各自的学术视野和学术专长出发,对于断代史下的北学、燕赵文化下的北学体系构建、北学与其他地方之学比较等重要问题进行了深入的论述。

在"容城三贤研究"议题部分,中国人民大学国学院韩星教授对刘因《四书集义精要》中《大学》部分进行分析,认为《精要》选辑了朱熹比较重要的思想观点,体现了其对朱子学的理解与取舍,可以说是刘因传播

【北学资讯】
"北学·容城三贤学术研讨会"在雄安新区召开

程朱理学的教科书。河北大学哲学与社会学学院院长程志华教授提出夏峰北学的实质是"理学",其以继承陆王心学为宗,兼采程朱理学,致力于复建"孔圣之道"。"会通朱王"与"孔圣之道"可谓其"理学"学术理路的两大取向。燕山大学文法学院惠吉兴教授对孙奇逢的"善恶说"进行了探讨,提出孙奇逢明确意识到"理学"人性论发展遭遇的理论困境与现实困境,力图通过重构善恶关系,化解传统儒家人性论的二元龃龉态势,并为个体道德修养与社会伦理秩序重建提供人性基础。河北省社会科学院北学研究院执行院长、哲学所副所长梁世和研究员认为孙奇逢所著《理学宗传》是整合哲学的代表作,其对儒学的整合与重构奠定了儒学的近现代形态。其他参会学者亦围绕"容城三贤"进行了详细的阐述。

在"北学人物与学派"研究方面,中国人民大学国学院黄朴民教授提出,虽然兵书文献在宋以前呈现出北方作者多、明清以后南方作者多的情况,但孙承宗主持的《车营叩答合编》则是冷热兵器的转型之作,符合了客观现实的需求,具有很高的价值。该书不仅体现出孙承宗的"车战"理念和战法设计,对考察特定历史时期传统兵学的转型历程也有助益。梁枢教授以定性鹿氏家族的兴衰迁变来看待北学的特质,以及其根性和文脉。中国社会科学院历史所张海晏研究员以泰州学派与颜李学派为对象,从平民色彩、体制之外、百姓日用、批判意识、推崇礼仪、"奇"与"实"、传承与互动等方面来探讨明清之际南北平民儒学的异同。湖南科技学院国学院院长张京华教授立足于《北学编》《理学宗传》《道一录》《洛学编》等文献,提出道统具有绝对的意义,学派只有相对的意义,北学、洛学、关学、闽学必以道统为会归。河北经贸大学图书馆馆长武占江教授则探讨了董仲舒与孟子的异同,认为董仲舒对孟子思想兼有持守与创造,董仲舒以时代的需要为根本依据对孟子思想进行"更化"。其他与会学者亦在北学代表人物和思想方面进行了研讨。

此外,会议亦设有两组对谈环节。第一组对谈以"化民成俗——乡贤与乡愁"为主题,由河北省政府参事室特约研究员、省文史研究馆馆员梁勇主持。对谈嘉宾有河北省儒学会常务副会长高士涛、中国实学研究会秘书长王艳芳,以及河北当地学者景三郎、郑建党和孙奇逢后裔孙敬州、孙居超等,对如何践行北学及"容城三贤"精神,推进传统文化在民间的普及和传播进行了充分交流。第二组对谈以"儒学如何走入和影响时代"为主题,由《光明日报》国学版主编梁枢主持,对谈嘉宾有中山大学李宗桂教授、中国艺术研究院项阳教授、上海交通大学杜保瑞教授、湖南科技学院张京华教授、清华大学方朝晖教授，对儒学的合法性以及儒学如何更好地与实践相结合，如何走入和影响时代等问题进行了深入探讨。

9月27日上午研讨会闭幕，闭幕式由雄安新区宣传中心副主任李昀飞主持。下午，与会学者分别参观了雄安新区规划展示馆、容城北河照村杨继盛故里祠、容城北城村孙奇逢纪念馆、雄安新区容东安置区建设现场。

2020年董仲舒与儒家思想国际学术研讨会在河北衡水召开

魏彦红[*]

2020年9月19—20日,"2020中国·衡水董仲舒与儒家思想国际学术研讨会"在河北衡水召开。本次会议由政协衡水市委员会、中华孔子学会董仲舒研究委员会、中国实学研究会、河北省董仲舒研究会共同主办,由衡水学院承办。研讨会的主题为"董仲舒儒家思想的现代转化与国家治理现代化"。此次会议采取现场出席和网络视频出席相结合的方式举行,中国、日本、韩国等国家和地区的专家学者参加了会议。

9月19日主旨演讲的上半场由河北师范大学秦进才教授主持。北京师范大学周桂钿教授、中山大学李宗桂教授、中国人民大学黄朴民教授、陕西师范大学刘学智教授分别做了主旨演讲。

周桂钿教授演讲的题目是"如何对待盛世的社会问题"。他指出董仲舒生活的汉武帝时代是盛世时代,我们现在也是盛世时代,因此董仲舒对策里讲的社会问题和解决对策对当前的治国理政有很强的参考价值。董仲舒的大一统思想、调均思想、教育思想,以及德主刑辅、官不与民争利、尊贤使能、屈君伸天等主张,蕴含着丰富的治国理政智慧。历史是凝固的现实,现实是活动的历史。董仲舒虽然离我们有两千多年,但其思想仍活在当下。

李宗桂教授演讲的题目是"内圣外王之道的创造性构建——董仲舒思想的特质及其影响"。他指出,内圣外王之道是儒家治国安邦、安身立命之道。孔子开启了儒家内圣外王之道的先路。孟子和荀子分别从内圣和外王两个方向发展了孔子思想。董仲舒创造性地继承并且创新性地发展了孔子的内圣外王理念,拓展了孟子的内圣之道,深化了荀子的外王思想,推

---

[*] 魏彦红,衡水学院董子学院教授。

动思想文化和体制机制的建设，为内圣外王之道的实现创建了切实的通道，将先秦儒家的内圣外王理想变为现实。

黄朴民教授演讲的题目是"董仲舒'天人合一'的'理性'内核与制衡精神刍议"。他指出，就形式与现象而言，"天人合一说"是非理性的，但包藏在其内核的政治意图却是现实的、正确的。在汉代专制的现实政治氛围中，董仲舒通过"天人合一"的论证与阐释，以"天"的名义，将道统、天统置于君统、政统之上，借以约束与制衡君主的权力，并企图在一定的制衡机制之基础上，为汉代的政治统治提供一整套相对合理妥洽、理性温和的基本方略。从这个意义来说，董仲舒的"天人合一"理论，是理性精神的体现，具有积极的政治智慧与思想启迪。

刘学智教授演讲的题目是"关于董仲舒思想研究的三点思考"。他主要围绕三纲五常、专制主义、性三品，三个问题进行分析，指出三个方面。其一，董仲舒首次提及"三纲"，也几次提及"五常"，但却没有将"三纲五常"连起来的表述；"三纲五常"在汉唐时期的作用并非如我们所说的那么重要，至少在魏晋隋唐时期影响并不大；把"三纲"等同于"专制"是不正确的。其二，"三纲"是一种政治伦理秩序，与专制主义的集权制度是不同的。董仲舒努力用天意来制约君主的权力，也是在消解专制。其三，《春秋繁露》中两处提及"三品"，都是说"士三品"，而不是"性三品"。董仲舒以中民之性为性，说其主张"性三品"是不准确的。

9月19日下半场由中国人民大学黄朴民教授主持。复旦大学谢遐龄教授、山东省社会科学院涂可国教授、清华大学丁四新教授、日本北九州大学邓红教授、韩国高丽大学申昌镐教授、中国台湾南华大学陈德和教授分别做了主旨演讲。

谢遐龄教授演讲的题目是"董仲舒王教思想初探"。他指出，重建王教是董仲舒面对的时代要求和历史使命。董仲舒主张的王教以奉天法古为总纲。奉天，则王教须遵循天道，德主刑辅；法古，即董子所说"天不变道亦不变"之义，大纲、人伦、道理、政治、教化、习俗、文义，这些体现核心价值的道，应该一以贯之。落实奉天法古之第一要务则是祭祀，而祭天为教化之首务。落实教化的理论和实践是奉元正本。所谓奉元正本，在理论上是三统五端，在实践上是改正朔、易服色、制礼乐。教化的施行、实现，是从上到下、由内向外的，因此君王正心是教化的源头。至于兴学养贤、选好郡守县令，则是教化的关键。

【北学资讯】
2020年董仲舒与儒家思想国际学术研讨会在河北衡水召开

涂可国教授演讲的题目是"董仲舒人学论要"。他指出，董仲舒的人学思想丰富多彩，而最有特色、最有建树的是天人之学、人性之学和人生之学。关于天人之学，最集中的是关于天人分合和天人感应的论说；关于人性之学，董仲舒比较系统地阐发了"性三品说""性情合一说""性朴说""性善端说"和"性贪说"，从而对中国传统人性论建构作出了独特的贡献；关于人生之学，集中体现在以仁安人、中和养身和贤君修身三方面。

丁四新教授演讲的题目是"三纲说的来源、形成与异化——兼论董子对三纲说的贡献"。关于"三纲说"的来源，他认为，孔子的"六位说"是"三纲说"的第一阶段。关于"三纲说"的形成，他认为"三纲说"的提出在董子之前，而非董子的发明。董子对于"三纲说"的贡献是做了阴阳之道德或天道观的论证，将三纲上升为天意在伦理世界的具体呈现。关于"三纲说"的异化，他指出，《白虎通》的"三纲说"在多个方面做了发展，但所引《礼纬·含文嘉》"君为臣纲，父为子纲，夫为妻纲"，是对于三纲伦理的异化，是对于汉人正统"三纲说"的扭曲。此种"三纲说"既不合"三纲说"之正统，又不符合现代追求平等和个人权利的观念，因此抛弃此种"三纲说"是应当的。但董子的"三纲说"，及孔子的"六位说"不应当被抛弃，我们仍应当正视它们，肯定它们。

邓红教授演讲的题目是"司马迁与董仲舒——白鱼赤乌与天命传承"。他指出，司马迁和董仲舒有师承关系，司马迁和董仲舒都对有关周文王的"白鱼赤乌"传说显现出来的天命论有所关心。司马迁作为历史学家，他的使命是按照汉帝国的天下观和历史逻辑写作一部"通古今之变"的历史。在这个过程中，"白鱼赤乌"是显示殷商的"天命"将要转移到周王朝的一个象征，是用于"究天人之际"的一个故事，是描绘"大一统"蓝图中的一个环节。而董仲舒对"白鱼赤乌"的发挥，从"天人合一"角度对天命论的理论阐述，以及董仲舒的公羊学，为司马迁提供了一定的理论依据。

申昌镐教授演讲的题目是"董仲舒的教学思想和实践"。他指出，董仲舒是对中华教育精神产生巨大影响的教育家，其教育思想前承孔子，下接朱熹，在中国教育思想史体系中居于中心位置。董仲舒提出的教育基础是儒学的国教政策确立和人才养成，教育的根据是以人的标准来考虑中层人民的本性，教育指向的是道德的人格，教育实践的方法是强勉、专一、精思。董仲舒关于国家教育制度的设计，是面向国家和百姓的，在时代精神上充分体现了儒学的本质。他继承孔子的教育思想，设计出中国国家教育的蓝图，并落实为具体的教育措施，为后世的教育打下了坚实的基础。

陈德和教授演讲的题目是"董仲舒的人性教化论及其教育人类学义涵"。他从教育人类学的角度出发对董仲舒的人性论和教化论进行审视，指出董仲舒的人性论仅以中民为对象，其意是为了显明人性之可教化与可造化，与现今教育人类学中关于人具有可塑性、可教育性的提法若合符节。他认为董仲舒之论教化当从教化之所由起、教化之所以行、教化之所当成三个方面阐明其义。董仲舒将教化之所由起归于天心天意，但是天心隐微、天意难测，于是便以王者沟通天地人，通过王来承天意、顺天命、行天德而教化于民，而且董仲舒格外强调君主应通过身教、言教以示范于民而成教化之实。

本次国际学术研讨会共收到论文96篇。根据论文主题，分组讨论共分为8场进行。在交流过程中，很多文章的观点让人耳目一新。这些董学研究成果，从经学、哲学、政治、伦理、教育、法律等多个方面，对董仲舒的思想进行了精深辨析。其中，对于董仲舒治国理政思想的集中讨论，成为研讨会上的一大亮点。专家学者围绕董仲舒的王道政治、大一统、政治合法性构建、经世致用、德政廉政、忧患意识等思想进行了深入讨论。大家一致认同，在当下研究董子的治国理政思想，必须进行创造性诠释，对其思想精华进行新提炼、新总结，使其充分融入新时代的创新性实践当中去。

9月20日上午，进行了第二场专家主旨演讲。由北京大学丁四新教授主持。浙江大学何善蒙教授、复旦大学郭晓东教授、河北师范大学秦进才教授、中国社会科学院大学刘国民教授、安徽大学解光宇教授、上海交通大学余治平教授、衡水学院特聘韩国专家金周昌教授分别做了主旨演讲。

何善蒙教授演讲的题目是"《春秋繁露》论'命'"。他指出，"命"是中国思想中的一个基源性观念。董仲舒对于"命"给予了非常多的关注。从论域的角度来说，他继承了传统命论的两个基本向度，即天命观与性命观，前者是一个政治维度的限定，后者则是对于个体生命事实的关注。从思想内涵来说，在天命观的阐释上，董氏以受命和符命的双向互动，构建起了一个非常扎实的、直接可感的天命论，从而对儒学的政治化起到了基础性的作用；在对个体性命观的讨论上，董仲舒除了继承以道德论命的基本传统，还进一步从现实的角度来揭示命运问题的多样性和变化性，从而开启了后世关于个体命运问题讨论的新视角。因此，董仲舒的命论在思想史上具有奠基性和开创性的意义。

郭晓东教授演讲的题目是"论董仲舒《春秋》学之'异外内'：以何休为参照系"。他指出，"异外内"之说，是两汉公羊家最为核心的义旨之一。何休的"异内外"说既指空间上的"由近及远"，即"内诸夏而外夷狄""内其国而外诸夏"，又指时间上的"由远而近"的"以渐治之"的过程。董仲舒之论"异外内"，基本上可以在何休的视阈下加以考察，董、何之间并无大的差异。然而，在对一些《春秋》经传具体文本的理解上，董、何的指向又有所不同。郭教授以《春秋繁露》的《观德》和《奉本》两篇为例进行分析，认为其与《公羊传》及《解诂》显然存在不同的看法。

秦进才教授演讲的题目是"正谊明道与董仲舒义利观初探"。他分析了董仲舒义利观与"正谊明道"思想的联系与演变，指出"正谊明道"本来与董仲舒的义利观没有关系，但是经过东汉班固的删削、润饰、升华，又经过宋代理学家的塑造发挥，再经过后人的断章取义、望文生义等多方面的解释，变成了抽象的义利观问题。"正谊明道"成为古代义利观经典是后人的发挥创造，是宋代以来思想家、学者等赋予了"正谊明道"的新内容，并被社会认可，这是董仲舒"正谊明道"思想深远历史影响的体现。

刘国民教授演讲的题目是"董仲舒的哲学思想对文学的影响"。他从四个方面分析了董仲舒的哲学思想对文学产生的重要影响。其一，"奉天而法古"是董仲舒的基本思想，"奉天"即法天道，"法古"即法圣人经典之道；这包含"文本于天"的观念。其二，董仲舒认为天人同类相应，即天人在道德、情感等方面上感应、感通，深刻地影响了人们的文学创作和审美追求。其三，董仲舒"《诗》无达诂"的思想，揭示了文本解释中的一般特征，也构成了他的解释方法。文本没有恒常不变的原义，文本的意义有多元性和开放性；解释者可以发挥其主观能动性，创造性地解释文本。其四，董仲舒揭示了《春秋》文本的基本特征——"微言大义"，这也构成了他的解释方法。

解光宇教授演讲的题目是"董仲舒阴阳学说评析"。他指出，阴阳学说是中国古代哲学的重要范畴。董仲舒发展了阴阳学说，并用阴阳的理论来解释自然界和人类社会，比前人的认识更进一步深化。董仲舒认为阴阳二气的运行形成四季；由于"阳常居实位而行于盛，阴常居空位而行于末"从而"阳尊阴卑"，并用"阳尊阴卑"的理论来诠释社会相关领域；自然界的旱涝灾害也是阴阳失调导致的。董仲舒的阴阳学说有其合理性的一面，也有其不科学的一面。

余治平教授演讲的题目是"'存王者之后'以'通三统'——公羊家建构王权合法性的一个特殊视角"，他指出，《春秋公羊传》《礼记》较早总结出上古中国政治文明"存二王之后"的传统。礼遇前朝的遗老遗少，赐与其相对独立的生存空间，保留先王之子孙后裔、政教礼制法度、历书体系，以体现时王也是受命之王，尊重先圣，分享国土，"不敢专"，不为一家一姓所私占。其效果则能够把新兴政权纳入历史谱系，展示自身道统与前朝的连续性和统一性。进而向天下人证明自身政权的合法性和正当性。董仲舒传世文献《三代改制质文》篇厘清夏、商、周"三正"脉络，而以孔子著《春秋》当新王，因而"上黜夏，下存周"，自成一统。班固撰写《汉书》《白虎通》显然接受了董仲舒的观念影响并进一步开辟更为广阔的意义空间，甚至还演绎出道德哲学的蕴含。

金周昌教授演讲的题目是"董仲舒的儒学文化共同体设计"。他认为董仲舒对传统儒学理念进行了创新和发展，用科学符号、阴阳五行等科学理念重新诠释传统儒学，赋予传统儒学以科学精神，将其打造成科学儒学，并且以"三纲五常"等激发和构建儒学文化共同体。

余治平教授主持了闭幕式。德州学院季桂起教授做学术总结发言。季教授概括了这次大会的四个特点：其一，从更为广阔的思想史、学术史的视野看待董仲舒的思想地位、影响及其贡献，为董仲舒研究提供了更为广泛、宽阔的发展空间和价值取向；其二，对董仲舒思想的研究开拓了更多的新视角、新方向，在很多具体领域上通过深入、扎实的研究，深化了以往的研究成果，提供了更多的研究课题；其三，联系现实社会的建设、发展需求，本着古为今用的方针，针对董仲舒思想以及儒家文化的现代性转换，发掘董仲舒思想以及儒家文化的传统价值；其四，抓取董仲舒思想的某些具体问题，以小见大，见微知著，从特殊的角度阐述董仲舒思想的深层内涵，将董仲舒研究引向具体化、细致化、深入化。衡水学院校长田光教授致闭幕词。田校长指出，董子思想是一座充满治国理政智慧的肥沃庄园，对董子思想中的治国理政智慧进行深入挖掘，有利于服务当下的治国理政实践，助推"不忘初心、牢记使命"走深、走实、走远。

《北学研究》征稿启事

"北学"是一个古已有之的学术概念,既指一种学术流派,也指一种学术传统。历史上大约有四种含义:一是指南北朝时期的北朝经学;二是指由清初大儒孙奇逢所开创的夏峰北学学派;三是指燕赵之学,源自孙奇逢让其弟子编的《北学编》一书,其"北学"主要指自董仲舒开始的历代燕赵地域学人的学术思想;四是广义的"北学"概念,泛指包括河北、河南、山西、山东和陕西等广义中原地区的学术思想。虽然"北学"概念有广、狭之分,但彼此并不冲突,其主体是燕赵之学,是燕赵先贤的历史文化自觉,延展则为北方文化学术传统。所以,北学既是燕赵文化的精华,又是北方文化精神的象征,是中华优秀传统文化的重要代表。

中华优秀传统文化是中华民族的精神命脉,是涵养社会主义核心价值观的重要源泉,是我们文化自信的两个基础之一。河北省社会科学院为了落实党中央关于弘扬中华优秀传统文化的有关指示,成立了"河北省社会科学院北学研究院",并创办《北学研究》辑刊,旨在更好地推进北学研究,弘扬北学精神,使传统北学焕发生机,服务于当代文化建设。

《北学研究》是国内首家专注于北学研究的学术刊物,力图为北学研究提供一个思想交流的学术平台。目前辑刊为一年一期,创刊号拟于2021年出版。赐稿请注意五点事项。

1. 征稿内容包括:北学的源流、内涵、学术传统、文化精神、当代价值等研究,北学代表人物及学派研究,北学文献整理研究,北学与其他地域之学比较研究,北学研究信息与书评等。

2. 稿件应为尚未发表,在境外刊物发表过的稿件仍可投稿。论文稿件字数一般以7000字至20000字为宜。

3. 来稿请附内容提要和关键词,引文和注释采用页下注,引文请务必仔细核对原文。引用著作依次为作者、著作名称、出版社、出版年、页

码。引用论文依次为作者、论文题目、刊名、出版年、期刊号。（详见《中国社会科学》杂志的引文注释规范）

4. 来稿请在文末注明作者简介（出生年月、性别、籍贯、工作单位、职务职称、研究方向），联系方式（详细通讯地址、邮编、联系电话、电子邮箱、微信号等），以便及时联系。

5. 来稿刊出后，赠送样书两册，并支付相应稿酬。

《北学研究》热忱欢迎国内及海外学者惠赐大作！

收稿邮箱：bxyj2020@126.com